Anonymous

Archiv für die Geschichte der Stadt Heidelberg

eine Vierteljahresschrift - I. Jahresband

Anonymous

Archiv für die Geschichte der Stadt Heidelberg
eine Vierteljahresschrift - I. Jahresband

ISBN/EAN: 9783743632837

Hergestellt in Europa, USA, Kanada, Australien, Japan

Cover: Foto ©ninafisch / pixelio.de

Weitere Bücher finden Sie auf **www.hansebooks.com**

Archiv

für die Geschichte

der

Stadt Heidelberg.

Eine Vierteljahresschrift

herausgegeben

von

Hermann Wirth,

ev. prot. Pfarrer in Haßmersheim, Chronist der Stadt Heidelberg.

I. Jahresband.

Heidelberg.
Buchdruckerei von G. Mohr.
Im Selbstverlage des Herausgebers.
1868.

Dem wohllöblichen

Gemeinderath der Stadt Heidelberg,

nämlich den Herren

Heinrich Krausmann, erstem Bürgermeister,
Wilhelm Hoffmeister, zweitem Bürgermeister, jetzt Mitglied des
    Gemeinderaths,
  an dessen Stelle seit 1867
Philipp Schaaff, zweitem Bürgermeister,
  und den Herren Gemeinderäthen:
Peter Desaga, Mechanikus,
Michael Groß, Privatmann,
Friedrich Hornung, Oeconom,
Josef Krauß, Privatmann, 1867 ausgetreten,
Georg Krieger, Schmiedmeister,
Leonhard Ritzhaupt, Privatmann,
Ludwig Spitzer, Kaufmann,
Jacob Thiele, Privatmann, 1867 ausgetreten,
J. B. Trau, Kaufmann,
Heinrich Bilabel, Gerbermeister,
Franz Anton Keppler, marchand tailleur, } 1867 eingetreten,

in

Verehrung und Dankbarkeit

gewidmet vom

Herausgeber.

Wohllöblicher Gemeinderath!

Hochverehrteste Herren!

Der erste Band des „Archivs für die Geschichte der Stadt Heidelberg" ist nun vollendet und es will sich für mich geziemen, im Rückblick auf die Entstehung und den Fortgang dieses Werkes, Ihnen für die mannichfache Förderung desselben meinen verbindlichsten Dank auch öffentlich auszusprechen. Zu diesem Zwecke habe ich mir am 20. September d. J. die Erlaubniß erbeten, Ihnen diesen ersten Band des „Archivs" widmen zu dürfen und Sie haben unterm 2. Oktober d. J. mir erklärt, daß Sie, als Vertreter der Stadt, diese Widmung gerne annehmen.

Es war im Juli 1864 als ich Sie um gefällige Mittheilung der auf dem Rathhause der Stadt beruhenden Urkunden und Akten, zum Behufe einer historisch-topographisch-statistischen Beschreibung der Stadt Heidelberg bat. Sie erklärten sich gerne hiezu bereit, mit dem Bemerken jedoch, daß sich „aus dem Vorhandenen kaum etwas Erhebliches entnehmen lassen werde. Die vorhandenen Grundbücher reichen nicht weiter als bis 1690 zurück, da alle älteren Bücher durch den Stadtbrand vernichtet worden zu sein scheinen; die Lagerbücher sind noch weit später erst angelegt."

Die Wahrnehmung, daß eine der hervorragendsten Städte unseres Landes, freilich ohne ihr Verschulden, fast ganz ohne urkundliche Nachweise ihrer Vergangenheit sei; die Ueberzeugung, die ich aus der Erfahrung bei Bearbeitung anderer Ortsgeschichten (Haßmersheim, Mosbach, Eberbach und Neckargemünd) gewonnen hatte, daß die Haupturkunden nicht bloß einmal, sondern oft zwei- und mehrere Male, theils in Original, theils in Abschriften vorhanden seien;

endlich die Hoffnung, bei gründlicher Ausnützung aller einschlägigen Archive, das durch die kriegerischen Ereignisse des 17. Jahrhunderts für die Stadt Heidelberg verloren Gegangene — wenn auch nur in Abschriften — beizuschaffen, und dadurch, wie der Geschichtsforschung überhaupt, so ins Besondere der über Heidelberg, einen Dienst zu leisten; alle diese Dinge bewogen mich, an Sie, hochverehrteste Herren! das Ansuchen zu stellen, unter Ihrer Autorität die zerstreuten Urkunden zu sammeln und so die Stadt Heidelberg wieder mit einem Archive zu versehen, — welchem Ansuchen Sie zu entsprechen die Güte hatten.

Da es aber offenbar am Tage lag, daß damit nur ein Theil meiner Aufgabe gelöst sei, indem ja nur die Vergangenheit wieder ans Licht gezogen, keineswegs aber die Kenntniß der gegenwärtigen Verhältnisse der Zukunft überliefert würde, so beehrten Sie mich mit dem weitern gütigen Auftrage, die Chronik d. h. die Zeitgeschichte der Stadt aufzuzeichnen.

Im Laufe von vier Jahren habe ich mich bemüht, meiner doppelten keineswegs so leichten Aufgabe gerecht zu werden. Vierteljährlich schloß ich die Chronik ab und überlieferte Ihnen dieselbe in Jahrgängen; drei solcher Jahrgänge sind bereits in Ihrem Besitze und der vierte ist seinem Abschlusse nahe.

Jene vier Jahre haben mich zum Zwecke der Sammlung von Urkunden-Abschriften in verschiedene Archive in der Nähe und Ferne geführt. Das sehr ausgiebige Generallandesarchiv zu Karlsruhe, wohl die Hauptquelle für die Geschichte unserer Stadt, hat in seinem Besitz mehr als tausend Urkunden in Original und Abschrift, dazu noch eine große Menge von Regierungsakten; etwa 600 Originalurkunden habe ich, je nach ihrer Wichtigkeit, theils copirt, theils ihrem Hauptinhalte nach bloß ausgezogen. An Aktenfascikeln habe ich bis jetzt nahe an 400 ausgezogen. Aber es ruht hier noch mancher historische Schatz. — Auch im Königl. Staatsarchiv zu München konnte ich recht dankenswerthe Funde machen, ins Besondere Details über die Verhältnisse des 30jährigen Krieges. — Die Hofbibliothek in

Darmstadt bot mir, wie in diesem ersten Bande des „Archivs" des Weiteren ausgeführt ist, vieles Schätzenswerthe. — Die Heidelberger Universitätsbibliothek endlich lieferte bis jetzt wesentlich wichtige Beiträge zur Urkundensammlung. — Auf dem internationalen Congresse für Alterthumskunde und Geschichte, der vom 14.—21. September d. J. in Bonn abgehalten wurde, und wohin Sie die Güte hatten mich abzuordnen, benützte ich die Anwesenheit zahlreicher Geschichtsforscher, mit ihnen Verbindungen einzugehen und hatte meine Reise nach Bonn den Erfolg, daß mir von Seiten mehrerer Archivdirectoren die Zusage wurde, daß sie in ihren Archiven nach Heidelberger Nachrichten forschen werden. Bezüglich der Archive zu Coblenz und Düsseldorf wurde mir eine Ausbeute in Aussicht gestellt. — Auch der Rest der Palatina, welche im Vatican zu Rom beruht, enthält des Interessanten Manches, wie ich aus einem Inhaltsverzeichniß ersah; ich habe Schritte gethan, auch diese Schätze mir zugänglich zu machen.

So bin ich denn, wie ich glaube, auf dem besten Wege, Alles, was über die Geschichte der Stadt Heidelberg noch irgendwo zu finden ist, aufzutreiben und aus dem massenhaften Material, das sich jetzt schon bei mir angehäuft hat, aus dem, was der sichern Ausbeute harret, darf ich die Ueberzeugung schöpfen und Ihnen die Versicherung wiederholen, daß unsre Stadt ihr einst so unselig verloren gegangenes Archiv in der Hauptsache wiedererhalten wird, ein Archiv, mit welchem sie sich in dieser Beziehung wieder anderen glücklicheren Städten, die eine so gründliche Zerstörung nicht zu beklagen haben, würdig an die Seite stellen kann.

Ich darf mit dem Bekenntniß nicht zurückhalten, daß, seitdem es öffentlich bekannt geworden ist, womit ich mich in Ihrem Auftrage beschäftige, ein allgemeineres Interesse, wie unter den Männern der Wissenschaft, so auch und ins Besondere in der Bürgerschaft Heidelbergs für die Geschichte unserer Stadt erwacht ist. Diese Wahrnehmung hat mich bewogen, mit dem bereits Gewonnenen in die Oeffentlichkeit zu treten; um jenem Interesse entgegenzukommen, erscheint das von mir in Vierteljahresheften herausgegebene „Archiv für die Geschichte der Stadt Heidelberg." Alles bereits Bekannte, sowie die neuen Funde sollen in diesem „Archiv" abgedruckt werden, so daß dasselbe eine urkundliche Geschichtsquelle auch für weitere Kreise bildet. Daß ich diese Form der Veröffentlichung wählen mußte, wird Jeder einsehen, der weiß, daß Vieles in der Geschichte Heidelbergs noch unaufgehellt ist und daß nur auf diesem Wege die breite und sichere Grundlage für eine Geschichte der Stadt gewonnen werden kann.

Hochgeehrteste Herren! Wenn ich den ganzen Gang meines Unternehmens, von seinen ersten Anfängen an bis jetzt, wo bereits sichere Resultate und werthvolle Schätze gefunden sind, überdenke, so kann ich mich der Wahrnehmung nicht verschließen, daß mir ein so weitschichtiges Unternehmen nicht, oder doch gewiß in diesem Maße nicht gelingen konnte, ohne Ihre intelectuelle, moralische und materielle Unterstützung. Sie dürfen es nicht als eine leere Redensart ansehen, wenn ich Sie versichere, daß ich bei Instandsetzung des Unternehmens, sowie bei dessen Fortgang nicht bloß ein sehr reges Interesse, sondern ein tiefes Verständniß für das Wesen desselben bei Ihnen gefunden habe. Ich veröffentliche die Worte, welche Sie mir unterm 22. März 1866 zukommen ließen, um dies darzuthun, mit Freude: „Ihre überaus fleißige und von warmem Interesse für unsere Stadtgeschichte zeugende Arbeit fand bei Allen denen, welche bisher Einsicht davon nahmen, ungetheilten Beifall. Namentlich hat man sich bei Durchlesung des Urkundenbuchs gestehen müssen, daß die Arbeit besseren Händen nicht leicht hätte können übertragen werden. Es sind viele höchst interessante Stücke darunter, die den bisherigen Geschichtsschreibern Heidelbergs unbekannt geblieben waren, weil sie in deren Werken nicht erwähnt sind, während sie im Falle des Bekanntseins wegen ihrer Bedeutung für die Geschichte und Entwickelung der bürgerlichen Verhältnisse unserer Stadt hätten unfehlbar erwähnt werden müssen." Eine solche Schätzung meiner Arbeit, wie sie auf einem richtigen Verständnisse derselben beruht, hat mir eine sehr große moralische Unterstützung gewährt. Wer nur Ein Mal sich mit einer ähnlichen Arbeit beschäftigt hat, der wird die großen, oft unüberwindlich scheinenden Hindernisse und Schwierigkeiten kennen, die man auf dem Wege findet; der wird begreifen, wie willkommen und fördernd eine solche Anerkennung ist, die sich in dem genannten Schreiben in den Worten gipfelt: Sie werden „in der Freude, die Ihnen die geschichtlichen Studien bereiten und in dem Bewußtsein, ein gemeinnütziges Werk zu schaffen, dessen Werth die gegenwärtige und künftigen Generationen Heidelbergs stets dankbar erkennen werden, den besten Theil der Belohnung finden."

Es bedarf ja wohl nur dieser Auseinandersetzung, um Jedermann zu überzeugen, daß das Unternehmen und sein Fortgang zum großen Theil Ihr Werk ist und daß ich selbst nur das Organ bin, das Ihren Willen ausführt. Lassen Sie mich deßhalb Ihnen meinen aufrichtigen Dank wiederholen, den ich Ihnen im Namen der Wissenschaft, im Namen der Geschichtsfreunde unsrer Stadt und besonders aus dem tiefsten eigenen Herzen darbringe.

Genehmigen Sie, Hochgeehrteste Herren, den Ausdruck vorzüglichster Hochachtung und höchster Werthschätzung, mit der ich die Ehre habe zu sein

Haßmersheim, am 14. Oktober 1868.

Ihr

ergebenster

H. Wirth,
Chronist der Stadt Heidelberg.

Inhaltsanzeige des I. Bandes.

		Seite.
	Einleitung	1
I.	Die Privilegien und Gerechtigkeiten des Burggerichts auf dem Schloßberg	5
II.	Historischer Kalender auf das Jahr des Heils 1568	15
III.	Der Künstler des Ottoheinrichsbaus	18
IV.	Geschichte der Buchdruckerkunst in Heidelberg	21
V.	Weinzettel für das Hofgesinde, 1610	25
VI.	Gleichzeitige Berichte über die Ereignisse des 30jährigen Krieges in Heidelberg	26
VII.	Das Muttergottesbild auf dem Kornmarkt	33
VIII.	Churfürst Ludwig V. zieht in den Bauernkrieg Mai 1525	35
IX.	Das Stift der Heiliggeistkirche verkauft die Krambuden zwischen den Wandpfeilern der Kirche an die Stadt Heidelberg, 25. Juni 1487	38
X.	Ordnung zu Heidelberg, Wehr zu tragen und auf der Gasse zu gehen 1466	43
XI.	Die Stadt Heidelberg kauft den Bierhelberhof 29. April 1737	50
XII.	Die wallonische Gemeinde zu Heidelberg	53
XIII.	Das reformirte Pfarrhaus in der Kettengasse	58
XIV.	Der Judenkirchhof 1702	60
XV.	Jagdrecht der Studenten, 1655 und 1671	61
XVI.	Pfalzgraf Ludwig III. bestellt den Steinmetzen Hans Marx zum Werkmeister der Stiftskirche zum hl. Geist 1423	63
XVII.	Alterthumsfunde	64
XVIII.	Das deutsche Bergheim, bis zu seiner Vereinigung mit Heidelberg, 500—1392	65
XIX.	Hexenverbrennung zu Heidelberg	99
XX.	Mordversuch auf Churfürst Friedrich V.	113
XXI.	Beschaffenheit der Erdoberfläche der Heidelberger Gemarkung (Geognosie)	119
XXII.	Sagen vom Heidelberger Schloß	132

		Seite.
XXIII.	Der Thesaurus picturarum	133
	a. Beilager und Hochzeit zweier Abeligen zu Hof, 1600.	
	b. Ermordung eines Buchdruckergesellen, 1600.	
	c. Ermordung des letzten Herrn von Handschuchsheim, 1600.	
XXIV.	Heidelberger städtische Verhältnisse und Zustände im 18. Jahrhundert	142
	a. Der Stadtrath.	
	b. Eine kleine Bürgerrevolution am Schlusse des 18. Jahrhunderts.	
XXV.	Zur Coponomastik und Topographie Bergheims und des Gäusbergs (Nachtrag zu XVIII.)	192
XXVI	Zur Topographie der Hexenzusammenkünfte und der Tellsage in der Pfalz (Nachtrag zu XIX.)	198
XXVII.	Zu Adam Neusers und Johannes Sylvanus Verfolgungsgeschichte	201
XXVIII.	Zur Geschichte des Schlosses, im Besondern des Friedrichsbaues	203
XXIX.	Eine Schlägerei, 1601	206
XXX.	Das Kärchel	208
XXXI.	Mordversuch auf Friedrich IV., 1603	209
XXXII.	Herzog Carl III. von Lothringen in Heidelberg . .	211
XXXIII.	Vorzeichen	213
XXXIV.	Das Turnier zu Heidelberg, 1482, und zwar	
	A. aus Rüxners Turnierbuch . , . . .	214
	B. aus Pirckhammers Turnierbuchordnung . . .	232

Einleitung.

Indem ich mit Gegenwärtigem die angekündigte Vierteljahresschrift: "Archiv für die Geschichte der Stadt Heidelberg" beginne, erscheint es mir als eine Nothwendigkeit, mich über einzelne Dinge, welche das Wesen und den Charakter derselben betreffen, auszusprechen.

Was zunächst den Gegenstand selbst betrifft, der in dieser Zeitschrift zur Behandlung kommen soll, so spricht ihn der Titel derselben deutlich aus; es ist die Gesammtgeschichte der Stadt, ihrer einzelnen Theile und Zugehörungen. Heidelberg hat eine Vorgeschichte; die Stadt erwuchs zum Theil auf römischem Untergrund und baute sich auf innerhalb der Grenzen einer uralten, sehr großen Gemarkung, der von Bergheim, dessen Geschichte ebenfalls in die Zeit der Römerherrschaft zurückläuft, und welche ihren Glanzpunkt da schon lange hinter sich hatte, als die ersten Anfänge einer Stadt Heidelberg hervortraten. Der Heiligeberg und das an seinem westlichen Fuße gelegene Dorf Neuenheim; Klöster in der Nähe und Ferne, besonders Neuburg und Schönau greifen in die Geschichte unserer Stadt wesentlich ein. Heidelberg war während mehr als 5 Jahrhunderten der Sitz eines berühmten und kunstliebenden Fürstenhauses, dessen Entwickelungsgeschichte in hervorragender Weise die Geschicke der Stadt bestimmte; und wiederum beeinflußen die Geschicke und die Stellung der Stadt als Residenz in den allerwesentlichsten Dingen die Entwickelung der ganzen Churpfalz, hauptsächlich der zum Oberamt Heidelberg gehörenden Städte, Flecken und Dörfer, was das allgemein politische und kirchliche Leben derselben anbelangt. Heidelberg ist seit mehr als 400 Jahren der Sitz einer Universität; Hochschule und Stadt haben nicht blos Leib und Freud mit einander getheilt, sondern jene drückte dieser von Anfang an einen eigenthümlichen Charakter auf, der sie von andern Residenzstädten ganz wesentlich unterscheidet; die innere Geschichte der Hochschule repräsentirt den Entwickelungsgang der Wissenschaft überhaupt. Das gesammte Kulturleben, das ehrliche Handwerk, die Gewerbe, Landwirthschaft, Industrie und Handel der Stadt gestalten vielfach das sociale Leben des Landes.

Wenn alle diese Beziehungen des geistigen und materiellen Lebens der Stadt Heidelberg, wie es beabsichtigt ist, in diesem „Archiv" ihre Erörterungen finden sollen, so dürfen die Grenzen des zu behandelnden Gegenstandes nicht zu enge gezogen werden. Es ist vielmehr nöthig, die Fäden, mit denen die Geschichte unserer Stadt in die allgemeine Geschichte hineinragt, bis zu ihren Endpunkten zu verfolgen; und wenn deßhalb auch die Stadt selbst den Mittelpunkt des „Archivs" bilden muß und wird, so muß und wird dieser Punkt zugleich als Crystallisationskern sich ausweisen, dessen Bildungskraft gerade dadurch zu Tage tritt, daß er zu seiner Ausgestaltung alle Elemente in seinen Dienst zieht.

Die Quellen aus denen das „Archiv" schöpfen wird, sind theils Druckwerke, theils Manuscripte, theils Original-Urkunden, theils Abschriften solcher, theils schriftliche Verhandlungen. Sie sollen hier nicht namentlich aufgeführt, sondern bei jeder einzelnen Darstellung genau angegeben werden. Ich behalte mir jedoch vor, der Gesammtliteratur einen besonderen Abschnitt in diesem „Archiv" zu widmen.

Daß ich zur Darstellung der Geschichte der Stadt Heidelberg die Form einer Zeitschrift gewählt habe, findet seine Erklärung darin, daß ich mir vorgenommen habe, den Gegenstand bis in die ersten Anfänge zurück und in die letzten Consequenzen hinaus zur Darstellung zu bringen. Ich muß das schon vorhandene und stets noch fließende Material, ganz unbeengt von Nebenrücksichten auf eine künstliche Form, darstellen. Um dieses zu können, müssen die einzelnen geschichtlichen Ereignisse u. dgl. aus dem Zusammenhang der Chronologie herausgerissen, einzeln besprochen und nach den verschiedensten Seiten hin beleuchtet werden. Das „Archiv" wird so zwar keine chronologisch-fortlaufende Geschichtserzählung liefern, aber es wird dem unbefangenen und unterrichteten Leser nicht schwer fallen, sich aus den einzelnen Stücken ein genügendes Gesammtbild zu schaffen. Andrerseits wird es nur in dieser Form möglich werden, die Einzelheiten der Ereignisse in die Oeffentlichkeit zu bringen, durch welche der Charakter der Zeit und ihrer Begebenheiten oft viel augenfälliger dem Leser entgegentritt, als dieses durch eine nur in Abstraktionen sich ergehende Geschichtserzählung möglich wäre. Und endlich fesseln die Einzelheiten die Aufmerksamkeit langjähriger Bewohner der Stadt und Beobachter ihres Lebens, sowie den Bürger, nicht minder aber auch jeden Freund der Geschichtsforschung erst recht, denn erst hierdurch vermag er sich die oft verworrenen Fäden von Ursache und Wirkung zu entwirren.

Durch das „Archiv" wird, ich will es nicht verschweigen, wie manches Dunkel verscheucht, so auch manches Vorurtheil zerstört werden welches über der Geschichte unserer Stadt noch schwebt. Jedes Gemeinwesen hat seine eigenen Entwickelungsformen, wenn auch der Geist der Entwickelung in allen Städten zu einer gewissen Zeit und innerhalb einer bestimmten örtlichen Begrenzung derselbe ist. Die Triebkraft der Entwickelung schafft keine Schablonen, sondern lebendige Manichfaltigkeit, und es scheint mir für die richtige Beurtheilung einer Ortsgeschichte viel dienlicher zu sein, vom Kleinen zum Großen, vom Einzelnen zum Ganzen fortzuschreiten und durch die Vergegenwärtigung der Thatsachen sich ein Urtheil über die Gesammtverhältnisse zu bilden, als umgekehrt die geschichtlichen Einzelthatsachen in die einmal angenommenen Allgemeinformen einzwängen zu wollen.

Gern würde ich dem „Archiv" bildliche Darstellungen beigeben, welche dem Einheimischen wie dem Fremden eine willkommene Verdeutlichung bieten würden. Es steht mir auch in diesem Stücke manches Interessante zu Gebot, welches in Verbindung mit dem bereits Vorhandenen und Bekannten der Topographie wesentliche Dienste leisten dürfte. Allein ich muß vorerst auf die Verwirklichung dieses Wunsches und zwar so lange verzichten, bis ein hierüber ausgesprochener allgemeiner Wunsch das Bedürfniß festgestellt hat und ein derartiges Unternehmen, das nicht wenige Kosten verursacht, rechtfertigen wird.

I.

Die Privilegien und Gerechtigkeiten des Burggerichts auf dem Schloßberg.

Als in der Mitte des 12. Jahrhunderts unserer Zeitrechnung der Halbbruder Kaisers Friedrich des Rothbarts, Conrad von Hohenstaufen sich als Schirmvogt bedeutender Stifter und Klöster, so des Domstifts Worms, der Bisthümer Speier, Straßburg u. s. w. und des Klosters Lorsch an der Bergstraße — im Gebirge am Neckar niederließ und wohl auf Grund eines zerstörten römischen Wartthurmes eine Burg sich baute, war das enge Thal am Fuß der Berge nur spärlich von Fischern, Schiffern u. s. w. bewohnt. Alsbald aber siedelten sich in der Nähe der Burg Taglöhner, Handwerker, herrschaftliche Dienstleute an, deren Wohnungen mit ihrem Bezirk durch Mauern in den Bereich der Burg gezogen wurden. Die Burg mit ihren Befestigungen diente diesen Ansiedlern zum Schutz und anderer Seits wurden die Leute zur Vertheidigung beigezogen, sowie sie sich anderen Bedingungen der Burgherrschaft unterwerfen mußten.

Die Begrenzungen der Burg und dieser ersten und ältesten Stadt, des „Schloßbergs" oder der „Bergstadt" waren sehr enge. Am westlichen Ende der Bergstadt, am Fuße des Berges stand das Thor mit einem befestigten Thurm. Mauern und Zwinger zogen sich von da ostwärts längs der jetzigen Zwingergasse hin und stiegen am „Burgweg" wieder zur Burg empor.

Dieser erste Ansatz der Stadt Heidelberg bildete natürlich sofort ein geordnetes Gemeinwesen; und dies Gemeinwesen bewahrte seine Eigenthümlichkeit auch dann noch, als nach Verfluß weniger Jahrzehnte auf der Thalsohle sich die eigentliche Stadt gebildet hatte und im Jahre 1392 das alte Dorf Bergheim mit dieser untern Stadt zu einem gemeinen städtischen Wesen vereinigt worden war. Bis in die Mitte des 18. Jahrhunderts hatte jene „Burgstadt" ihr eigenes Gericht, dessen Schwerpunkt in der Burg lag und es darum „Burggericht" hieß. Denn Gerichtsherr war die Herrschaft, die Pfalzgrafen und Churfürsten und als ihre Stellvertreter die Burgvögte, später Burggrafen genannt. Sie hatten ihre Wohnung in dem Theil der Schloßgebäude, welcher später, in den 90er Jahren des vorigen Jahrhunderts, zu einem Lazareth hergerichtet wurde. Das Burggericht selbst bestand aus sechs Mitgliedern. Wurde eine Criminalsache verhandelt, so führte der Burggraf den Vorsitz; in gewöhnlichen Civilsachen aber präsidirte der Schultheiß, später Gerichtsbürgermeister genannt, welcher von der Herrschaft ernannt wurde, während die Gerichtsmänner von den Bürgern gewählt wurden. In den Urkunden vom 14.—18. Jahrhundert, welche dieses Gericht ausstellte, nannte sich dasselbe: „Gericht vom Schloßberg" oder „Gericht vorm Berg". Doch hatte dasselbe keinen Siegel, sondern immer mußte der Burggraf seinen eigenen Siegel beidrücken.

Welches waren nun aber „die Privilegien und Gerechtigkeiten des Burggerichts auf dem Schloßberg?" Welches waren überhaupt die Eigenthümlichkeiten der Bergstadt, bis diese in der Mitte des vorigen Jahrhunderts aufgehoben wurden und nach und nach schwanden?

Wir lernen sie urkundlich kennen, da sie sich eben ausgelebt hatten zur Zeit ihrer Aufhebung, und wir erfahren dabei noch so manche bemerkenswerthe Dinge, daß wir den ganzen Gang der Aufhebungsgeschichte hier niederlegen wollen.[1]

Churfürst Karl Theodor verordnet von Mannheim aus unterm 13. Februar 1743: „Demnach Ihre Churfürstl. Durchl. das bisherige sogenannte Burggericht auf dem Schloßberg zu Heidelberg gänzlich aufzuheben ggst. gutgefunden, fort solchem nach verordnet haben und wollen, daß die darauff wohnende unterthanen ratione fori[2] nicht unter dasigem Oberamt stehen, sondern zum

---

[1] Die nachfolgende Darstellung ruht auf urkundlichen Nachrichten, welche im Großh. Generallandes-Archiv zu Karlsruhe sich befinden und die ich zum Zwecke der Einrichtung eines Archivs für die Stadt Heidelberg gesammelt habe.

[2] D. h. in Gerichtsachen.

Stabtrath daselbst gezogen werden sollen. Also wird bero Churfürstl. Regierung es zu dem ende hiermit bekannt gemacht, daß selbige nechst Communication mit dero Churpfälz. Hoffammer hierunter die weitere gebühr ohnaussetzlich verfügen und beobachten soll."

Daß die Auflösung einer alten Ordnung, in welche sich die Betreffenden durch wohl 5 Jahrhunderte eingelebt hatten und die ihnen so gewiß in Fleisch und Blut eingegangen war, schmerzlich empfunden wurde, ist begreiflich. Sofort protestirten auch die Bergbewohner: sie lassen sich durch den Regierungsrath und ersten Archivar auf dem Schloß, Lamezan, constatiren, daß schon zu Friedrichs des Siegreichen Zeit die Bergbewohner von der Stabt abgesondert, mit eigenem Gericht, verschiedenen Privilegien und Freiheiten ausgestattet gewesen, wofür jedoch die „Briefschaften" im 30jährigen Kriege verloren gegangen seien; auch seien sie „durch Mauern und Thore von der Stabt abgesondert und ein Stück des churfürstlichen Schlosses gewesen, das nicht unterm Stabtrath gestanden." Als Beweis hiefür führen sie noch an, daß sie schon früher mit einer kostbaren, in der Schloßkapelle geweihten Fahne ex Aerario*) wären begnadet worden.. Damit die Regierung, insbesondere aber der Churfürst wüßten, worin ihre Privilegien bestünden, schließen die Bergbewohner diese selbst ihrer Protestschrift an. Sie lauten:

„Auf Anhalten Schultheiß undt gericht von dem Schloßberg hab ich Christof von Schlammersdorff, Churf. Pfälz. Haußhoff-Meister, nebstdem bemelter derer vom Schloßberg Oberamtmann nach folgende ihre ordtnung erneuert und bestättigt, darob Schultheiß, Bürgermeister undt gericht fleißig halten undt die übertrettere wie inverleibt, jedesmahl gebührlich straffen sollen:

1) Es bestehet die Jurisdiction des Burggerichts am Schloßberg generaliter darinnen, daß es unter Direktion dero Vorgesetzten Herrn Obrist Burg-Graffens, als Ersterer Instanz Richtern, in Civil-Sachen gantz allein erkennt undt hernach die Appellation von hier auß an die Churpfälzische Hohe Regierung, wann nehmblich Ihro Churf. Durchlaucht in Hoher Person in Churpfaltz. Landen nicht resi-

---

*) Aus herrschaftlichen Mitteln.

biret, bevolviret, so daß das Churf. Hoff-Gericht über daßelbe oder deren Einwohner keine Jurisdiction hat.

In Criminal-Sachen aber hat die Churf. Hohe Regierung die Vorfallenheiten nebst dem Herren Obrist-Burg-Graffen undt Burggericht mit zu beobachten, jedoch die Injurien-Sachen außgenommen, als welche abermal vom Burg-Gericht auff Genehmhaltung gedachten Herrn Obrist-Burg-Graffen, als Erster Instanz allein geschlichtet werden.

2) Hat das Burggericht zwei Hals-Eyßen am Rathhauß, eine Geigen und auch von hundert und mehr Jahren her die Burggerichtsfreiheit darinnen, daß sie bey vorkommenden Fällen die Uebertretter mit abhauung der rechten Hand bestraffen dürffen.

3) Sind die Burger und Beysassen am Schloßberg von allen Einquartirungen gänzlich befreyet und dürffen beßhalben in keine Weege beschwehret werden.

4) Seynd die Bürger und Einwohnere am Schloßberg jederzeit Schatzungsfrey,[4)] und zwar in Ansehung ihrer obhabenden Frohndienste mit Eißhauen, Bottengehen, auch Säuberung der gantzen Residenz[5)] mit dem Vorhof.

5) Es ist das Burggericht nebst seinen Burgern und Einwohnern jederzeit und von so langen Jahren her, gleich denen Stadt-Burgern, des Heidelberger Neckar-Brückenzollß gänzlich befreyet geweßen.

6) Haben die Schloßberg-Burgere und Einwohnere den freyen Handel und Wandel, Kauff- und Verkauffung, sowohl auff den Jahr- als Wochen-Märkten und sonst täglich ohngehindert.

Weil ich dann Haußhoff-Meister anfangs genannt, diese ordnung also gebilligt, für löblich und guth angesehen, also hiemit auch erneuert, hab ich zur bestättigung derselben mein angebohrnen Insigill hierangehenget, undt mich mit aigenen Händten unterschrieben, so geschehen Heydelberg den 10. Tag Monats Augusti nach unsers Herrn und seeligmachers geburth im Jahr 1592."

[4)] Schatzung ist die herrschaftliche Steuer, welche der Stadt in runder Summe auferlegt wurde, und welche der Stadtrath auf die einzelnen Bürger ausschlug.

[5)] D. h. des Schloßes.

Zu diesen ältesten und ursprünglichen Freiheiten kam bald die Befreiung vom **Ungeld**, d. h. von der Verbrauchssteuer für Wein eigenen Gewächses und für Kaufwein, jedoch nur soweit es den **Hausverbrauch** betraf. Von dem Wein und dem Bier, das die Bergbewohner „auf die Gassen geschenket," mußten sie jedoch das Ungeld entrichten und zwar an die Stadt: aber es war ihnen hievon wieder ein Drittel gelassen zum Unterhalt ihres Rathhauses, ihrer Brunnen und ihrer Armen. Schon 1559 hatten sie die Regierung gebeten, ihnen einen eigenen Ungelderheber zu gewähren, etwa in der Person des Hausküchenschreibers auf dem Schloß, „da sie sonst in Allem von der Stadt abgesondert" seien; und das Gerichtsprotokoll vorm Schloßberg vom 22. Dezember 1604 führt an „Durch Junker Haushoffmeister Franz von Hammerstein ist Bescheid ergangen, daß ein Erbar Burgerschaft von dem Weinwachs, so ihnen im Ziegelrieth einherbsten und in ihrem Haus gebrauchen oder ausschenken, des Ungelds von Alters hero allerdings befreyet sein; was aber anderen Orten ihnen wachsender oder durch sie verkauffender Wein, hievon das gewöhnlich Ungeld gleich anderen Pfaltz Unterfassen reichen sollen"; auch seien sie „allein unter des zeitlichen abeligen Haushofmeisters Stab gesessen." Nur wenige Jahrzehnte vor Aufhebung des Burggerichts und Verschmelzung der Bergstadt mit der untern Stadt, waren die Freiheiten der Bewohner des Bergs von dem Churfürsten noch bestätigt worden und zwar einzeln, bei besonderen Vorkommenheiten und Veranlassungen, welche zum Verständniß der Bedeutung des ganzen Verhältnisses Wesentliches beitragen. Wir setzen diese Bestätigungen mit ihren Veranlassungen hierher:

1) Bei Bestellung des Geheimen Raths Grafen von Wieser als Obrist-Burg-Graffen wird unterm 3. März 1712 von Churfürst Johann Wilhelm in Sachen der **Gerichtsbarkeit** bestätigt, „daß in den auf dem Schloßberg sich äußernden Civil-Strittigkeiten von dortigem bero Obrist-Burg-Graffen von Wieser als Erster Instanz Richtern erkennet und als lang*) Ihro Churf. Durchlaucht daselbst in Hoher Person nicht residiren werden, von desselben Bescheideren die Appellation bem bißherigen Herkommen gemäß, zu ernelter Regierung

---

*) So lange.

bevolviren, nicht weniger die Criminal-Vorfallenheiten von ersagter Regierung ferner mit beobachtet werden sollen."

2) Obrist-Burg-Graf von Wieser berichtet im Namen der Bürger, im März 1712, daß das Kriegskommissariat „die auf 'm Schloßberg wohnenden Taglöhner und Handwerksleute mit Einquartirungen beschweren, auch die dasige Guarnison Beschwerden veranlaßt habe," worauf ihm unterm 12. März der Bescheid ward, (von Düsseldorf aus) „daß es das Kriegskommissariat hierin dem Herkommen gemäs halten, darwider besagte Schloßbergs-Einwohnere keineswegs graviren, auch sonst alle Neuerungen und ohngebühr nachdrücklichst abstellen solle." Auch noch am 8. Oktober 1722 bedeutet der Churfürst Carl Philipp von Schwetzingen aus das Commissariat, daß er „gedachte Bürgerschaft mit sothaner Einquartirung zu übersehen gnädigst genehmigt habe."

3) In Sachen des freien Handels und Wandels erließ die Regierung an den Stadtrath folgendes Schreiben vom 20. Merz 1728: „Welcher gestalten wir euch in Klagsachen des dahiesigen Burggerichts wider den Stadtrath und Burgerschaft daselbst nach beschehener der Sachen Untersuchung zu verschiedenen malen gnädigste und Ernstlichst befohlen, daß die gesambte Burger und Einwohner auff dem Schloßberg in dem freyen Handel und Wandel, Kauff und Verkauffung in der Stadt et vice versa⁷) bei verwürkter Herrschafflicher Straff von zehen Rthlr. keineswegs ferner beeinträchtigt oder gehindert werden sollen, solches ist euch annoch unterthänigst erinnerlich: In deme uns nun zu besonderem ungnädigsten Mißfallen zu vernehmen vorkommen, wie Ihr sothanen unßern Verordnungen gerade zuwider gbr. Bergangesessenen und Burgern das offentliche Feilhaben und auf denen Jahrmärkten zu gestatten, auff denen wochentlichen Märkten aber benenselben zu untersagen euch angemaßet, und dahero von denen Stadtmeistern⁸) der Schuhmacher auff dem Schloßberg Johann Georg Wetzstein, da er auff einem Wochen-Markth in der Stadt feyl gehabt,

---

⁷) Umgekehrt der Stadtbürger auf dem Schloßberg.

⁸) Diese, auch die Viertelmeister genannt, führten die Aufsicht über das gesammte öffentliche Leben in der Stadt, sie hatten den Beisitz in den Stadtrathssitzungen, um die Interessen der Bürger zu wahren.

überfallen, dessen Stand über ein Hauffen geworffen, auch dessen Ehefrau geschändet und geschmähet worden seyn, welche Ungebühr und einseitiges höchststrafbares Verfahren wir gäntzlich abgestellet, mithin unßere obgenannten Verordnungen die gehorsambst schuldigste Folge ohne Anstand und allen unerheblichen bißherigen Einwendens ungeachtet geleistet gnädigst wissen wollen; Alß ergeht an euch unßer nochmaliger gnädigst und ernstlichster Befehl hiermit, Ihr sollet vorbenannte frevelhafte Uebertretter Stadtmeistere nicht nur unter einer Straff von 20 Rthlr. zu ersetzung der dem Beleidigten Schloßbergsburgeren Wetzstein verursachte Kösten und Schadens alsogleich anhalten, sondern auch benen gesambten Bürgeren ben freyen Handel und Wandel, Kauff und Verkauffung in die Stadt et vice versa, sowohl auff benen Jahr- als Wochen-Märckhen und sonsten täglichs ohngehindert gestatten, diesen unsern ernstlich gemeinten Befehl und Willen zu Jedermanns Nachricht durch die Stabtschell (gleich wie solches in ben Jahren 1707 und 1708 unter Straff von 50 Rthlr. aufgegeben worden) offentlich verkünden, mithin euch hieran, ben vermeidung einer unnachläßigen Straff von 100 Rthlrn. nicht im Allerminbesten behindern lassen, sondern hierauff allerdings halten und ben Erfolg anhero unterthänigst berichter." — Und am 12. Mai 1728 beschließt die Regierung und erläßt an ben Stadtrath: „Nachbem unß auß der von bem Burg-Gericht an bafigem Schloßberg übergebenen kläglichen Vorstellung zu vernehmen vorkommen, wie strafbar und ohnverantwortlich Ihr unßerem letzteren ben 20. Martii letzthin ergangenen gnädigsten Befehl biß diese Stunde die gehorsamste schuldigste Einfolge nicht geleistet und wir bann biesen euren Ungehorsambs wegen Euch in die barin anbebrohte Straff von 100 Rthlr. nicht nur fällig erklärt, sondern auch gnädigst verordnet haben, baß Ihr unter Vermeidung einer ferneren Straff vou Euch Stadtdirectorn, Bürgermeister und Rathsverwandten ex propriis zu erlegen, ben gebührenden blinden Gehorsamb allen und jeden unseren befehlenden Verordnungen leisten, folglichen bas euch ben 20. gedachten Martii außdrücklich anbefohlene alsogleich nach Empfang dieses vollziehen und wie es wirklich geschehen, in Zeit von 24 Stunden anhero unterthänigst berichten sollet; Alß habt Ihr Euch barnach gehorsambst zu richten und Euch für weitere Straff und ben verspührender der allerminbesten ferneren Saumseligkeit verfolgender Ungnad zu hüten wissen werdet; Euch sonsten mit Gnaden wohl beygethan verbleiben."

So ernstlich nun aber von Seiten der Regierung die alten Freiheiten der Schloßbergbewohner erneuert und bestätigt wurden, so leuchtet doch ein, daß gerade dergleichen gehässige Vorgänge an ihrem Untergange mitarbeiteten; um so mehr, als andere Bestimmungen der Privilegien in der That veraltet waren. Zu den Obliegenheiten der Bergstädter gehörte laut Gerichtsprotokoll vom Jahre 1569 die Hausschneiders-Frohn, d. h. das Aufhängen und Schwingen der Tücher und Tapeten des Schlosses; ferner die Pflicht, die Lebensmittel und andere tragbare Sachen zu tragen, wenn der Hof kürzere oder längere Zeit nicht in Heidelberg wohnte, z. B. in Schwetzingen, auf Stift Neuburg u. s. w.; in Ermangelung einer Besatzung Wache zu halten und im Krieg zur Vertheidigung mitzuhelfen; ferner, in der Küche an Hand zu gehen," das Schloß zu säubern, vom Wolfsbrunnen Eis zu holen; wenn Hofpagen, Lakayen u. s. w. erkrankten, wurden sie „am Berg eingelegt," jedoch von der Herrschaft verpflegt. Nachdem der Hof im Jahre 1720 gänzlich von Heidelberg weggezogen war, fielen die meisten dieser Frohnleistungen weg und damit zugleich die Bedingung und Voraussetzung, unter welcher die Freiheiten gegeben wurden. Stolz waren die Bergstädter auf ihr Recht in Criminalsachen. Sie beriefen sich noch zu Anfang des 18. Jahrhunderts auf das Recht, gewisse Frevler, welche sich gegen den Burgfrieden verfehlten und Andere verwundeten, mit Abhauung der rechten Hand bestrafen zu dürfen, „wie solches die am Rathhause aufgehängte Tafel mit der Jahreszahl 1653 und das darauf befindliche Bild, nämlich eine Hand auf dem Block mit dem Beil deutlich zeigt." Man würde irren, wenn man glaubte, das Bild sei bloßes Sinnbild des Strafrechts bei Criminalverbrechen überhaupt. Auch an anderen Orten war das Handabhauen ein wirkliches Recht. So bestimmt der Artikel 4 des Schüpfer Burgfriedens, daß, wenn das Burg- oder Hofgesinde einander verwundete, der Thäter ohne Gnade mit Abhauen der rechten Hand bestraft werden müsse.[9] Offenbar aber paßte dieses Recht nicht mehr in das 18. Jahrhundert.

---

[9] Vgl. Mone, Zeitschrift für Geschichte des Alterthums XVI. 235.

Nach diesem Allem kann es darum nicht wunderlich erscheinen, wenn die Regierung der ausgelebten Ausnahmsstellung der Bergstädter ein Ende machte. Der Churfürst Carl Theodor beschloß deßhalb am 28. November 1743, daß seine Aufhebung des Burggerichts vom 13. Februar unverweilt in Vollzug gesetzt werde.

Nicht ohne Murren und Widerstreben konnte dieses geschehen; der Stadtrath, damit beauftragt, die Bergstadt der untern Stadt einzuverleiben und ihr in allen Stücken gleichzustellen, mußte Gewalt anwenden und durch Einlegung von Soldaten das Gericht und die Bürgerschaft zwingen, er ließ vornehmlich das Gericht nicht eher vom Rathhause weggehen, bis die Mitglieder desselben die Pflichten der Subordination abgelegt hatten. Die Schatzung wurde durch Hofkammerrath Hiermayer im Juli 1744 eingerichtet; es mußte, mit Rücksicht auf die Nahrungslosigkeit der Bewohner und Unergiebigkeit des Bodens, bezahlen: jeder behauste Bürger 30 kr., der unbehauste 1 fl., der Beisaß 3 fl. 16 kr. jährlich an die Stadt.[10]) Diese herrschaftliche Steuer warf jährlich eine Summe von etwa 300 fl. ab.

Nach und nach fügten sich aber die Bergstädter in das Unabänderliche, und am Geburtstage des Churfürsten im Jahre 1744 wurde der gesammten Bürgerschaft der gewöhnliche Bürgereid abgenommen; gutwillig ließen sie es jetzt geschehen, daß der Stadtrath alle zum Schloßberg und Burggericht gehörigen Schriftsachen, Akten und Documente mit der „Schloß- und Bürger-Fahne" wegnahm; sie begleiteten selbst diese Fahne aufs städtische Rathhaus. Der seitherige Gerichtsschreiber am Burggericht, sowie der Gerichtsdiener (Eggert) und die Nachtwächter wurden bei der Stadt verwendet.

Das Burggericht bestand im Jahr seiner Auflösung, 1743 aus folgenden Personen: Leonhard Schreiber, Gerichtsbürgermeister, Johann Daniel Schmitt, Johann Heinrich Kramer, Johann Adam Hoff, Christof Fin und Johann Georg Müller, Gerichtsleuten. Der Schloßberg zählte 93 Bürger, 21 Bürgerswittwen, 70 Beisassen und 40 Beisassenwittwen, zusammen 198 Familien mit 322 Kindern, die zusammen nach Abzug der Schulden nicht mehr als 8982 fl. 30 kr.

---

[10]) So lange ein herrschaftliches Bauamt auf dem Schlosse existirte, geschah die Zahlung an dieses.

Vermögen hatten. Im Jahre 1708, also kurz nach der Zerstörung der Stadt im orleansschen Krieg bestand das Burggericht aus folgenden Personen: Bäcker und Wirth Joh. Mich. Müller, Gerichtsbürgermeister, Bonaventura Schmidt, Gerichtsschreiber, Schuster Carl Passage, Ludwig Laubinger, Metzger Kilian Breitenbach und Weber Daniel Rick, Gerichtsleuten. Bürger waren es in diesem Jahre 50, welche hießen: Alff, Hennike, Fischer, Killmaier, Kuntz, Seitz, Rüster, Erhardt, Schmitt, Boulair, Gleiß, Verbetz, Leonhard, Keller, Breitenstein, Allemann, Schrobi, Best, Jacquet de Mare (Goldschmid aus Bries in der Normandie), Schwindt, Moser, Schlaginhauff (aus Mannheim), Portner, Heinsmann, Niederhofer, Scherer, Kreß, Bechan, Muselbach, Förster, Benkel, Göppert, Bickert, Hirschel, Würtenberger, Mebus, Bieber, Merz, Pfitzinger, Voltzer, Koch. — Von diesen 50 Bürgern waren 16 katholisch, 15 lutherisch und 19 reformirt; der Beschäftigung nach waren sie 1 Bäcker und 1 Wirth, 5 Schuster, 2 Metzger, 12 Weber, 4 Taglöhner, 2 Weingärtner, 2 Bierbrauer, 1 Zimmermann, 1 Tüncher, 2 Schneider, 4 Maurer, 7 Steinhauer, je 1 Goldschmid, Koch, Jäger, Pfläfterer und Brunnenmacher; nach ihrer Heimath waren sie aus Hessen, Sachsen, Bern, Zürich, Oehringen, Mannheim, der Tauber- und Rheingegend, Ulm, Schwarzburg, Heilbronn, Neuenstein, Tyrol, Jülich, Straßburg, der Normandie, dem Deutschherrischen; nur 6 waren am Schloßberg geboren. Diese 50 Bürger hatten 76 Kinder. Dazu kamen 42 Beisassen mit 46 Kindern. Von den 42 Beisassen waren 25 katholisch, 3 lutherisch, 14 reformirt; sie waren auch aus verschiedenen Ländern und Städten gebürtig. Wittwen lebten 14 mit 15 Kindern, es waren 7 reformirte, 4 lutherische und 3 katholische Wittwen. An Häusern befanden sich am Schloßberg 45, darunter gehörten 32 den Bürgern, nebst 2 Hütten von Taglöhnern, 9 den Wittwen; die Beisassen hatten keine Häuser, aber im Schloßbergbereich lagen noch das Haus des Herrn v. Bettendorff, Dr. Hoffstetts Gartenhaus, worin ein Kranzwirth hauste, ein Universitätshäuslein, worin ein Schlosser wohnte und des Hofgärtners Haus.

II.

Historischer Kalender auf das Jahr des Heils 1568.

Im Codex Palatinus 96 im Universitätsarchiv zu Heidelberg befindet sich ein „Calendarium historicum in annum salutis 1568." Dieser Kalender enthält bei den einzelnen Tagen des Jahres 1568 geschichtliche Nachrichten handschriftlich verzeichnet. So weit jene Nachrichten die Stadt Heidelberg betreffen, setzen wir sie wortgetreu hieher.

10. Januar 1382 starb Pfalzgraf Rudolfs Gemahlin, liegt zu Heidelberg im Barfüsserkloster begraben.

12. Januar 1503, Donnerstags, nach dem Nachtessen hat es sehr gewittert und geblitzet.

1. Februar. Auf diesen Tag anno 1308 hat der Nekareis die ganze Brück zu Heidelberg mit Macht hinweggeführet.

10. Februar auf Scholastica anno 1399 ist Herzog Ruprecht zu Kirche gangen zu Heydelberg.

20. Februar anno 1474 ist Sonntag Estomihi geweßt, ist Herzog Philips beygeschlafen [11]) und am Montag Hochzeyt gehalten zu Heydelberg.

23. Februar 1511. Montags nach Cathedra Petri hat Pfalzgraf Ludwig Churfürst mit seiner Frauen Sibylle, Herzogs Albrecht aus Bayern, dahier zu Heydelberg sein Beischlaf gehalten.

21. Februar 1533 ist allenthalben im deutsch Landt ein ungehörter unstummig Windt geweßt, viel unzelig baumen umbgeworffen und sunst groß Schaden gethan.

25. Februar 1511 ist mein gnädiger Herr Pfalzgraf Ludwig Churfürst und sein Gemahel Sibylle Hochzeit gehalten zu Heidelberg köstlich und brechtiglich auch erlich geschencke von fürsten und stetten. Danach über acht tag ist Herzog Ulrich von Wirtemberg mit ir Schwester zu Kirch gangen auch köstlich, allein abging der Eis- und Regenwetter hat Unlust bracht.

---

[11]) verlobt.

27. Februar auf Montag nach Matthiae ist verschieden zu Germersheim Pfalzgraf Philips Churfurst, und auf Freitag darnach zu Heidelberg begraben anno 1508.

2. März 1470 war der groß Eis im Neckar, der die Brück hinwegstieß und die Mühlen zerbrach.

16. März 1485 ward der erste Stein zu St. Peter an der neuen Kirche gelegt durch Alexander Bellenbörfer [12]), anstatt meines gnädigen Herrn Pfalzgraf Philips.

23. Merz 1525. Des Morgenbs früh zwischen 5 und 6 Uhr ist ein großer Erdpibbem [13]) gewesen, ist ein schöner tag mit zimlich Wind gewesen. Bald darnach haben sich die Bauern allenthalben empört.

26. Merz 1489 kam König Maximilian gen Heybelberg, den holt mein gnädigster Herr Pfalzgrave Philips zu Speyr und hat ihn ehrlich gehalten.

21. April 1477 ist der Ostertag gewest und hat gedonnert um 1 Uhr Nachmittag und haben die Weinwucherer nit gern gehört.

30. April 1508 nahm Pfalzgraf Ludwig Churfürst Heybelberg in mit Huldigung. [14])

18. Mai 1410 starb Pfalzgraf Ruprecht, römischer König zu Oppenheim, liegt zu Heybelberg begraben.

10. Juni 1499 hat Pfalzgraf Philipsen Sohn, Herzog Ruprecht mit Elisabeth, Herzogs Georg von Baiern Tochter, zu Heidelberg seine Heimfahrt gehalten.

15. Juni 1529 ist in der Nacht der Neckar schnell gewachsen und größer worden denn nie in Menschengedenken und hat unsäglich schaden gethan und zu lauffen 18 Häuser weggeführt. Deßgleichen der Rhein.

23. Juni 1464 ward der erste Stein an dieser Canzlei zu Heidelberg [15]) gelegt durch Johann von Ramminger anstatt meines Herrn.

---

[12]) Churfürstl. Kanzler.
[13]) Erdbeben.
[14]) D. h. er ließ sich huldigen von der Stadt.
[15]) Aus dieser Notiz geht hervor, daß der „historische Kalender" in der churfürstlichen Kanzlei am Burgweg verfaßt wurde.

25. Juni 1527 ist sehr ein warmer Tag gewesen, sind 30 Todt zwischen Heidelberg und Heppenheim erstickt und ob die 20 von Gäulen gefallen. (Beim Zug des Pfalzgrafen Ludwig gen Marburg, um dort dem Landgrafen eine Tochter über die Taufe zu heben.)

28. Juni 1460 zwischen 1 und 2 Uhr Mittags war der groß Hagel.

7. August 1526 Morgens zwischen 7 und 8 Uhr ist Heinrich Marstellers Haus in der Heugasse eingefallen, 11 Personen erschlagen und an 40 beschädigt und ward unser gn. Herr nit weit davon.

7. August 1504 kamen die Landgräfischen früh vor Heidelberg und brannten Neuenheim, Handschuchsheim und weit hinter sich klopft an's Brückenthor in der Nacht.

13. August 1449 starb Pfalzgraf Ludwig V., ist in Heidelberg begraben.

15. August 1462 (Mariä Himmelfahrt) Nachts 2 Uhr, ging die Canzlei zu Heidelberg, angelegen bei den Augustinern, verbrannt, darin viel nützliche Briefe und andere Sachen. [16]) Es ging damals die Sag, es sei eingelegt worden.

29. August 1481 sind zu Heidelberg zwei Tourniere gewesen, einer vormittags der andre nachmittags, und war darin Pfalzgraf Philips, Herzog Georg und Markgraf Friedrich von Brandenburg und Markgraf Albrecht von Baden.

14. September 1370 wurde ein Frieden in der Stadt Speyer, was [17]) die Gemeinde wider den Rath; die rechten Rädelsführer ent-

---

[16]) Etwas anders berichtet der gleichzeitige Chronist und Kaplan Friedrichs des Siegreichen, Matthias von Kemnat: „Die canzlei zu Heidelberg in der statt verbrannt uff samstag nach assumptionis Marie anno dmi 1462 in grundt abe mit brieffen und ettlich registern, und darnoch anno LXIII wart der erste stein an der nuwen (neuen) canzeley gelegt am Burgwege und wart gebuwet (gebaut) so ein ordentlich, lustig, kostlich cantzlei, als sie weder keiser oder ander churfursten oder fursten im Reich haben. — Diese 1463 oder 1464 neu angelegte Kanzlei stand auf dem Platz, wo jetzt das Waisenhaus steht; die „Kanzleigasse" gibt jetzt noch Zeugniß davon.

[17]) war.

flohen gen Heidelberg, da wurden sie ergriffen und gerichtet. Ihr Hauptmann hieß Heinrich von Landau.

29. September 1498 ist Frau Elisabeth mit 5 goldenen Wagen aus Heidelberg gefahren zu ihrem Gemahl Landgraf Philipp von Hessen gen Frankfurt.

5. Oktober 1355 starb Pfalzgraf Rudolf, liegt bei den Barfüßern begraben.

28. Oktober 1486 starb Rudolf Agricola, ist bei den Barfüßern begraben.

13. Dezember 1522 hat Wilhelm von Habern, Faut [18]) zu Heidelberg, der Pfalz Hauptmann, Wartemberg eingenommen und darnach 6 Wochen geplündert und ausgebrannt.

III.

Der Künstler des Otto-Heinrichs-Baues.

Als Churfürst Friedrich IV, im Dezember des Jahres 1603 mit dem jungen Künstler, Sebastian Götz von Chur, der in München und Würzburg schon genügende Proben seiner Kunstfertigkeit abgelegt hatte, über den Preis verhandelte, um welchen dieser die Bildhauerarbeit am neuen Friedrichsbau übernehmen sollte [19]), verlangte er, um sich ein Urtheil über die mögliche Höhe des Kostenbetrags zu verschaffen, Einsicht zu nehmen von dem Vertrag, der wegen der Arbeiten am Otto-Heinrichs-Bau abgeschlossen wurde. Man legte dem Churfürsten eine Abschrift dieses Vertrages vor, aus dem wir den Namen des Künstlers erfahren, dessen kunstfertige Hände diese Meisterstücke schuf. Er lautet [20]):

---

[18]) Vogt oder Oberamtmann,

[19]) Wir werden den Uebernahmsvertrag in einem spätern Hefte dieses Archivs nachfolgen lassen.

[20]) Den Kennern der Kunstgeschichte wird die Veröffentlichung dieser Urkunde willkommen sein; sie löst endlich das Dunkel, welches über dem Künstler des Ottoheinrichsbaus geschwebt hat. Ich habe diese wichtige Urkunde in einem Aktenfascikel des Carlsruher Archivs gefunden.

Zu wissen Kundt und Offenbar sei allermenniglichen, daß uff Montag nach dem Sonntage reminiscere, den 7. tag des monats Martii dieses 58. Jars. Auß bevelch des durchleuchtigsten hochgeborenen Fursten und Herrn, Herrn Ott Heinrichen, Pfalzgraven bey Rhein, des heil. Röm. Reichs Erztruchseß u. f. w. hat der Ehrnvest und wohlachtbar der Churf. Pfalz Pfennigmeister Sebastian Sattelmeyer, in beysein der Ersamen Churf. Pfalz beibe Baumeister Caspar Fischer, Jacob Leyder, samt Meister Hans Besser, Hofmaler und mein Velten Schellhorn's Bauschreibers, haben verdingt dem Erbarn Alexander Colins von der Stadt Mechel, Bildthawer — alles gehawen Steinwerks, so zu diesem newen [1]) Hofbaw vollent gehörig zu hawen [2]), doch alles in seinem selbs eigenen Costen und Läger, vermög und Inhalt darüber außgestrichener ufgerichter Visirung [3]), und die Visirunge über eine jede doppelte oder zweyfache thür, auch derselbigen einzigen Thüren, dero seulen [4]) oder Pfeiler, großen Löwen, Caminen und anderst. Wie dann solche alle Visirungen mit bringen und unberschieblichen hiernach volgt:

Erstlichen: Item soll gemelter Alexander, Bildhauer zum fürberlichsten und zum ehesten die fünf stück, nemlich die vier Seulen oder Pfeiler im großen Saal und der Stuben, sampt das wapen ob der einfarth des thors hawen und verfertigen lassen, damit man werben kann und die notturst erfordert.

Item die zwei größten Bilder in beiden gestellen und dann die sechs Bilder ob den gestellen, jedes von fünf Schuhen gehawen werden solle.

Item Alexander Bildhauer soll auch fünf größer Löwen hawen und fertigen, vermög Anzeig und Visirunge.

Item Sechs Mühesamen Thürgestell, so inwendig in den Bau kommen, alles vermög einer jeden Visirung, so darüber ufgericht.

Item Sieben mittelmäßig Thürgestell, alles vermög darüber gestellter Visirung.

Item das Thürgestell, so Anthoni Bildhauer angefangen hat, soll gemelbter Alexander vollendt außmache.

---

[1]) neuen. [2]) hauen. [3]) Zeichnung. [4]) Säulen.

Item die zwei Camin, eines in meines gnädigen Herren Cammer, das ander im großen Saal.

Solches gehauen Steinwerk, samt aller bildt, groß und klein, samt verzeichneter Thürgestellen, soll obgemelter Alexander Colins von Mechel, Bildthauer, Alles in seinem selbst eigenen Costen samt Läger und andere Zugehörungen, nichts ausgenommen, hauen, verfertigen und machen, und obgemelter Meister Alexander Bildthauer hat auch versprochen, bei seinen handtgegebenen Treuen und Glauben, von solchem werk nit ab oder davon zu stehen, sondern Churf. Gnaden zu fürdern, es sei dann alles gehauen, vollendet und außgemacht. Es soll auch Alexander Bildthauer solches alles wie anzeigt und hieran geschrieben, auch darüber ufgerichter Visirung hauen und verfertigen, auch selbst persönlich hauen und hauen lassen. Daran gar und ganz in kein wege, wie das namen haben möchte, und an allen Orten, alles gehauen Steinwerk kein Mangel erscheine oder Alexander klagbar erfunden werde, auch in kein wege nit hindern, noch solches gehindert werde, fürnemen und wie solches geschehe, Soll Churf. Gn. macht haben, an ihme die Versaumniß zu erholen.

Und von solcher seiner Arbeit soll ihm mein gn. Churf. und Herr zu Lohne geben lassen, doch alles in seinem selbst Costen und seine Diener auch selbst belohnen, nemlich Ein Tausend Einhundert und Vierzig Gulden, den Gulden zu 26 alb. Landwehrung gezehlet, und alles wie obstehet getreulich gehalten werden solle. Deß in Urkund seind dieser Kerffzettel zwei gleich lautende von einer handt geschrieben, Kerffrecht und weiß auß einander geschnitten, alles hab Churf. Gn. und Bildthauer damit zu besagen, daß mein gn. Churf. und Herr des einen und den andß obgemelter Bildthauer, geben und geschehen wie oben das Datum Anno LVIII.

Na. An seinem vorigen gebing sein noch vierzehen Bild vermög Visirung zu hauen, soll er dickbemelter Alexander im in seinem Costen hauen und vor jedes Bildt XXVIII fl. daneben XIV Fensterposten vor jedes V fl. zu hauen, Jhme dießmals auch eingeleibt solches zu befördern.

Alexander Colins.

IV.

Geschichte der Buchdruckerkunst in Heidelberg. [25]

Nachdem am 28. Oktober 1462 durch Kriegsverhältnisse die Erfinder der Buchdruckerkunst und die ersten Buchdrucker aus Mainz hatten fliehen müssen, zeigte sich im Jahre 1466 die erste Spur einer Druckerpresse auch in Heidelberg, obschon der Drucker selbst unbekannt ist. Es erschien nemlich ein Buch mit der am Schlusse beigefügten Nachricht: „Editum Heidelbergae invictissimo Friderico principe imperante . 1466 . decimo kal. Febr." — Der Titel dieses Buches ist: Bartholomaei Facei Dialogus de felicitate ad Alfonsum regem . Ejusdem epistola ad Rubertum Strozam. — Derselbe Churfürst, Friedrich der Siegreiche, vermachte am 6. August 1467 seinem natürlichen Sohne, Ludwig, Grafen von Löwenstein, eine Anzahl Bücher; unter 120 befinden sich 18 mit dem Beisatze: impressus in Bappiro, deren eins oder das andere in Heidelberg gedruckt sein mochte. — Das zweite in Heidelberg gedruckte Buch ist vom Jahre 1485 mit dem Titel: Jodoci Galli opusculum de Sanctis . Impressi Heidelberge Anno domini natalis MCCCCLXXXV (1485), XII Calendas Februarias. Auch hievon ist der Drucker nicht bekannt. — In der Vorrede des Buches: „Praecepta latinitatis ex diversis oratorum atque poetarum codicibus tracta . Anno incarnationis dnce . 1486. 18. Cal . januarii", wird Heidelberg als Druckort angegeben. — Erst 1488 wird ein Drucker genannt im Titel des Werkes: Magistri Johannis de Magistris quaestiones veteris artis perutiles. — Finis quaestionum . . . heydelberge impressarum per Fridericum Misch . Anno dnce incarnationis 1488. — Schon gegen Ende des Jahres 1489 erscheint in Heidelberg als Buchdrucker: Heinrich Knoblochtzer, welcher sich, durch

---

[25]) Die folgende Darstellung hat zur Grundlage das kleine Schriftchen: „Zum Gedächtniß der vierten Säcularfeier der Erfindung der Buchdruckerkunst zu Heidelberg, am 24. Juni 1840. Heidelberg 1840."

Misch's Wegzug nach Mainz veranlaßt, in Heidelberg niederließ. Sein erstes Druckwerk war: Baptista Guarinus de modo et ordine docendi ac discendi .... impressus heydelberge per Henricum Knoblochtzer impressorie artis magistrum. Anno salutis nostre millesimo quadringentesimo octuagesimo octavo. XV. Cal. Januarias. — Schon 1489 erscheint neben Knoblochtzer ein zweiter Drucker: Jacob Koebel, welcher die „mensa philosophica" druckte. Knoblochtzers zweites Buch ist: „Hierin stönd ettlich tewtsch ymni oder lobgesange mit versen studen und gesatzen von ettlichen dingen, die bo zu beraitung und betrachtung der baicht ainem yeben not seynd. Getruckt von Heinrico Knoblochtzer zu Haidelberg. 1494." Quartform. Dieses ist zugleich das erste deutsche Werk aus Heidelberg. Im gleichen Jahre erschien bei Knoblochtzer: „Ein vast notturftige materi, einem yeben menschen, der sich gern durch eine ware gründlich bycht, flyssiglich, zu dem hochwirdigen Sacrament des fron laychnams unseres Herren zu schicken begert. Gedruckt zu Heidelberg von Heinrico Knoblochtzere anno 1494." Sein schönster Druck ist: „P. Virgilii Maronis Bucolica, Georgica et Eneidos Libri duodecim. Impressum Heydelberge per M. Knobl. 1495." Quartform. Von Knoblochtzer ist sodann noch ein Zusammendruck verschiedener geistlicher Traktate zu erwähnen von 1495. —

Aus ungenannter Presse erschienen zwei Werke des Marsilius von Inghen von 1499, das eine mit Holzschnitten „gedruckt zu Heydelbergk." —

In dem Einband des deutschen Codex Nro. 110 im Heidelberger Universitätsarchiv steht der Name eines Buchhändlers, der wohl auch Buchdrucker gewesen ist, da in jener Zeit eine Theilung des Geschäfts nicht wohl anzunehmen ist. Der Name, in der Schreibweise des 15. Jahrhunderts, heißt: Wolff von prunow bibliopola; auch ein Buchbindername ist beigefügt: Meister Hans eckarbt am markt neben dem schriner.[26]

1513 erscheint in Heidelberg zum ersten Male ein förmlich angenommener Universitäts=Buchdrucker, Jacob Stabelberger; er führt auf seinen Werken den pfälzischen, aufrechtstehenden Löwen,

---

[26] Vrgl. Hautz, Geschichte der Universität, II, 148, Anm.

in dessen Tatzen ein aufgeschlagenes Buch mit den Buchstaben U. H. (universitas Heidelb.), ganz wie auf dem Universitätssiegel.

Von dieser Zeit an waren wohl zwei Druckereien in Heidelberg, neben der des Stabelberger die des Johann Eberbach. Vom Jahre 1552 besitzen wir nemlich ein Protocoll über die verlassene Druckerei dieses verstorbenen Druckers; wir entnehmen demselben, daß die Druckerei enthielt 219 Pfund große deutsche Buchstaben, 150 Pfd. kleine deutsche Schrift, 151 Pfd. mittlere lateinische, 42 Pfd. deutsche und lateinische Tactschrift; unter den Buchstaben waren auch einige „Caracteres", z. B. die Planeten, ferner eine Presse, angeschlagen zu fl. 6, zwei Rahmen zu fl. 5, ein eiserner Gießofen, ein messingenes Instrument, darin man die Buchstaben preßt, zu fl. 1, drei Setzkasten zu 18 Batzen. Die Wittwe verlangte für einen Zentner Buchstaben fl. 14. Der zur Schätzung der Waaren beigezogene Sachverständige, Buchdrucker M. Anthonius in Heidelberg, bezeichnet die Druckerei des Verstorbenen als eine sehr kleine.

Als Universitätsdrucker erscheint 1561 Ludwig Luck, dessen erstes Druckwerk war: Plutarchi vitae parallelae c. n. Guilhelmi Xylandri. Der Universitätsdrucker war gehalten, alle Druckwerke zuerst der Universität zur Censur vorzulegen.

Johann Mayer (1563—1577) druckte den reformirten Katechismus des Ursinus und Olevianus 1563; im gleichen Jahre erschienen davon noch zwei weitere Auflagen, 1573 eine vierte vom gleichen Drucker; außerdem aber noch andere Werke.

Michael Schirat in Heidelberg druckte den Katechismus von Joh. Sylvanus, 377 Seiten stark, 1567.

Zu gleicher Zeit erscheint noch ein vierter Drucker, Martin Agricola, 1567.

1576—1583 druckte in Heidelberg Jacob Müller; 1582 bis 1584 Johann Spieß; 1589—1593 Abraham Smesmann. Dieser Letztere hat das erste bekannte pfälzische Druckereiprivilegium erhalten für den Druck einer Grammatik, 1592.

Der vorzüglichste der Heidelberger Drucker ist Hieronymus Commelinus, 1587—1598, geboren in Douay 1560, gestorben in Heidelberg an der Pest. Seine Druckerei hatte den Namen: Officina St. Andreana. — In seinem Verlage erschienen zahlreiche Werke.

Als Buchbinder im Dienste der Churfürsten und des Hofes erscheinen 1550 Georg Bernhardt, 1586 Elias.[27]

Als Buchdrucker und Buchhändler zugleich erscheint 1596 Peter Marschall.

Weitere Drucker sind: Andreas Cambier 1599. Joh. Lancelott 1599—1619. Joh. Georg Geyder (Universitätsdrucker) 1600. Philipp und Gotthard Voegelin, Gebrüder aus Leipzig, 1599—1629.

In dieser Zeit begründete ein Heidelberger Bürger Juda Bonut eine Buchhandlung, unter Begünstigung des Churfürsten; er erhielt Zollfreiheit für alle Bücher, die er in die Pfalz einführen oder von Heidelberg nach Frankfurt abführen werde, sein Buchhandel und Laden war schatzungs-(steuer-)frei; von seinem übrigen Besitze zahlte er nur fl. 15 jährliche Steuer.

Im Jahre 1612 erhielt Gotthard Voegelin, churfürstlicher Drucker, die Bewilligung zur Errichtung eines Verlags- und Sortimentshandels unter gleichen Begünstigungen; aber die Einnahme der Stadt durch Tilly 1622 brachte ihn um alle seine Habe.

Weitere Drucker sind: Jonas Rosa, 1615—1619; Leander, 1631; Adrian Wyngardt, 1654—1664; Egidius Walther, 1656—1661; Samuel Broun, 1656—1662; Joh. Christian Walther, Universitätsdrucker, 1670—1672; Samuel Ammon, 1681; Philipp Delborn, 1685; Joh. David Bergmann, 1687; Joh. Mayer, Hof- und Universitätsdrucker, 1707—1718; Franz Müller, desgleichen, 1719; Andreas Hörth, ebenso, 1726; Joh. Chr. Leonhard Hornung, ebenso, 1731.

Die Zeit des orleans'schen Krieges und die darauf folgende Zeit der Religionswirren war der Buchdruckerei nicht günstig. Von 1730 an finden wir nur noch einen Universitätsbuchdrucker, aber

---

[27] Codex Palatinus 839, im Universitätsarchiv. Die Anstellung des Georg Bernhardt als churfürstlichen Buchbinder werden wir in einem folgenden Hefte besonders behandeln.

dieser hatte seine ruhige Existenz; es ist: Jacob Haener, 1738 bis 1764.

In die erste Zeit Carl Friedrichs fallen: Pfaehler und Comp.; Joh. Wiesen 1801; Gottlieb Braun, zog 1813 nach Karlsruhe, Schwan und Götz, ein Filial der gleichen Firma in Mannheim; dieselbe geht 1821 an Carl Groos über; Josef Engelmann, 1807—1828.

Das von Mohr und Zimmer 1805 gegründete Buchhandelgeschäft war das erste großartige im Großherzogthum. 1818—1822 hatte es die Firma: Mohr und Winter; 1822 trennten sich beide und jeder gründete ein besonderes Geschäft.

1816—1839 trat A. Oswald an die Stelle von G. Braun.

Weitere Geschäfte bis 1840 waren: Michael Gutmann seit 1803, Georg Reichardt seit 1829; Domin. Pfisterer seit 1840; Joh. Sam. Wolff seit 1840; Nicolaus Ablon seit 1840. [26])

V.

Weinzettel für das Hofgesinde 1610.

Auf Freitag den 27. Juli 1610 stellte der Küchenschreiber folgenden Weinzettel für das Hofgesinde fest:

„Zu Hof wird an Wein verspeißt: 1) Zur Suppen 4 Viertel 3 Schoppen. 2) Zum Morgen-Imbs 2 Ohm, 7 Viertel, 2 Maaß. 3) Zum Unter-Trunk 4 Viertel, 1 Schoppen. 4) Zum Nacht-Imbs 3 Ohm, 2 Viertel. 5) Zum Schlaftrunk 5 Viertel, 1 Maaß, 3 Schoppen. Zusammen 6 Ohm, 11 Viertel, 1 Schoppen."

Hiernach hatte das Viertel 4 Maas und 12 Viertel gingen auf eine Ohm, welche demnach 48 Maaß hielt. Der Weinzettel macht also nach unserer Eiche aus: 332 Maas und 3 Schoppen. So viel

---

[26]) Wir behalten uns für ein späteres Heft vor, die Geschäfte seit 1840 aufzuzählen.

aber wurde durchschnittlich jeden Tag bei Hof verbraucht, und zwar nur vom Hofgesinde; es kam von diesem Wein: „in der Jungfrauen Gemach, ins Burgvogts Gemach, in das Frauen Zimmer, in die Kellerei, in die Küchenschreiberei, in den Zehrgarten (Gemüsegarten), Kammercanzlei, Silberkammer, zu den Edelknaben, zum Wachtmeister, zum Thürmer, ins Backhaus, in beide Küchen und ins Metzelhaus."

Diese Nachricht steht im Codex Palatinus 839 im Universitätsarchiv zu Heidelberg.

VI.
Gleichzeitige Berichte über die Ereignisse des 30jährigen Krieges in Heidelberg.

1) Thomas Mallingers Tagebücher enthalten über diesen Gegenstand folgende Berichte: [29])

September 16. 1622 ist Haitelberg von den Bayerischen erobert worden. Es haben sich der bayerische General Joann Graf von Tilly und andere fürnembe [30]) commandirte Officier den 29. Oktobris vergangenen Jahres 1621 im Namen der Kön. Kais. Majestät und der fürstlichen Durchlaucht Herzog Maximilian in Bayern durch einen bey nächtlicher Weil zuo [31]) Heidelberg angelangten Trommeter dieselbe Residenz und Hauptstadt sampt Schloß und noch restirenden Landt schriftlich aufgefordert, darauf General Tilly von der Regierung und dem Gubernator Heinrich von der Merwen daselbsten den 30. Oktob. gemelten Jars schriftlich gut Wort bekommen mit Vermeldung, daß es in ihrem Vermögen und Macht nit stuonde,[32]) sich hier innen zu accomodiren, sondern er der Gubernator gedächte, solche Stadt, die ihm anvertrawet und anbefohlen, mit der Hilf Gottes bis an den letzten Tropfen seines Bluots vor allem Gewalt zuo beschützen. Hierauf zwar ist damals wegen vielen Ursachen nichts

---

[29]) Gedruckt in Mone, Quellensammlung II. 530 f. [30]) vornehme. [31]) zu. [32]) stünde.

Würckliches gegen die Stadt vorgangen, bis endtlich General Tilly nach Einnemung der Stadt Ladenburg und Mansfeldischen Abzug aus dem Reich obgesagtes sein Vornemen diser gegen die Stadt ins Werk gerichtet. Als ist er den 1. July bises jezt lauffenden 1622 Jahrs mit seiner unberhabenden Armada vor Heydelberg auf jenerseits des Neckars von der Bergstraßen hergerückt und sein Quartier in dem negsten³³ Flecken Handschuchsheim genommen. Weil er aber vermerckt, daß er nit allein in der Stadt sondern auch dem Schloß von dem gegenüber gelegenen nahen Berg, der heilige Berg genandt, großen Schaden thuon kondte, als hat er sich gemeldtes Bergs bemechtiget, darauf hin und wieder gestreift, auch viel hundert Musqueten Schüß auf die Stadt, auf die Wäll und Pasteien derselben und dann in die Heuser gethon, welches sie auch den negst folgenden Tag noch mit mehrerem Ernst continuirt. Folgenden den 23. dito haben sich die Bayerischen hausenweiß oben am Berg herüber der Näckerbrucken genähret, viel Schüß in die daran gelegene Schantz und corps de garden gethan, da sie dann von den darin ligenden Soldaten mit Musqueten, von dem Schloß aber mit dreyen Carthaunen wieder abgewiesen worden. Deren Sachen und dergleichen Scharmitzieren haben sich nach und nach viel begeben.

. September 15. Den Donnerstag gegen Abend haben die Bayerischen, nachdem ein Trometer auf der Spitz des Gaißbergs ein Losung geblasen, mit großer Furi³⁴⁾ zuogleich mit allen Kanten und Schantzen der Stadt angesetzt und gestürmbt, aber allenthalben abgetrieben worden. Deß andern Morgens früe

16. (September) mit dem Tag hat Monsieur Tilly mit solchem Ernst lassen anfangen zuo schiessen und dasselbe den gantzen Tag bis gegen Abendt ungefehr umb 5 Uhr also unnachläßig an allen Orthen continuirt, daß allein disen Tag über die 1000 halb und gantze Carthaunen und andere Schüß aus groben Stucken in die Stadt gangen, darduch das Mauerwerck am Trutz-Kaiser und Trutz-Baier zimlich verschossen und ruinirt, auch der Generalsturm zuogleich mit angetretten worden. Sechs bayerische Compagnien stürmbeben³⁵⁾ underdessen den Trutzkaiser und übergewäl-

---

³³) nächsten. ³⁴) Wuth. ³⁵) stürmten.

ligten ben, wie auch ben Trutzbayer. Unben auf ber Ebene wurde ber Wall an allen Orthen daselbst herumb und an ber Speyrpforten [36] erstigen und mit 4 gantzen und 2 halben Carthaunen von vornen hero auf bem flachen Velb [37] und dann mit 18 Stucken hinden hero vom Gebirg herab also beschossen, daß kein Mensch sicher auf ben Wehren und Werden stehen ober fechten können. Hiemit seindt die Bayrischen in die Vorstadt eingebrochen und retirirte sich Gubernator in die alte Stadt und endtlich in das Schloß. Weil aber kein Entsatz zuo hoffen, auch allerley Angelegenheit mit vorfielen, als wurde ein Accord gemacht, daß nemblich der Gubernator Heinrich von der Merwen sampt allen dessen obersten Hauptleuthen, Officieren, Jngenieren, Regiments- und allen andern Angehörigen, auch gemeinen Soldaten mit fliegenden Fahnen, brennenten Lunten, Kugeln im Mund, ober und unbere Wehr, auch ihrem Sack und Pack abziehen und es Gubernator daß Schloß zuo Heydelberg Hrn. Generalen Tilly im Namen der Röm. Kais. May. übergeben und cediren, auch sampt bem Geschütz, Munition und hierzuo gehörige Kriegs-Jnstrumenten, wie auch alle andere Proviant, Mobilien, briefliche Urkunden, auch Documenten, auch Kleinobien hinderlassen solle. Hierauf ist nun ben

20. (September) die Guarnison mit zehen fliegenden Fähnlin und offenen Trommelschlag dem Accord gemäß und mit etlich und dreissig Raisigen von Rittmaister Dalbigs Compagnie auß bem Schloß durch die Stadt gezogen, welche Graf von Tilly selbsten in der Person gen Weinheim zwo Meil Wegs under Heidelberg begleitet, hernach aber vollens biß nacher Francfurt convoirt worden. Hierauf wirdt Mannheim belägert und starck beschossen, waß darauf erfolgt, eröffnet die Zeit.

(Oktober 5. ist eine solche Tewrung [38] gewesen, ein Sester Waizen per fl. 4, ein Saum Wein per fl. 4—5, die Maaß per 7 Batzen 5 Denare, und ein Klafter Holtz per fl. 13, ein Pfund Anken [39] per 10 Batzen verkauft worden,

---

[36]) Speierertor. [37]) Feld. [38]) Theuerung. [39]) Butter.

auch andere Sachen in Gebüch⁴⁰) und anderen Wahren, je ein Par Schuo⁴¹) per fl. 5 geben worden.)

. . . .
. . . .

1634. Dezember 4. hat man, daß nachdem Oberster de Wertha⁴²) mit einem großen Volck in die Pfaltz für die Statt Haidelberg gezogen, dieselbige mit immerwährentem Schießen und Stürmen dermasen genötiget, daß sie sich letschlich⁴³) mit accordo ergeben. Die Innligenten im Schloß⁴⁴) aber, weil sie sich etlich Tage starck widersetzt und sich gantz und gar nit accommodiren wollen, ist das Schloß, weil der Feind sich wieder gar starck versamblet, verlassen worden (16.—20. November). Solche starcke Belägerung der Frantzosen innen worden und mit 10,000 Mann bei Mannheim über Rhein setzen und den Belägerten succurriren wollen, seind aber von den Kayserlichen mit grosem Verlust wieder zurück getrieben worden. Als aber Johann de Wertha mit 100 Pferten zuvor zuo recognosciren ausgeritten, ist er von dem Feint überfallen, zertrennt und geschlagen und ihme bey 150 seiner besten Reiter und Pfert⁴⁵) auf dem Platz geblieben. Derohalben er die Stadt Haidelberg, weil er allenthalben mit dem Feind umbgeben, quitiren und sich in das weite Veld reteriren mießen⁴⁶), darüber er umb ein Succurs ausgeschriben, dem Obersten Gallas 20 Regimenter zuo Hilf schicken solle.

. . . .

1634. Dezember 25. hat man, daß nachdem sich Feind und Freind in der Pfaltz bey Haidelberg versamblet, weil sich auch die zertrennte und geschlagene Hessische, Wimarische⁴⁷), Sächsische, Rheingräfische und Französische mit anderen fürnemmen⁴⁸) Obersten vil 1000 starck wider conjungirt Willens, den Kaiserlichen noch ein Schlacht zuo liefern, wie dann beschehen, daß auch Oberster Gallas mit 30 Regimenter, gleicher Weiß Oberster Merce⁴⁹) nur mit 500 Mann dahin gezogen und doch etlich 1000 Mann zurück-

---

⁴⁰) Tücher. ⁴¹) ein Paar Schuhe. ⁴²) Berühmter bayerischer, dann österreichischer General. ⁴³) zuletzt. ⁴⁴) Besatzung im Schloß. ⁴⁵) de Wertha muß also noch mehr als jene 100 Pferd bei sich gehabt haben. ⁴⁶) müssen. ⁴⁷) Weimarische. ⁴⁸) vornehmen. ⁴⁹) Mercy.

geschlagen. Ist also letschlich zuo einem starcken Treffen kommen, daß die Kaiserliche obgesieget und Oberster Merse die Statt Haitelberg mit sturmenter Hand ⁵⁰) eingenommen und alles, was darinn gewesen, niedergehawen, biß auf 100 Mann, welche sich in das Schloß retiriert. Weil aber dasselbige schon undergraben, werden sie sich auch nicht länger halten.

In welchem Treffen nit allein etlich 1000 erschlagen und gefangen, sonder auch bei 90 Pagagi ⁵¹) bekommen. Es ist auch Merse von einem Stuck einer Cranatkugeln getroffen und an einem Knye ⁵²) übel geschediget, welcher von dannen in einer Senften nacher Freyburg, da er sich etlich Tag gehalten, zuo curieren, als dann nacher Breisach zuo seiner Gemahlin gefiehrt worden . . . . . hat man ein Schreiben aus Heilbrunn, daß es zuo Haitelberg schlechtlich were hergangen; wo nit unser Arme ⁵³) zuo Darmstatt wäre gewesen, es wäre gewiß anderst abgeloffen. Doch haben wir Gott zuo bancken, daß wir kaum 10 Mann verlohren, hergegen vil von den Franzosen gebliben, deren Joann de Wertha und die Crabaten ⁵⁴) auch zwey Regimenter zertrennt. Jetzt kommt es auf diese Wort, daß die Franzosen so lange Freind seyen, bis sich die Occasion presentirt, ein Streich zuo thuon. Die winterliche Zeit macht vil Ungelegenheit, doch hoffen, wir werden mit unserer Artholeria ⁵⁵) und Infantoria ihnen den Weg nacher Francreich zaigen.

. . . .

1645. Juli 12. Hat man wiederumb aus Flandern, daß General Bicolomini wieder ein statlichen Sieg wider die Franzosen erhalten und bey 7000 erschlagen. Hingegen hat man, daß beide Arme, die bayerische und französische, von einander gezogen, die Bayerische sich nach Haitelberg und Mulbrunn ⁵⁶) begeben. Eadem ⁵⁷) seind die Erlachische Reiter bis zuor Statt gestraift, allda den Markleuthen aufgebasset und bey 30 Bauern mit ihren Früchten, Roß und Kärren gefangen bekommen und die Bauern lassen lauffen, die Fruchtsäck aufgeschnitten und die lären Säck allein mit 30 Pferten hinweggefiehret.

---

⁵⁰) im Sturm. ⁵¹) Pagage-Wagen. ⁵²) Knie. ⁵³) Armee. ⁵⁴) Croaten.
⁵⁵) Artillerie. ⁵⁶) Maulbronn. ⁵⁷) am selben Tage.

August 1. Hat man das Anniversarium wegen deren erschlagenen Soldaten am Berg, auch wegen Einnemmung der Stadt und bishero von Gott vor dem Feind erhalten, zuor [58]) Ehr Gottes zwey Aembter von drey Chören mit Trombeten und Heerpauchen statlich und musicaliter gehalten in praesentia [59]) der gantzen Clerisey, Herren Commendanten, aller Officierer, der Universitet, des Raths und Burgerschaft der gantzen Statt.

2. In der Hof- und Staatsbibliothek zu München finden sich unter den von Mannheim nach München verbrachten Archivalien Handschriften solche unter dem Namen: Collectio Camerariana, so genannt von der Familie Camerer, deren Glieder in pfälzischen Diensten standen, und diese Sammlung von Briefen und Staatspapieren anlegten; es sind 78 Foliobände. Aus Nr. 56 und 59 folgende Nachweisungen über Verproviantirung der Compagnie des schwedischen Hauptmannes Zapfenberg im Januar 1634 und über die Munition, welche sich in jener Zeit im Zeughaus zu Heidelberg befand:

a. Alle 10 Tage fordert Kapitän Zapfenberg vermög königl. schwedischer Ordnung vom 10. January 1634 an gerechnet:

Pfd. Brot		Pfd.							Maaß Wein
60	à	6.	Capitain	à 4	Maaß Wein thut in 10 Tagen				40
40	à	4.	Leutnant	à 3	"	"	" "	"	30
40	à	4.	Fendrich	à 3	"	"	" "	"	30
120	à	3.	3 Sergeanten	à 2	"	"	" "	"	60
80	à	2.	4 Unteroffizier	à 1½	"	"	" "	"	60
120	à	2.	6 Corporal	à 1½	"	"	" "	"	90
60	à	2.	3 Spielleut	à 1½	"	"	" "	"	45
20	à	2.	Prof. Leutnant	à 1½	"	"	" "	"	15
1980	à	2.	99 gem. Sold.	à 1	"	"	" "	"	990
2500									2 Fuder 8 Ohm 4 Viertel.

Hierauf ist mit Kapitain Zapfenberg dahier tractirt und abgehandelt worden, daß beneben obigen Commiß alle 10 Tag 124 Reichsthaler sambt einer Ohm alten Wein nehmen, und weil die

---

[58]) zur. [59]) In Gegenwart.

Soldaten bishero von den Unterthanen auch etwas genoſſen, vor die erſte 10 Tag, als vom 10.—20. Januari mehr nicht als 33 Reichsthaler zu haben erbotten, und inskünftig allein bei ermelter Löhnung der 124 Reichsthaler verbleiben, auch allerdings gute disciplin halten wollen. Signatum Heidelberg, 30. Januari 1634.

Johann Zapfenberg, Capitain.⁶⁰)
Hans Tauring, Kriegscommiſſär.

b. Summariſcher Außzug derjenigen Munition, Kraut und Loth, ſo dießmal bei dem Churfürſtlichen Zeughaus⁶¹) allhie in Heidelberg bei Handen:

A. **An grobem Geſchütz von Metall:**
ein 16pfündig Stück, zwei 6pfündig Stück, zwei 3pfündig und drei 2pfündig Stück; 21 Stück Falkonetlein⁶²), klein und groß, ſo 1¾ und ½ Eiſen regieren⁶³); 4 Stück Feuermörſer.

B. **An eiſernen Stücken:**
8 Kammerſtück.

C. **An eiſern Kugeln:**
442 Granaten von 80 Pfd.; 189 von 30 Pfd.; 74 von 24 Pfd.; 370 ſechszehnpfündige Kugeln, 130 6pfündige, 440 3pfündige, 236 2pfündige Kugeln.

D. **An Musqueten-Kugeln:**
16 Centner ungefähr, 20 Centner Klotzblei.

E. **An Pulver:**
Auf der Mühle und im Zeughaus 120 Zentner.

---

⁶⁰) Aus einem Schreiben vom 11. Februar 1634 aus Mannheim iſt zu erſehen, daß Zapfenberg, der jetzt in Mannheim kommandirte, ein großer Leuteplager war. Er beſetzte dort die Zollſtätte mit ſeinen Soldaten, ließ von den Schiffen eigenmächtig Zölle erheben und prügelte den Zollbeamten Georg Chuſſel, der ſich dann bei dem ſchwediſchen Reſidenten Camerarius beklagte.

⁶¹) Das Zeughaus iſt das lange, hohe Gebäude auf dem Schloß, welches ſich, von der Schloßaltane aus geſehen, rechts an den Friedrichsbau unmittelbar anſchließt und ſich den Berg hinabzieht.

⁶²) Große Böller. ⁶³) welche 1¾- und ½pfündige eiſerne Kugeln ſchießen.

F. An Lunten:
: 60 Zentner ungefähr.

Und ist man noch ferner hier bedürftig:
: 100 Zentner Blei, so zu Mannheim zu bekommen,
: 200 „ Lunten, so durch den Hoffailer bestellt werden können.

Die Reparirung der Doppelhacken kann hier geschehen.

Die Falkonetkugeln, weil man deren mangeln könnte, könnten aus Blei (sofern man dasselbe bekommen) und Stein gemacht werden.

VII.

Das Muttergottesbild auf dem Kornmarkt.

Der Kornmarktplatz war vor Zerstörung der Stadt 1693 im orleanischen Kriege nicht so groß als jetzt; auch bildete er kein so schönes Viereck als jetzt. An das Haus, welches heutzutage beim Eingang vom Kornmarkt in den Burgweg das rechte Eckhaus bildet[64]), war vielmehr, und zwar in der Flucht des Burgweges, ein längliches Gebäude angestoßen, das sich bis zur Mitte des jetzigen Kornmarktplatzes herabzog, und so den Burgweg bis hierhin verlängerte. Dagegen brach die sich gen Westen ziehende Häuserreihe etwa mit dem jetzigen Hübinger'schen Hause ab und es befand sich neben diesem Hause ein freier Raum, welcher den Karlsplatz mit der Zwingergasse verband. Der Platz wurde als Exerzierplatz für die churpfälzische Garnison in Heidelberg benützt. Deßhalb stand auf demselben auch ein Wachthaus und ein Schnappgalgen, auf welchem die Namen der Deserteurs angeschlagen wurden.[65])

Erst durch den Ruin jenes Hauses bei der Zerstörung der Stadt gewann der Platz im Anfang des 18. Jahrhunderts seine jetzige

---

[64]) Das Schuhmacher Weyand'sche Haus.
[65]) Vrgl. Geschichte und Beschreibung der Stadt Heidelberg von Fr. Pet. Wundt. Seite 130.

schöne viereckige Gestalt. Der Brunnen befand sich in den ältesten Zeiten ungefähr bei dem Hause des Kaufmann Grösser und bestand aus einem einfachen Stock mit einem Brunnensarge davor. Später wurde er weiter gegen Westen gerückt, und befand sich etwa dem Hôtel Adler gegenüber. Erst in den 1830er Jahren wurde das Wasser zu dem in der Mitte des Kornmarktes befindlichen Muttergottesbilde geleitet. Dieses Bild verdankt seinen Ursprung dem Churfürsten Carl Philipp, der im Jahre 1718 mit Hilfe frommer Beiträge dasselbe errichten ließ. Zugleich ist es aber als ein Denkmal des Geistes anzusehen, welcher in jener Zeit herrschte.[66])

Der älteste katholische Bürger der Stadt, Bierbrauer Matthias Hartlieb auf dem Kornmarkt, hatte es sich seit Aufrichtung des marianischen Bildes zur Lieblingsaufgabe gemacht und ein verdienstliches Werk zu verrichten geglaubt, daß er die 4 Lampen, die um dasselbe standen, aus eigenen Mitteln mit Oel versah, und sie jeden Samstags- und Festtags-Abend anzündete. Er selbst stellte sich an diesen Abenden mit seiner Familie vor dem Bilde ein zum Beten und Singen, und bald sammelten sich viele katholische Arme der Stadt um ihn, und es erwuchs daraus nach und nach ein regelmäßiges zahlreiches Zusammenkommen zu dem genannten Zwecke. Acht Jahre hatte so Hartlieb sein Werk fortgeführt, bis er sich am 17. Dezember 1725 an den Churfürsten wandte mit der Bitte, daß ihm von jetzt an eine jährliche Besoldung von 20 Maltern Korn aus herrschaftlichen Mitteln gereicht werde. Seine Bitte wurde gewährt und zwar in vollem Maaße: Der Churfürst gab sofort Befehl, daß dem Bittsteller jährlich 10 Malter Korn an Geld aus der kathol. geistl. Administration und 10 Malter aus der churfürstl. Hofkammer verabreicht werden. Der Churfürst mag dieses Bild und das, was ihm zu Ehren geschah, sehr hoch angeschlagen haben, denn im September 1736 fügte er jener Besoldung noch 1 Fuder Wein und die Personalfreiheit hinzu, d. h. die Freiheit von allen herrschaftlichen Steuern und Lasten. Freilich Hartlieb hatte dem Churfürsten die Sache auch recht bringlich zu machen gewußt, und die Regierung

---

[66]) Die urkundlichen Akten hierüber beruhen im Generallandesarchiv zu Karlsruhe.

unterstützte sein Gesuch mit den Worten: „Diese Statue steht mitten auf dem Kornmarkt, und zwar in conspectu lauter abgesagter Feinde der allerseligsten Jungfrau Maria placiret, mithin zu deren noch weit größerer Freud sowohl, als Beschimpfung glorreichster Himmelskönigin würde es gereichen, wollte man die Lampen und das Beten eingehen lassen."

Nur 2 Jahre nach Carl Philipps Tod starb auch Hartlieb, am 17. Oktober 1744. Die Besorgung des Dienstes am marianischen Bilde sammt der Besoldung dafür ging an dessen ledige Schwestern Catharine und Margarethe, jedoch nur für so lange über, als diese ledig blieben. Im April 1781 erhält den Dienst und die Besoldung die Wittwe des Bürgermeisters Lucas Lehn, Anna Marie. Der französische Revolutionskrieg machte der ganzen Sache ein Ende.

Die Inschrift des Brunnens lautet:

Non statuam aut saxum sed quam designat honora.
Noch Stain noch Bildt noch Saulen hir
Das Kindt undt Mutter ehren wir.

VIII.

Churfürst Ludwig V. zieht in den Bauernkrieg.

Mai 1525.

Eine „Chronik über den Bauernkrieg in den Bisthümern Speier, Worms, Würzburg und Mainz" [67]) berichtet über diesen Gegenstand Folgendes:

„Als der Pfalzgrave Ludwig sich mittlerweile uf gethane werbung mit seinen Freunden versamblet, ein gut summa Fußvolks bestellt, auch mit geschutz und aller notturft, ins velb gehörig, wol gerüst was; daneben auch und damit das churfürstliche sloß [68]) Gettenbuhel, darin nicht ein geringes gut gelegen, mit sampt der statt Heydelberg in seiner gnaden abwesen besto baß [69]) versehen

---

[67]) Siehe Moné Quellensammlung III, 546 ff. [68]) Schloß. [69]) desto besser.

und wo er einige Haufen bauern und andere etwas gewaltsamer that berenbts furgenommen werben wolt, best stattlicher zu begegnen hett, den Herren Schenk Valentin, Herren zu Erpach, seiner gnaden rhate⁷⁰), zu ein hauptmann baselbst verordnet, dazu bei 100 personen, mererthails seiner gnaden landtsassen vom Abel⁷¹), uff die man ein sonder vertrawen⁷²) setzt, ins sloß gelegt; besgleichen ein fenblein knecht⁷³), so außwenbig des sloß ihren läger hetten, darin die hochgeporen Fursten, mein gnebige Herren, der bischove von Speier und der teutsche meister Herr Dietrich von Cleen, so beßmals der Bauern halb aller irer landtschaft entsetzt, bey obgerurtem Hauptmann im sloß lagen, welche dann das sloß und der statt in guter acht und vorsehung gehapt, das alle Ding baselbst in zeyt des churf. Heerzugs frieblichen und in gutem wesen verstunden: Da ist sein churf. gnab eigner person mit sampt dem erzbischove und churfursten von Trier obgemelt dem hochwürb. Fursten, Herren Conraben zu Würtzburg, der vor etlichen tagen als flüchtig zu sein gnaden geyn⁷⁴) Heydelberg ankommen und dem pfaltzgraven bey Rhein Ott Heinrichen, am binstag nach dem sontag „vocem jucunditatis" (23. Mai 1525) mit den nachgesetzten reysigen zeugen sampt dem Fußvolckh und geschutz zu Heydelberg auß und gegen den Brurein gezogen."

Den Anfang des Kriegszugs bilbeten die churfürstlichen Reiter unter dem Hauptmann Wilh. von Habern mit 150 Pferden, dann folgte Schenk Eberhard zu Erpach, pfälzischer oberster Feldhauptmann, mit 400 Pferden; des Erzbischofs von Trier Zug mit 300 Pferden unter seinem Marschall; dann der Hauptmann von Jülich und Cleve mit 250 Pferden; dann 200 Pferd kölnische Reiter unter Dietrich von Schönburg, Burggraf zu Alzey, wobei Fr. von Fleckenstein als Fahnenträger; dazu noch über 3000 Knechte (Fußvolk) unter dem Obersten Leonhard von Schwarzenburg. Diese gesammte Kriegsmacht zog gegen den Brurein und stieß zu den dort versammelten 1500 Knechten; Malsch wird verbrannt.

⁷⁰) Rath. ⁷¹) Im Churfürstenthum angesessener Abel. ⁷²) Besonderes Vertrauen. ⁷³) Fähnlein Knechte. ⁷⁴) gegen, nach.

"Deſſelben tags fing der gedacht Marſchalk Wilh. von Habern in Rottenburg[75]) als er denſelben Flecken morgens einnahm: Hanſen von Thalheim (Dallau) ein edelmann, der ſich der ufruriſchen ſachen thailhaftig gemacht und in diſem böſen Handel übel gehalten hett, dann er der bauern hauptmann einer geweſt, denſelben Dalheimer ließ der churfurſt gein Heidelberg uffs alt floß zu ſeiner wiederkunft in gute verwarung gefenglich legen."

Hierauf werden Kislau und Bruchſal den Bauern abgenommen; der Pfaff Anton Eiſenhut, oberſter Hauptmann des kraichgauiſchen Bauernhaufens wurde mit mehreren andern vom oberſten Bundeshauptmann Jörg Truchſeß gefangen genommen und dem Churfürſten zum Verhör überſchickt, der ſich bei allem Kriegsvolk im Lager bei Bruchſal aufhielt. Eiſenhut wurde hierauf „nach kurzer verhöre uff dem platz im Schloß[76]) in des punds[77]) Namen mit dem ſchwert gericht." Tags darauf blieb der Churfürſt mit allem Kriegsvolk im Lager und verhandelte mit den aufrühreriſchen Orten, Bruchſal, Odenheim, Rothenberg, Kislau, Grombach und andern umliegenden Dörfern, wegen ihrer Beſtrafung; ſie mußten fl. 40,000 zahlen, die Waffen niederlegen und wieder huldigen. Gegen Abend ließ man die Gefangenen aus dem Thurm (in Bruchſal), und führte ſie in den Vorhof des Schloſſes. „Da nun der nachrichter von Heydelberg ihrer 5 die köpfe abgehawen und wieder einer niederkniet, ſchrien die umbſtehende graven und herren dem Henker zu, daß er biß uff weitern beſcheid gemach thete, fugten ſich eilends zu meinem gnedigſten Herren, dem pfalzgrafen, baten für die übrigen armen." Sie wurden begnadigt.

Von da zog der Churfürſt über den Rhein nach Weißenburg; und am 18. Juli zurück „in ſein ſtatt Heydelberg und uff ſein churfürſtlich floß, da ſein gnade alle ding noch in gutem uſrichtigen weſen fand." Am folgenden Mittwoch ließ er „im königtlichen ſtiefft zum heiligen geiſt ein ampt vollbringen im beyſein ſeiner gnaden, der graven, herren und vom abel."

---

[75]) Rothenberg. [76]) zu Bruchſal. [77]) Bundes.

IX.

Das Stift der Heiliggeistkirche verkauft die Krambuden zwischen den Wandpfeilern der Kirche an die Stadt Heidelberg. 25. Juni 1487. [78])

Wir bechan und capittel und die vicarien beß kundlichen stiffts zum heiligen geist zu Heidelberg gemeynlich bekennen und thun kund offenbare mit diesem brieff fur uns und alle unser nachkomen, daß wir mit wissen, willen und verhengnisse des durchleuchtigen hochgebornen fursten und herren, herren Philipsen pfalzgraven by Rine, hertzogen in Beyern, beß heiligen romischen richs ertzbruchseß und churfursten, unsers gnebigsten lieben herren, ein abrede, vertragk und rechten reblichen uffrichtigen steten und ewigen verkouf gethan haben, verkoufen ouch ewiglich in craft diß briefs mit den ersamen wysen fursichtigen und erbern burgermeyster, rat und gemeyn der genanten statt Heidelberg und allen iren nachkomen alle kreme und flecken, so umb den obgenanten unsern stifft zwischen den pfylern sind und hienfur uff die ledigen flecken gebuwen werden mögen, ußgescheiden wo itzund capellen zwischen denselben pfylern

---

[78]) Wir Dekan und Kapitel und die Vicare des königlichen Stifts zum heiligen Geist zu Heidelberg mit einander bekennen und thun kund offenbar mit diesem Brief für uns und alle unsere Nachkommen, daß wir mit Wissen, Willen und auf Anordnung des durchl. hochbornen Fürsten und Herrn, Herrn Philipp, Pfalzgrafen bei Rhein, Herzogs in Baiern, des hl. röm. Reichs Erztruchsessen und Churfürsten, unseres gnädigsten lieben Herrn, Abrede, Vertrag und rechten, reblichen, aufrichtigen, steten und ewigen Verkauf gethan haben, verkaufen auch ewig in Kraft dieses Briefs — mit den ehrsamen, weisen, vorsichtigen und ehrbaren Bürgermeister, Rath und Gemeinde der genannten Stadt Heidelberg und allen ihren Nachkommen all Kräme (Krambuden) und freien Plätze, die um unsern obgenannten Stift zwischen den Pfeilern sind und in Zukunft auf die freien Plätze gebaut werden mögen, ausgenommen wo jetzt Kapellen zwischen diesen Pfeilern stehen und die Kohlenkammern auf dem Fischmarkt sollen bei unserm genannten Stift bleiben und die andern Krambuden und leeren Plätze alle der vorgenannten Stadt Heidelberg sein und verliehen zum feilem (öffentlichem) Brodkauf und der ganzen Stadt und

stent, und die kolekamer uff dem fischmarkt sollen by dem gemelten unserm stifft bliben und die andere kreme und flecken all der vorgenanten statt Heidelberg sin und ewiglich verlyhen zu feilen brotkauf und der ganzen statt und gemeyn zu nutz und gült. Darinnen soll auch nichts unzimlichs oder unerlichs feil gehabt oder verkauft werden, auch dhein unerbere menschen verluhen werden, noch gestatten unerlich handel in irer dhein zu triben. Dieselbe kreme sollen auch des nachts verschlossen sin, damit alle farlesse-

---

Gemeinde zum Nutzen und Vortheil. Darin soll auch nichts Unziemliches oder Unehrliches feil gehabt oder verkauft werden, auch keinen unehrbaren Menschen verliehen, noch gestattet werden, daß unehrlicher Handel in keinem derselben getrieben werde. Diese Buden sollen auch des Nachts verschlossen sein, damit alle Leichtfertigkeit und Sünden, die des Nachts darin geschehen möchten, vermieden bleiben. Es sollen auch dieselben Buden keine höher gebaut werden, als sie jetzt sind, damit dem obberührten Stift kein Licht verbaut werde, auch nichts aus den Pfeilern oder Kirchenmauern gebrochen werden, dadurch Schaden geschehen möchte. Der Rath und Bürgermeister sollen auch vorsehen und bewirken, daß der Bäcker Mägde keine unziemliche oder schandbare Lieder singen, und besonders während der heiligen Aemter und wenn man im Stift singt oder predigt, wodurch Aergerniß geschehen möchte, alles redlich. Und ist solcher Kauf geschehen um acht und zwanzig gute rheinische Gulden ewigen Zinses, welche die obgemeldeten Bürgermeister, Rath und Gemeinde oder ihre Nachkommen aus der obgenannten Stadt Nutzungen, Einkünften, Gefällen und Ungelt jedes Jahr geben, reichen, nämlich sechzehn Gulden jedem Frühmesser der Arnold Rype'schen Pfründe, und zwölf Gulden dem Stifts-Custos, alles ewiger Zins und allen Kaplanen, die mit der vorgenannten Pfründe versehen sind oder werden und ohne alle Kosten und Schaden in ihren gewissen Besitz zu Heidelberg überantworten sollen und wollen auf Johannes des Täufers Geburtstag oder in den nächsten 14 Tagen darnach, wie es bei einem solchen Zins Recht und Gewohnheit ist, redlich, auf ihre geziemende Quittung. Dazu soll des Stifts Becker in der Pfisterei (Stiftsbeckerei) frei sein vom Wach- Frohn- und Reise-Dienst, vom Tharhüten und von den Pflichten und Beschwerden der Beckerzunft, ausgenommen, was er Brod zu offenem Verkauf backt; da soll er doch verbunden sein, nach Ordnung und Satzung; er soll in alle Strafen verfallen, wenn er sie übertritt und soll wie ein anderer Becker gehalten werden, so oft es Noth thut. Doch wenn er der Ordnung gemäß gestraft wird, so soll er nichts desto weniger den Priestern des Stifts backen, wie er es schuldig ist und jener Strafe wegen nicht aufhören (zu backen). Jeder Becker soll auch den Bürgermeistern und Rath geloben und bei den Heiligen schwören, dem gnädigen Herrn und der Stadt getreu und hold zu sein, ihren Schaden zu verhüten und ihren Nutzen zu schaffen, auch das Ungelt und Wieggeld

keit und sunden, so des nachts darinnen geschehen mochten, ver-
mitten bliben. Es sollen auch dieselben kreme bheiner höher
gebuwen werden, dann sie itzund sin, damit der obgerurten stift
bhein liecht verbuwen werden soll; auch nichts in die pfylere
oder kirchmür gebrochen werden, daran schad geschehen möcht.
Der rat und burgermeyster sollen auch versehen und schaffen, das
der becker meybe keyn unzimlich oder schampper lieder
(singen), und besunder under den helgen ampten und wann man im
stift singend ist oder predigen, dardurch dann ergerniß geschehen

---

für seinen öffentlichen Verkauf zu geben, ohne alle Unredlichkeit. Und von den
Schweinen, die ein Becker (des Stifts) zu jeder Zeit einlegt und züchtet, darf er
die Hälfte außerhalb der Stadt verkaufen, die man dem Käufer auch abfolgen soll;
die andere Hälfte darf er hier in der Stadt den Bürgern verkaufen oder für sich
selbst schlachten, wie es ihm am liebsten ist. Er darf auch zu jeder Zeit zwei
Schweine mehr, als ein anderer Becker, ziehen, wie es altes Herkommen ist. Ebenso
soll jeder (Stifts-) Becker, der es jetzt ist oder später sein wird, das Zunftgeld nur
zur Hälfte schuldig sein zu geben; wäre es aber, daß er von der (Stifts-) Beckerei
wegkommen, das Handwerk treiben und hier in Heidelberg backen wollte, so soll er
die andre Hälfte des Zunftgeldes der Zunft auch geben. Wollte er aber hier
nicht backen und von hier wegziehen, so soll er diese andere Hälfte des Zunftgeldes
zu geben nicht schuldig sein, sondern nur die erste Hälfte, die er schon bezahlt hat
verloren haben. Hätte aber ein (Stifts-) Becker die Zunft (das Zunftrecht) erkauft,
und käme wieder aus der (Stifts-) Beckerei weg, so soll er sein Zunftgeld nicht
verloren haben, sondern die Zunft behalten, wie er sie erkauft hat und nicht schuldig
sein, sie nochmals zu kaufen. Ferner ist beredet und bedingt, wäre es der Fall,
daß die obgenannten Bürgermeister, Rath und Gemeinde ein Jahr säumig würden
und dem obgenannten Frühmesser und Custos die obgeschriebenen 28 guter rheini-
scher Gulden auf Zeit und Ziel, wie oben steht, nicht ausrichten in den nächsten
6 Wochen darauf, so sollen ihnen die obberührten Buden, mit ihrer Verbesserung
und ihrem Bau zur Stunde verfallen sein, wie wenn sie mit Urtheil und Recht
verklagt und es ihnen aufgegeben worden wäre nach dieser Stadt Recht und Gewohnheit, alle Arglist und Unredlichkeit hierin gänzlich ausgeschlossen. Deß zu
wahrer Urkunde haben wir unser Dechaneiinsiegel hierangehängt. Und wir Philipp
Pfalzgraf u. s. w. bekennen für uns und alle unsere Erben und Nachkommen, daß
solche Beredung, Vertrag, Kauf und Verkauf, wie oben steht, mit unserm guten
Wissen und Willen und Anordnung geschehen ist, geben auch also unsre Gunst und
Willen dazu in Kraft dieses Briefs. Zu Urkund haben wir unser Insiegel zuvör-
derst an diesen Brief gehängt. Gegeben auf Montag nach St. Johannes des Täufers
Geburtstag, da man zählt nach der Geburt Christi unsres lieben Herren Tausend
vierhundert sieben und achtzig Jahre.

möchten, alles ungeverlich. Und ist solcher kouf geschehen umb zwenßig und acht güter rinischer gülden ewigs zinß, die die obgemelten burgermeyster, rat und gemeyn oder ire nachkomen von der obgenanten stabt nußen, renten sellen und ungelten all und eins iglichen jars jerlich geben, reichen, nemlich sechßehen gulbin eym yeden frühmesser Arnolt Ripyen pfründe, und zwolff gulbin des genanten stifts custery, alles ewiges zinß, und allen capellenen, so mit der vorgenanten pfründen versehen sin und werben und one allen iren kosten und schaden in iren sichern gewalt zu Heidelberg antwurten sollen und wollen uff sant Johans Baptisten geburttag oder in der nehsten vierzehen tagen darnach, als sölichs zinß's recht und gewonheit ist, ungeverlich, uff ir zimlich guittanß. Darzu beß genanten unsers stifts becker in der pfistery fryen wachens, frönens, reysens, borhütens, und der beckerzunft halben irs gebots, verbots und aller anber beschwerunge, ußgescheiden was er brots zu freyem kouf baden ist, darzu er doch nit verbunden sin soll, er beß selben feylen koufs halb nach lut der ordenunge und articel darzu gehörig begriffen sin in allen penen und straffen, ob er sie anderst uberfure, wie der anber becker einer gehalten werden ungeverlich, so dicke sölichs not geschehe. Doch so er nach lut der ordenung gestraft wurde, so sol (er) nit beß mynner ben priestern des stifts baden, als er schulbig ist, und der straffe halber nit still sten. Ein iglicher becker soll auch burgermeystern und rat globen und zu ben heilgen schweren, unserm gnebigen herren und der stat getrawe und holt zu syn, iren schaben zu warnen und frommen zu werben, auch ungelt und wiggelt zu feylem kouf zu geben, sunder alle geverbe. Und die sume, die ein pistor zu einer iglichen zitt inlegt und zucht, der mag er das halbteyl hinuß uß der statt verkoufen, die man dem koufer auch volgen lassen, der anberteyl hie inn ber statt verkoufen ben burgern ober selbs meßeln lassen, welchs yme am füglichsten ist. Er mag auch zu einer iglichen zucht zweyer sume mer bann ein anber becker ziehen, als von alter herkomen ist. Item darzu ein iglicher pistor, der ißunt ist oder hernach komen wurt, sol baz zunftgelt nit mer bann halb zu geben schulbig sin; wer es sach, daß er usser der pistory komen, baß hantwerck tryben und hie zu Heidelberg baden wollt, so sol er das anber halbteyl zunftgelts ber zunft ouch geben.

Wolt er aber nit hie backen und hie weck ziehen, so soll er das uberig halbteyl zunftgelts zu geben nit schulbig sin, sunder allein daß erst halbteyl, er uß gericht, verlorn han. Hett aber ein pistor die zunft verkouft und keme wyder usser der pistorie, so sol er sin zunftgelt nit verlorn, sunder die zunft haben und behalten, wie er sie verkouft hat, und nit schulbig sin, die noch ein mal zu koufen. Forter ist berett und bebybingt worden, wer es, das die obgenannten burgermeister, rat und gemeyne eynigs jars sumig wurden, und den obgemelten frumesser und custory die obgeschriben zwentzig und acht gütter rinischer gulbin uff die zytt und zyl, in massen ob stett, nit ußrichten in den nechsten sechß wochen barnach, so sollen ine die obgerurten kreme alle mit irer besserung und buwe uff stunb verfallen sin, als hetten die mit urteyl und recht erclagt und uffgeholet nach biser statt recht und gewonheit, alle arglist und geverde gantz herinn ußgescheiben. Des zu warem urkunde haben wir unser bechany insigell heran thun hencken. Und wir Philip, pfaltzgrave zc. obgemelt, bekennen fur uns und alle unser erben und nachkomen, das solich beredung, vertragl, kouf und verkouf, wie obstet, mit unserm guten wissen und willen und verhengniß geschehen ist, geben auch also unser gunst und willen barzu in kraft biß brifs. Zu urkunde so haben wir unser insigel zu forberst an bisen brief thun henken. Geben uff montag nach sant Johanes Baptisten geburt tag, als man zalt nach der geburt Cristi unsers lieben herren tusent vierhundert achtzig und sieben jare.[79])

---

[79]) Eine gleichzeitige Abschrift dieser Urkunde findet sich in Nro. 18, fol. 156 der Pfälzer Copialbücher im Generallandesarchiv zu Carlsruhe. Auch das Original, welches der Stadt gehörte, ist noch vorhanden; die Siegel aber zerbrochen.

X.
Ordnung zu Heidelberg, Wehr zu tragen und auf der Gasse zu gehen.
1466.

Die nachfolgende Urkunde dürfte ein Spiegel sein für die Zustände unserer Stadt, als durch die fortwährenden Kriege Friedrichs des Siegreichen Zucht und Ordnung in derselben sich aufzulösen drohten: [80])

„Wir Friedrich ⁊c. bekennen und thun kund. Nachdem und wie billich des wir auch gantz genaigt sein ben Unsern und andern, die hinder uns und bey den unsern wonent, einigkeit, Friden und gemach under einander zu haben, zu schaffen und sich in unser Stat Haydelberg und besonder nachts uff der gassen, vil Unzucht und unzimlichs handels und mutwillen begibt und begeben hat, darauß noch großer Unrath schadt und beschwernus wachsen und entsteen möchte. Das alles zuvorkomen so haben wir ein ordnung nach rath unser selbs

---

[80]) Wir Friedrich ⁊c. bekennen und thun kund. Nachdem und wie es billig ist, und wir auch ganz geneigt sind, den Unsern und Andern, die hinter uns und ben unsern wohnen, Einigkeit, Frieden und Ruhe unter einander zu haben, zu schaffen und sich in unserer Stadt Heidelberg, besonders Nachts auf den Straßen, viel Unzucht und unziemliche Händel und Muthwillen begibt und begeben hat, daraus noch größeres Verderben, Schaden und Beschwerde wachsen und entstehen möchte; so haben wir, um dem Allem zuvorzukommen, nach unserm Rath und dem unserer trefflichen Räthe eine Ordnung gemacht und wollen, daß sie gehalten und gehandhabt werde, wie folgt:

Zum ersten setzen und ordnen wir, daß alle Unsern und die Einwohner unserer Stadt Heidelberg, geistlich oder weltlich, adelig oder nicht adelig, Hofgesinde und Andere Tag und Nacht in gutem Frieden und Ruhe mit einander sein sollen und kein Theil wider den andern irgendeinen Unwillen fassen und ob Jemand glaubt, mit einem Andern zu thun zu haben, das solle auf dem Rechtswege ausgetragen werden gegen Jeden an den Orten, wo es sich gebührt, ob es nicht gütlich beigelegt werde;

und unſer trefflichen rethe, geſetzt und gemacht, die wir wollen, alſo gehalten und gehandthapt haben, In maßen und nachvolgt.

Zum erſten ſetzen und orden wir, daß alle die unſere und bey und Inwoner unſer Stat Haidelberg, gaiſtlich und weltlich Edel und Unedel Hoffgeſynde und ander tag und nacht in guttem Friden und rue mit einander ſein ſollen, Und kain thail wider das ander Jetzt In Unwillen furnemen und ob Jemandt mit dem andern vermeint zu thun han, das ſolle mit recht Ußgetragen werden gegen eynen Jclichen an den enden, da ſich das gepurt, ob es nit gutlich hingelegt wurdet.

Wir ordnen und ſetzen, daß zu Heidelberg über das ganze Jahr, es ſei Winter oder Sommer, wenn die Nacht hereingebrochen iſt, Niemand, es ſei, wer es wolle, mit Wehr oder Waffen auf den Straßen gehen oder wandeln ſolle, ausgenommen unſer adelig Hofgeſinde; die mögen ihre Wehr, die ſie Tags getragen haben, Nachts auch bis in ihre Herberge tragen.

Was aber von Knechten unſeres Hofgeſindes iſt, ob die Tags Meſſer getragen haben, was ſie zu thun das Recht haben, dieſelben ſollen doch, wenn es Nacht iſt, keine gefährliche Wehr tragen, wie die Anderen, es ſeien Studenten, Bürgerskinder oder Geſinde.

Ebenſo ſoll Niemand bei Nacht ohne ein Licht auf den Straßen gehen.

Und wäre es der Fall, daß Jemand, ſei er wer er wolle, bei Nacht auf der Gaſſe ohne Licht und mit gefährlichen Waffen oder Wehr oder mit Licht und gefährlichen Waffen oder Wehr angetroffen würde, der nicht zu unſerm adeligen Hofgeſinde gehört mit ihren Wehren, wie vorgeſchrieben ſteht, der ſoll von den Unſrigen, die wir dazu geordnet haben, zu Rede geſtellt und verhaftet werden und was nicht Studenten ſind, auf das Rathhaus geführt und daſelbſt geſtehen und erkannt und die Nacht daſelbſt behalten werden und am nächſten Morgen darnach, iſt er eine gepfründete Perſon zu Heidelberg (Geiſtlicher oder Profeſſor mit Beſoldung) ſeinem Dekan, iſt er ein Student, ſeinem Rector, gehört er zum Hofgeſinde, unſerm Marſchall und in deſſen Abweſenheit dem Faut (Vogt, Oberamtmann) und wenn der auch nicht zugegen wäre, unſerm Schultheißen, iſt er ein Bürger oder Bürgerskind, Handwerksknecht oder Geſinde, unſerm Bürgermeiſter überantwortet und daſelbſt geſtraft werden, nach Billigkeit wie ein Uebertreter unſerer Ordnung und dazu ſoll er noch verfallen ſein mit 10 Schilling Heller denen, die ihn verhaftet haben; dieſe Geldſtrafe ſoll den Studenten von den Unſrigen erlaſſen ſein, denn der Rector ſoll ſie deßhalb ſtrafen, wie hernach ſtehet.

Ferner wenn aber die Unſern, die jeweils die Nachtwache thun werden, eine Perſon, die ſonſt nicht verdächtig iſt, züchtig ohne Licht und ohne gefährliche Waffen auf der Straße antreffen und betreten würden, der ſoll gütlich gefragt werden, wer

Wir orden und setzen das zu Haidelberg über Jar es sey wintter oder Sommer, wan die nacht ingangen ist, niemandt er sey wer er wolle, mit wehr oder waffen, uff der gassen geen oder wandeln solle, darin solte ußgeschlossen sein unser edel hoffgesinde, das die mogen Jr wehr, die sie tags getrogen han, nachts auch biß in Jr herberg tragen.

---

er sei; er soll auch gütlich Bescheid geben und darüber nicht aufgehalten werden. Welcher sich aber deß weigern wollte oder zu fliehen unterstünde, der soll auch verhaftet und auf das Rathhaus geführt und die Nacht da behalten und des Morgens dem, welchem er zusteht, (unter dessen Gerichtsbarkeit er gehört) überantwortet und gestraft werden und die Buße denen, die ihn gefunden haben, verfallen sein und ausrichten wie oben stehet.

Wenn sich auch Jemand auf der Straße schlagen würde, so sollen die beiden Partheien von den Unsrigen verhaftet und auf das Rathhaus geführt und da gestehen und behalten werden und wäre eine schädliche Verwundung oder anderes Schlagen oder Werfen dabei geschehen, so soll der Thäter sofort in einen Gefängnißthurm oder Käfig gelegt und der Verwundete oder Schadhafte zum Arzt versorgt werden, so daß man ihrer Beider sicher sei, zu erfahren, welcher den Anfang gemacht habe und was ihnen darüber gebühre.

Ferner wenn Jemand so muthwillig wäre, daß sich Etliche zusammenthun und dieser Ordnung und denen, welchen wir sie zu handhaben befohlen haben oder befehlen werden, Widerstand thun wollten und bei Nacht mit Wehr oder Waffen auf der Straße gehen oder wandeln würden; wenn diese angetroffen werden, so sollen sie sofort verhaftet und ins Gefängniß geführt und behalten werden, und wenn die Unsrigen Hilfe dazu nöthig hätten, so mögen sie die nächsten von den Unsrigen zu sich rufen, und es sollen diese Unsrigen, die am nächsten dabei sind, sofort bei ihren Eiden, womit sie uns verpflichtet sind, mit ihren Wehren zulaufen und den Unsrigen behilflich sein, die Muthwilligen zu fassen.

Wenn sich aber sonst ein Geschrei oder Schlägerei bei Nacht ereignen würde, wozu unsere Nachtwächter nicht kämen oder nicht dabei wären, so sollen doch die Unsrigen, die am nächsten dabei sind, fleißig aufmerken und beobachten, wer dieselben seien und sie bei ihren Eiden unserm Schultheiß zu Heidelberg vorführen, der die Thäter auch darob zu Rede stellen und daran sein solle, daß solches also gestraft werde.

Es soll auch Niemand Nachts auf der Straße ungestümes Geschrei oder Lärmen thun oder machen aus Muthwillen und ohne Noth und wer das übertritt, der soll den Nachtwächtern von jedem Geschrei ein Viertel Wein verfallen sein, einem Jeglichen, dem sich's gebührt.

Wäre es aber ein junger Knabe, reißig oder anders, der soll zu guter Züchtigung (?) mit Ruthen darob gestraft werden.

Was aber von knechten unsers Hoffgesindts ist, ob die tags messer getragen haben, als sie thun mögen, dieselben doch so es nacht ist, kein geserlich were tragen, gleich als wol als andere es sein Studenten Burger oder Burgerßkinde oder gesynde.

Item es soll auch niemandt by nacht one ein zimlich offenbar licht uff der gassen geen.

Und nämlich so ordnen und setzen wir, was Studenten, jung oder alt, dieser Ordnung widerstrebend, von den Unsrigen ergriffen werden, die sollen die Unsrigen sofort einem jeden Rector, der in dieser Zeit ist, überantworten, der sie auch sogleich in Empfang nehmen soll, und darüber sollen sie von den Unsrigen nicht geschlagen, oder Strafe ihnen abgenommen werden, sondern der Rector soll dieselben um Geld und wegen Uebertretung unserer Ordnung nach redlich Nothdurft strafen.

Es sollen auch alle Wirthe zu Heidelberg ihren Gästen sagen diese unsere Ordnung, ob ihrer einer oder der andere um seiner Nothdurft willen auf die Straße bei Nacht müßte oder gerne wollte gehen, so soll er sich mit Licht versehen und Jemanden vom Hausgesinde mit sich nehmen, Bescheid für ihn zu geben und ohne gefährliche Waffen gehen.

Und über diese unsre Ordnung setzen wir zur Handhabung und Bewahrung unseren Schultheiß zu Heidelberg, die Bürgermeister mit den Stadtknechten und Scharwächtern, so daß allemal auf den Straßen unser Schultheiß, ein Bürgermeister oder einer des Raths mit den Stadtknechten und Scharwächtern sein sollen und wenn sie es bedünken will, daß Jemand mehr nöthig sei, so sollen unsre Knechte, die auf den Faut warten, auch zeitig zu ihnen gefordert werden, daß sie gegenwärtig seien; bedürfen sie dazu Jemanden mehr, so mögen sie diese aus den Bürgern nehmen, daß solches besto stattlicher gestraft und gehandhabt werden möge, die wir als Fürst auch fortan getreulich handhaben und unterstützen wollen gegen Jedermann.

Ferner über dieser Ordnung sollen Schultheiß, Bürgermeister, Knechte und die Anderen, deren wir, wie oben steht, befehlen werden, geloben und schwören, die Ordnung getreulich zu halten und zu handhaben nach allem Vermögen und sich darin zu keinem Unwillen oder Muthwillen wegen eigener Angelegenheiten gegen Niemand bewegen lassen, keines Weges, und ob sich irgend ein Knecht in diesen Dingen parthetisch halten wollte und anders als sich ihnen gebürt, sie abzusetzen und zu strafen und in diesem allem keinerlei Geschenk oder keine andere Gabe ansehen und keinen Unterschied der Personen machen, es sei adelig oder nicht adelig, geistlich oder weltlich, Studenten, Hofgesinde, Bürger oder andere Bürgerskinder, Knecht oder Gesinde, anders als diese Ordnung einhält.

Und beß zur Urkund haben wir unser Insiegel an diesen Brief gehängt, datum Heidelberg auf Sonntag, der heiligen Jungfrau Lucie Tag, im Jahre des Herrn 1466.

Und wer es das Jemandt er sey wer er wöll bey nacht uff der gassen one licht und mit geverlichen waffen oder were oder mit licht und geverlichen waffen oder were betretten wurde, das nit unser Edell Hoffgesinde were mit iren wehren, als vorgeschrieben steet, der soll von den unsere, die wir darzu geordnet han, gerechtfertigt und behändiget und was nit stubenten sein, uff das rathhaus gefurt und daßelbst bestehen und bekant und die nacht daßelbst behalten werden und am nechsten morgen darnach, ist er ein gepfrundt person, zu Halbelberg seynem dechant, ist er ein Student, seynem Rector, ist er Hoffgesinde, unserm Marschalck und in seynem abweßen, dem fautt und ob der auch nit zugegen were, unsern Schultheyßen, ist er burger oder Burgerskinde handtwerckßknecht oder gesinde, unserm Burgermeister geantwurt und daselbst gestrafft werden, nach billicheit als ein verprecher unser ordnung und darzu verfallen sein zehen schilling heller den Jenen, die Inen behendigt haben, der pene sollen Studenten von den unsern erlassen sein, dan der rector soll sie darumb straffen als hernach steet.

Item ob aber die unsere die jezuzeytten die nachthute thun werden, einich persone die sunst nit verdechtig ist, zuchtiglich one licht und one geverlich waffen uff der gassen ging ankemen und betretten wurden, der solle gutlich gefragt werden, wer er sey, er solle auch gutlich beschaidt geben und daruber nit uffgehalten werden, Welcher sich des aber widern wolt oder zu fliehen unterstunde, der soll auch behendigt und uff das rathhauß gefurt und die nacht da behalten und des morgens dem er zusteet geantwurt und gestraft werden und die buß den die in funden han verfallen sein und außrichten als obsteet.

Ob sich auch Jemandt uff der gassen schlagen wurde, die baide partheien sollen von den unsern behendigt und uff das rathhauß gefurt und da besteen und behalten werden und wer einich schedelich verwunden oder ander schlagen oder werffen darinn geschehen so solle der thetter von stund in ein gefengnusthurn oder kefich gelegt und der wunde oder schadhaft zum artzt versorgt werden, das man ir halber sicher sey, zu erfaren, welcher den anhab angethan hab und was in billicher daruber gepur.

Item ob Jemandt so muttwillig were, das sich etlich zusamen

thun und dieser ordenung und den wir es zu handthaben bevolhen han oder bevelhen werden, widerstandt thun wolte und bey nacht mit wehr oder waffen uff der straßen geen oder wandlen wurden, wo die betretten werden, die sollen von stundt behendiget und in gefengnus gefurt und behalten werden, und ob die unsere hilff darzu beburfften, so mogen sie die nechsten die unsern dabey zu ine beruffen, so sollen dieselben die unsere die am nechsten dabey sein, von stundt bey iren aiden, damit sie uns gewandt sein, mit ir wehre zulauffen und den unsern beholffen sein, die muttwiller zu eroberen.

Ob sich aber sonst ein geschrey oder schlagens bey nacht begeben wurde, darzu die unsere nachthutter nit quemen, oder weren, so sollen doch die unsern am nechsten dabey, fleyßig uffmerken und erfahrung haben, wer dieselbe seyn und die bey iren aiden unserm Schulthaißen zu Haidelberg furpringen der dieselbe dether auch darumb zu reden setzen und daran sein solle, das solichs also gestrafft werde.

Es solle auch niemant nachts uff der gassen ungestum geschrey oder aberbracht thun oder machen von muttwillen und one not und wer das uberfert, der solle den nachthuttern von jedem geschrey ein viertthail weins verfallen sein, einem Jdlichen, von dem sich das geburt.

Wer es aber ein junger knab raißig oder ander der soll zu gutter schuffel mit rutten darumb gestrafft werden.

Und nemlich so orden und setzen wir was studenten junge oder alt dieser unser ordnung widerwerttig von den unsern begriffen werden, die sollen die unsere von stundt eynem geben rector, der dan zu zeitten ist, antwurtten der sie auch furderlich empfahen, und daruber sollen sie von den unsern nit geschlagen oder pene abgenommen werden, sonder der rector soll diselben umb pene und uberfarunge unser ordnung nach redlicher notturfft straffen.

Es sollen auch alle wirt zu Haidelberg iren gesten sagen diese unser ordnung ob ir einicher umb seiner notturfft willen uff die gassen bey nacht muste geen, oder gern wolt, sich wissen mit licht zu bewaren und Jeman von Haußgesinde mit zu nemen bescheide fur ine zu geben und one geferlich waffen zu geen.

Und dieß unser ordnung setzen wir zu handthab und bewaren

unseren Schulthaißen zu Haidelberg, die Burgermeister mit den stat-
knechten und scharwechtern, also das allemal uff der gassen unser
schultheis ein Burgermeister oder einer des raths mit den stat-
knechten und scharwechtern sein sollen und wan sie bedunken wil
Jemandt mehr not sein, so sollen unser knecht die uff ein kaut warten, auch zu zeytten zu in gefordert werden, ob sie anheimisch sein
bedorffen sie darzu Jemandts mehe die mogen sie auß den Burgern
nemen, das sollichs bester statlicher gestrafft und gehandthapt werden
möge, die wir als der Fürste auch furbasser getreulich handhaben
und dem rucken halten wollen wider menglich.

Item uber diese ordnung, sollent Schulthais Burgermeister
knecht und ander, den wir das als obstet bevelhen werden, globen
und schwern die ordnung getreulich zu halten und zu handthaben
nach allem vermögen, und sich darin keins unwillens oder mutwillens
aigener sachen gein niemandt bewegen lassen, in kein wege und ob
sich Icht knecht in diesen dingen partheilich anderst halten wolte dan
ine wol gepurt, die zu entsetzen und zu straffen und in diesem allem
kain miet schenck oder kain ander gab ansehen, auch kein sonder
person es sey Edell oder unedell, gaistlich oder weltlich studenten
Hoffgesinde burger oder ander Burgerskinde knecht oder gesinde, anders dan wie dise ordenung inehelt.

Und des zu Urkunde haben wir unser Ingesiegell an diesen
brieff thun henken, datum Haidelberg uff sontag Sant Lucien des
heiligen Junckfrawen tage Anno domini millesimo quadringentesimo
sexagesimo sexto.[81]

---

[81] Abschrift dieser Urkunde findet sich im Generallandesarchiv zu Karlsruhe in dem Altenfascikel: „Der Stadt Heydelberg Privilegia it. confirmationes. 1368—1613. (316.)

XI.

Die Stadt Heidelberg kauft den Bierhelderhof.
29. April 1737.

Actum Heidelberg den 29. April 1737.

Nachdem zwischen dem churpf. Stattrath dahier und des weyland churpf. Administrations-Rathen Herrn Schützen nachgelassene Frau Wittib wegen dero eigenthumblichen sogenannten Bierhelderhof ein Kauffcontract beederseitbs intendiret [82]) und folglich verabredet und beschlossen worden; Alß hat man die conditiones sothanen Kauffcontracts folgender gestalten anhero ad protocollum bringen lassen und zwar

1. Verkaufft und überläßt sie Frau Administrations Raethin in gegenwarth und mit genehmhaltung ihres beystands des churpf. Regierungsrathen Herren Aleffs Ermelter Bierhelder Hoff dem Stattrath dahier also und dergestalten, daß sothaner Hoff mit allem zugehör, Rechten und gerechtigkeiten sowohl als auch mit allen oneribus [83]), selbige mögen in vorigen Kauffbrieffen exprimirt [84]) seyn oder nicht, wie sie solchen biß dato genossen und geniessen können oder moegen, gesucht und ungesucht, nichts außgenommen, mit der sogenannten Hanenmühl und Walbung überlassen, abgetretten und zugeeignet sein solle; hingegen

2. Verbindet sich Ermelter Stattrath Jhr Fraw Administrations Raethin Schützin in guttem gangbahrem geld vor geb. Bierhelder Hoff und bessen Zugehör, rechten und gerechtigkeiten zu bezahlen — 3050 fl. sage Drey Taußend fünfzig gulden. Nachdem aber sie fraw Verkaeufferin ratione [85]) der bahren zahlung umb beßwillen Einen anstand genommen, weilen durch die damahligen Münzconfusiones und vorschwebende fernere abwürdigung [86]) ihr gar leichtlich Einiges nachtheil oder schaden an sothanen geldern zuwachsen könnte, aß wurde

---

[82]) beabsichtigt. [83]) Lasten. [84]) ausdrücklich genannt. [85]) hinsichtlich. [86]) Entwerthung.

3. ferners stipulirt, daß a dato in 6 Monathen an sothanem Kauffschilling in alßbann gangbahrer sorten von ducaten, duplonen oder thalern, waß selbige alßbann gelten werden, 1050 fl. abbezahlet, die übrige 2000 fl. aber auf vier Jahre lang stehen gelassen und zwar Ihr Fraw Verkaeufferin frey seyn solle, während solchen vier Jahren solches residuum capitalis[87]) mittelst vierteljähriger Vorauffkündigung zu erforderen und einzuziehen, der Statt Rath aber hingegen gehalten seyn solle, sothanes residuum capitalis zu lassen und auf sich zu behalten, gestalten dann auch

4. Nicht nur von sothanen 2000 fl., sondern auch von Eingangs geb. 1050 fl. die Interesse zu 5 pro cento pro rato temporis[88]) ex parte[89]) des Statt Raths zu bezahlen versprochen und zugesagt wird, zu dessen Besthaltung

5. Erm. Bierhelder Hoff mit allem zugehör, Recht und gerechtigkeiten inmittelst biß solche zahlung beschehen seyn wird, pro hypotheca[90]) haften, ratione der Ersteren 1050 fl. aber in solang, biß solche in termino[91]) der 6 monathen abgetragen seyn werden nebst sothanem Hoff die Butterwaag[92]) zum Unterpfand gesetzt seyn solle, auch solche conditio und Verhafftung[93]) dem hierüber zugeferttigten förmblichen Kauffbrieff außtrücklich einzurucken. Welches ohnwiederruflich zu besagen beede contrahirende Theile gegenwaertiges protocollum eigenhaendig unterschrieben haben.

Notandum. Nach so weit beschlossenem conventionsprotocollo Erinnert fraw Verkaeufferin, daß vermittelst dieses Verkauffs sie weniger nicht ab onere[94]) des bißhero contra[95]) die Wagnersche Erben ratione der deponirten 400 fl. wie auch des von der churf. Hoffkammer praetendirt[96]) werden wollenden Kleinen Zehendens und sobann Einen Gulden Erbzinß von einer gewissen Wiesen, figirten processus[97]) entladen seyn mögte; Gleichwie nun ex parte

---

[87]) Kapitalrest. [88]) D. h. für das Jahr. [89]) von Seite. [90]) als Unterpfand. [91]) nach Verlauf. [92]) die Butterwaage spielte in Heidelberg seit den ältesten Zeiten eine große Rolle; wir werden ihr s. Z. einen eigenen Abschnitt widmen; einstweilen nur die Bemerkung, daß durch dieselbe eine Art Octroi von verschiedenen Verkaufsgegenständen erhoben wurde und daß sie der Stadt nicht unbedeutende Summen jährlich eintrug. [93]) Unterpfand. [94]) von der Last. [95]) in dem Prozeß gegen. [96]) angesprochen. [97]) anhängig gemachten Prozeß.

hochfreih. Oberappellationsgericht allbereits ein Definitiv sentenz⁹⁸) erfolget, mithin sothanen 400 fl. wegen das schließl. bereits ergangen; Alßo wollte Mann von Statt Raths wegen kein bedenken tragen, sie Fraw Verkaeufferin in Allem und Jedem, so in ferneren hierunter emergiren⁹⁹) möchte, frey und loß zu sagen, auch zu vertretten und solches ebenmaeßig dem kauffbrieff (so durch hohe Regierung confirmiren auch bey dem Gericht Rohrbach protocolliren zu lassen) einzuverleiben.

Vorstehendes project wird von der Fraw Administrations-Raethin dergestalten ratihabirt¹⁰⁰), daß selbiger vorlaeuffig obged. maßen confirmirt und protocollirt, auch dermahliger Bestaender annoch auff ein Jahr lang im bestand des Verkaufften guths belassen werden solle; weilen aber dieselbe schreibens ohnerfahren, alß hab Ich qua specialiter requirirter¹⁰¹) Beystand nahmens derselben mich anhero unterschrieben.

Dieses ist X der Fraw   T. Aleff mppria.
Abministrations-Raethin   Adamus Schütz.
beyzeichen. T. Aleff mppria.
    J. D. v. Driesch
      noe des Stattraths

An Heydelberger Statt Rath.

Bey churf. Regierung ist seines Inhalts verlesen worden, was der Heydelberger Stattrath wegen ahn sich erkaufften Bierhelder Hofs unterm 14. dieses berichtet. Wie man nun in diesen Kauff, wann es damit angebrachter maßen beschaffen, verwilliget, dabey aber sich vorsiehet, daß solches guth wohl werde abministrirt werden; Alß wird Erm. Stattrath es zur Nachricht und Beobachtung wissend gemacht. Mannheim, den 28. August 1737.¹⁰²)

---

⁹⁸) letztliche Entscheidung. ⁹⁹) herauskommen. ¹⁰⁰) genehmigt. ¹⁰¹) besonders bestellter. ¹⁰²) Abschrift dieser Urkunde befindet sich im Generallandesarchiv zu Karlsruhe im Aktenfascikel: „Stattrath zu Heydelberg sucht unttlhgst ahe umb die confirmation des ahn sich erkaufften sogenannten Bielhelder Hofs. 1737. (334.)

XII.

Die wallonische Gemeinde zu Heidelberg.

Als in Frankreich die Protestanten in der zweiten Hälfte des 16. Jahrhunderts blutig verfolgt wurden, entschlossen sich Viele derselben, aus der Heimath wegzuziehen. So kamen schon in den 60er Jahren jenes Jahrhunderts Flüchtlinge in die Pfalz, und wurden hier vom Churfürsten Friedrich III. willig aufgenommen. Am Ende des 18. Jahrhunderts gab man sich bei der churfürstlichen Regierung, als es sich um das Besetzungsrecht der Pfarrstelle der wallonischen oder französischen Gemeinde in Heidelberg handelte, alle Mühe, den Ursprung dieser Gemeinde nachzuweisen. In dem hierauf erfolgten „Archivbericht" nun heißt es: „Die mit den aus Frankreich im 16. Jahrhundert vertriebenen Hugenotten oder Wallonen, welche in der Stadt Heidelberg aufgenommen worden, errichtete Capitulation ist in dem hiesigen Archiv nicht zu finden gewesen. Im Jahre 1562 haben sich dergleichen aus Frankreich hinweggezogene Protestanten auch in Frankenthal niedergelassen. Mit diesen ist von Friedrich III. eine Capitulation (die in hiesigen Stellen aufbewahrt ist) abgeschlossen worden; weil zu vermuthen ist, daß man die Heidelberger Wallonen unter denselben Bedingnissen aufgenommen hat, so will ich das, was in Betreff ihres Gottesdienstes ꝛc. in der Frankenthaler Capitulation ausgemacht worden, wörtlich hierhersetzen: „Zum Andern, dieweil diese verjagte Christen als nunmehr der Pfalz Unterthanen ihre eigene Kirche (zu Frankenthal) haben, und darin von Nothwendigkeit ihrer Muttersprache wegen die Predigt des hl. Evangeliums, auch Administration der hl. Sacramente, derselben ihrer Sprachen Eigenschaft nachzuhören und christlich zu üben gebrauchen müssen, damit künftig kein Mißverständniß fürfallen, noch etwas Unrichtigkeit daraus erwachsen mag, so ist vom Churfürsten ausdrücklich ihnen auferlegt, auch durch sie angenommen, bewilligt und versprochen, daß sie alle sammt und sonders in solcher ihrer Kirchen, soviel die christliche Lehr und Ceremonien, auch Reichung der hl. Sacramente belangen thut, sich in alleweg seiner churf. Gnaden habenden Kirchenordnung, wie sie Churpfalz jederzeit angestellt und gehalten würdet, gleichmäßig erzeigen und keine Aenderung oder Neuerung einführen noch gebrauchen sollen; daß sie auch bei ihnen keinen Pfarrer oder Präbicanten ohne Wissen und Bewilligung der churf. Kirchenräthe jetzt oder künftig annehmen oder beurlauben sollen, wann auch künftig der Religion, Lehr oder Ceremonien halb Mißverstand mit den Präbicanten sich zutragen wird, daß solcher Mißverstand an die Kirchenräthe gebracht und der Enden christlich und gebührlich entschieden werden sollen." [103]) Im Besondern wurde der Heidelberger Gemeinde der **theologische Hörsaal** für ihre Gottesdienste eingeräumt.

Churfürst Ludwig VI. ließ zwar am 12. Mai 1577 den Saal wieder schließen, löste die Gemeinde auf und schickte ihren Prediger fort. Nach dem im Jahre 1583 erfolgten Tode Ludwigs jedoch sammelte sich wieder eine Gemeinde, und durch Administrator **Johann Casimir** erhielt sie ihre Bestätigung, am 30. Januar 1586. Diese Bestätigung enthält folgende Bedingungen: 1. Der französische Gottesdienst soll Sonntags und Mittwochs in der Klosterkirche gehalten werden, wenn zu gleicher Zeit in den beiden andern Kirchen zum hl. Geist und St. Peter deutsch gepredigt wird. Eigenes Geläute dürfen sie nicht haben, sondern müssen sich nach dem der Heiliggeistkirche richten. 2. Die Ceremonien bei den Wallonen sollen dieselben sein, wie bei den Deutschen; allein die wallonischen Prediger dürfen nur das Abendmahl halten, nicht taufen; die Taufe soll vielmehr von den deutschen Pfarrern in deutscher Sprache an den Wallonenkindern vollzogen werden. Prediger und Gemeinde stehen unter dem reformirten Kirchenrath, und müssen sich seinen Vorschriften fügen. 3. Die Wahl der Predigttexte bleibt dem Wallonenpfarrer überlassen. 4. Die Gemeinde soll Niemanden von auswärts

---

[103]) Diese Darstellung ist aus mehreren Aktenfascikeln, welche in Karlsruhe beruhen, genommen. Die „Capitulation" steht in dem Fascikel: Die angeblich widerrechtliche Besetzung der ref. wallon. Kirchenbienerstelle in Heidelberg 1792 bis 1793. (149.)

mehr aufnehmen, ohne die besten Zeugnisse und nur Solche, welche der deutschen Sprache nicht mächtig sind. 5. Die Besoldung des Pfarrers soll aus der geistlichen Administration entnommen werden und bestehen aus fl. 120 Geld; fl. 15 für Wohnung, 1 Fuder Wein und 12 Malter Korn. [104])

Im Jahre 1805 bestand die Besoldung aus fl. 395, 2 Fuder Wein, 12 Malter 4 Simri Korn, 25 Malter Spelz nebst eigenem Pfarrhaus und Garten. [105])

Nach dem 30jährigen Kriege hielt die Gemeinde ihre Gottesdienste im juristischen Hörsaale, und als dieser bei stetem Wachsen der Gemeinde zu klein wurde, so erlaubte Churfürst Carl Ludwig ihr die Benutzung der St. Peterskirche. Am 20. Februar 1656 erlaubte ihr derselbe Churfürst die Benutzung der Klosterkirche, und 1677 bestand die Gemeinde aus 27 Familien. Nach Zerstörung der Stadt versammelte sich die Gemeinde in der Conventsstube der Neckarschule. Als das Gymnasium im Mönchhofe erbaut worden war, 1718, so erhielten die Wallonen in demselben ihre Kirche, deren sie sich bis zur Auflösung der Gemeinde bediente. Diese Auflösung wurde am 15. Februar 1802 ausgesprochen. Die Gemeinde legte hiergegen Verwahrung ein. Aber der „churfürstlich badische Kirchenrath in Heidelberg" erwiederte: Administrator Joh. Casimir habe den verfolgten Reformirten aus Frankreich und den Niederlanden, als sich solche 1586 „ex speciali gratia" [106]) in Heidelberg niedergelassen, Bedingungen gestellt, worunter die sich befand; „Die Aufnahme der Geflüchteten geschieht auf Widerrufen"; außerdem sei jetzt, 1805, kein einziger refugié [107]) mehr in der Gemeinde; diese habe vielmehr so abgenommen, daß kein Gottesdienst mehr gehalten werden könne; Pfarrer Kilian habe sich zwar alle Mühe gegeben, die Gemeinde zu erhalten und Deutsche zu gewinnen; dessenungeachtet bestehe diese nur aus den Deputirten, d. h. Presbytern oder Kirchenvorstand: Lucas Keller, Louis Loesch, Martin Landfried, Jean

---

[104]) Vergl. Wundt, Beschreibung der Stadt Heidelberg, Seite 190 ff.

[105]) Aktenfascikel zu Karlsruhe: Heidelberg, Kirchendienste; die ref. wallon. Pfarrei zu Heidelberg. 1805. (150.)

[106]) aus besonderer Begünstigung.   [107]) Flüchtling, nämlich Franzose.

Chrétien Loesch, Phil. Fréd. Landfried und dem Kirchenraths-renovator Mülhaeuser, die aber sämmtlich geborene gute Deutsche seien. Längst schon hätte der reformirte Kirchenrath die Gemeinde aufgelöst, wenn Pfarrer Kilian der Aufforderung gefolgt, und sich um eine andere reformirte Pfarrstelle gemeldet hätte. „Bei dem Verlust der jenseitigen Kirchenrevenüen müsse der Kirchenrath um so mehr auf seinem Beschlusse beharren, als eine bestimmungswidrige Besoldungsausgabe von mehr als fl. 800 zur Verbesserung der schlecht salarirten Pfarr- und Schulstellen nützlicher verwendet werden kann."

Pfarrer Kilian machte für sich hiergegen geltend, er habe seiner Zeit sein Vaterland und ein viel stärkeres Einkommen in Haag verlassen und sich in Heidelberg niedergelassen; er habe sich wesentliche Verdienste um die wallonischen Gemeinden in der Pfalz erworben: am 8. Mai 1778 haben ihm die Deputirten der pfälzischen Wallonengemeinden eine Vollmacht gegeben, damit er in Holland Geld zur Errichtung einer gemeinsamen Kirchenkasse in der Pfalz sammle; 1779 sei er auf 8 südholländische und wallonische Synoden gereist, von denen er beinahe fl. 3000 zusammengebracht habe; endlich habe er es 1781 dahin gebracht, daß die pfälzischen Deputirten jährlich fl. 300 bezögen; erst 1782 sei er von Haag wieder abgegangen, um in Heidelberg seinen Dienst weiter zu verrichten, und als der französische Revolutionskrieg losbrach, und die Franzosen auch in Heidelberg eindrangen, so war seine „Kirche so angefüllt von den sonst so sehr verschrieenen irreligiösen Franzosen, die, nachdem sie beim Eintritt in die Kirche sich niedergekniet und das Kreuz gemacht hatten, mit uns sangen, beteten u. s. w." Als sonstige Besucher der Gottesdienste werden nur Fremde genannt, unter Andern die Prinzessin Caroline von Hessen-Philippsthal und die gräflich Jenison'sche Familie.

Aber ungeachtet dieser Vorstellungen beharrte die Regierung auf ihrem Auflösungsdekret der wallonischen Gemeinde, welches, wie gesagt, schon am 15. Februar 1802 ausgefertigt war.

Von den weitern Schicksalen der Gemeinde können wir nur noch Folgendes angeben:[108] Im Jahre 1655 stand das wallonische

---

[108] Faszikel: Das Wallonische Pfarrhaus und dessen Reparation. de anno 1655.–1768. (153.)

Pfarrhaus in der Vorstadt. 1752 bittet der wallonische Pfarrer ab Hospital um Ankauf eines Pfarrhauses, da nur er keine eigene Wohnung habe; der Kirchenrath kauft das auf dem Kornmarkt gelegene, dem Kirchenrath Cruciger gehörige Haus um fl. 2000 zu einem wallonischen Pfarrhause im August, und ab Hospital bezieht es am 9. Oktober 1754.[109]) Da vor dieser Zeit der Pfarrer von der geistlichen Administration eine Wohnungsentschädigung von fl. 50 erhalten hatte, so ist anzunehmen, daß das alte wallonische Pfarrhaus in der Vorstadt im orleans'schen Krieg abgebrannt ist.

Das Pfarrhaus am Kornmarkt bezog im April 1776 Pfarrer Herzogenrath. Aber es war schon so baufällig, daß der Kirchenrath dasselbe — trotz des Widerspruchs der Gemeindevorsteher: F. W. Hebaeus, Gymnasiums-Präceptor, Joh. Ant. de Losse, ancien, J. Gg. Doll, Peter Lud. Keller, Joh. Bernh. Dollhopff, Phil. Heinr. Keller — am 10. August 1779 an Nicolaus Collart aus Mainz um fl. 2050 öffentlich auf dem Rathhause versteigern ließ.

Dem wallonischen Pfarrer wurde in Folge hievon das deutsche Pfarrhaus in der Fischergasse vom Kirchenrath Mieg vermiethet, mit der Auflage, dasselbe in kurzer Zeit wieder dem von Frankenthal berufenen, reformirten Pfarrer Böhme einzuräumen, wodurch es kam, daß dem wallonischen Pfarrer Kilian im Jahre 1788 von der geistlichen Administration der zweite Stock des Gastwirth Koch'schen Hauses am Mittelthor um fl. 120 Hauszins gemiethet werden mußte. — Vorsteher der Gemeinde in diesem Jahre waren: Depré ancien, Jean George Doll, ancien, Loesch, Dollhopf.

In dieser Zeit hatte die Gemeinde auch einen Schullehrer.

Die Prediger der wallonischen Gemeinde waren: Taffin, 1574 [110]); de la Chasse, 1586 [111]); Luc. Trelcatius, 1594 [112]); Th. Blevetius, 1594—1599; Joh. Nicell, 1599; CC. Boyse,

---

[109]) Churhospitalverwalter Weickum verlangt von diesem Haus einen jährlichen Bodenzins von 9 Kreuzern und 4½ Hellern. [110]) wurde in die Niederlande berufen. [111]) Der erste Prediger unter Joh. Casimir, in dem Stiftungsbrief der Gemeinde wird er erwähnt. [112]) starb 1607 als Professor der Theologie in Leyden.

1599—1600; Abami, 1601 [113]); Elstermann, 1602 [114]); Cober, 1606; Bourgeois, 1612—1622 [115]); D. Tossan, 1650 [116]); D. Carré, 1651—1659 [117]); A. Cregut, 1665 [118]); H. Tiriot, 1667; P. Poiret, 1668 [119]); P. Perjot, 1680—82 [120]); J. Darassus, 1683—94 [121]); de Combles, 1684 [122]); Jac. L'enfant, 1684 [123]): Moriz Zeller, 1712—38 [124]); Bernhard Beering, 1738—44; Franz Christof ab Hospital, 1746—1775 [125]): Carl Herzogenrath, 1775—1780; Conrad Christian Kilian, von 1781—1805.

XIII.
Das reformirte Pfarrhaus in der Kettengasse.

Schon 1775 hatte die reformirte geistliche Administration den Beschluß gefaßt, für den dritten reformirten Pfarrer an der Heiliggeistkirche, Brünings, ein neues Pfarrhaus anzukaufen, da das alte, nächst bei der Krämergasse gelegene, versteigert worden war. Aber erst im folgenden Jahre kam der Beschluß zur Ausführung, wie folgender Kaufbrief darthut:

Ich Josef Ziegler, Churpfälzischer Kastenmeister dahier zu Heidelberg und mit mir meine Eheconsortin Theresia gebohren von Driesch, urkunden und bekennen hiermit für uns, unsere Erben und Erbnehmer, daß wir aufrecht und redlich verkaufft haben, wir verkaufen auch und geben krafft dieses zu kaufen, wie solches am kräfft- und beständigsten geschehen soll, kann oder mag, der hochlöblich reformirten geistlichen Administration, unsere in der Kettengasse dahier gele-

---

[113]) Abami war 1612-15 Rector des Heidelb. Gymnasiums und wurde im 30jährigen Krieg Pfarrer in Bremen. [114]) Elstermann Christof Ernst war zugleich deutscher Pfarrer in Neuenheim. [115]) Vorher ref. Prediger in Köln. [116]) Zugleich Kirchenrath. [117]) Zugleich Professor, † 1672. [118]) † 1680. [119]) 1670 zu Mannheim, † 1719 zu Rheinsberg bei Leyden. [120]) Kam als franz. Prediger nach Frankfurt a. M. [121]) wurde Feldprediger bei Lord Galloway [122]) Versah zugleich die französische Kolonie in Friedrichsfeld als Filial, † 1690 [123]) Kam nach Berlin, † 1728. [124]) Starb als deutscher Pfarrer zu Seckenheim, 1740. [125]) Zugleich Kirchenrath.

gene Erbbehousung ad 14 Ruthen 3 Schuh 9 Zoll 7 Linien, so beforcht, einerseits die Zwingergaß, anderseits das Deutschordenhaus, hinten eigenes daran stoßendes Gebäu, vornen die Kettengaß, benebst kurz erwähnten daranstoßenden in der Zwingergaß gelegenen Gebäude ad 4 Ruthen 4 Schuh 9 Zoll 7 Linien, so beforcht, einseits und hinten das Deutschordenhaus, anderseits die so eben berührte Erbbehausung, von Grundzinsen frei ledig und eigen samt aller recht und gerechtigkeiten, vor und um Drei Tausend Sieben Hundert Gulden baarem Geld guter genehmer landtswährung nach dem 24 fl. Fuß gerechnet, welche Summ auch hochgeb. geistl. Administration an Tit. HE. Verkäufferen baar abgeführet, dannenhero dieselbe über den richtigen Empfang sothaner fl. 3700 nebst Verzeyhung der rechtlichen Exception non numeratae pecuniae in der best und beständigsten Form rechtens quittirt looß und ledig gezehlet wird. Wir haben aber obbeschriebene unsere Behaußung also und dergestalt verkaufft und zu kauffen gegeben, daß solches von Zinsen, Gulten und Beschwehrden ganz frey ledig und eigen, auch Niemanden weder versetzet noch verpfändet seye. Sollten sich aber über kurz oder lang einigerley deren, wie die auch immer nahmen haben mögen, darauf finden und hinfürthun, solches Allen sollen wir Einer hochlöblichen ref. geistl. Administration noch zu thuen, Sie dessen zu entheben, zu eviciren [126]), zu vertretten und allerdings schadlos zu halten, so oft es die noth erfordern wird schuldig und gehalten seye, alles getreulich und ohne gefährde. Zu urkund dessen und mehreren Versicherung haben wir dermalige Bürgermeister und Rath Niclas Ernst und Jakob Kuhn gegenwärtigen Kaufbrief mit gemeiner Stadt gewöhnlich größeren Raths Insiegel corroborirt [127]) und berechtiget, jedoch dem Stadtrath uns und unsres Amtes ordentliche nachfolgern in alle weeg ohne Schaden und nachtheil. [128])

Heidelberg, den 22. Aprilis 1776.

(gez.) Ziegler, Kurpfalz Kastenmeister als Verkäufer.

Therese Ziegler, née de Driesch.

---

[126]) Zufrieden zu stellen. [127]) Bekräftigt. [128]) Die Originalurkunde findet sich im Generallandesarchiv zu Karlsruhe, Fascikel: Das reformirte Pfarrhaus in der Kettengasse, 1684–1803. (125.) Der Rathssiegel ist in grünes Wachs gedrückt, enthält den pfälzischen Löwen mit der Aufschrift: Sigillum civitatis Heidelbergensis.

XIV.

Der Judenkirchhof.
1702.

Kund und zu wissen sey hiermit, demnach im Jahr 1689 zu der Zeit als die Franzosen hiesige Churfürstliche Residenz Statt belagert, denen allhier wohnenden Schutzjuden ein Herrschaftlicher Platz in der Vorstadt in dem sogenannten Hopfengarten zu ihrem Begräbniß vor und umb fl. 141 verkäuflich überlassen gewesen, Sie auch solchen einige Jahr biß zu erfolgter zweyten Belager- und Zerstörung der Statt ruhiglich besessen und gebrauchet, auch nachhin erfolgten lieben Frieden aber dieselbe gegend der Vorstatt, worin dieser begräbnusplatz gelegen, mit Häußern und Gassen zu bebauen die Absicht geführet, einfolglich Ihnen solcher wieder entzogen worden, daß die Churf. Hofkammer zu Ihrer Schablosholtung und zu einem aequivalent ein stück von einem anderweiten vorm Klingenthor linkerhand im Affenstein hinter der Cazernen am Berg gelegenen und rechter Hand auf der Universitätscollectur Garthen stoßenden herrsch. Platz Einhundert Schuh lang, herunterwärts gegen den Weg zu nach dem Klingenthal und Siebenzig zwey Schuh breit, ausersehen, mithin auf vorläufig eingeholte gnädigste ratification Ihrer Churf. Durchl. gedachter allhiesiger Schutzjudenschaft solchen jetzt beschriebenen anderweithen Orth zu Ihrem begräbnüs samt benöthigten Weg und Eingang abmessen und anweisen lassen, allermaßen Ihr solcher in Crafft dieses mit völligem Eigenthumsrecht nochmals in bester Form angewiesen und respective cedirt und übergeben wird, umb solchen zu Ihr und der Ihrigen auch Kinder und nachkommen begräbnüs, so lange Sie in Churpfalz schutz dahier zu Heydelberg stehen werden ohne männigliches wiederreden nach Ihrer gelegenheit zu benutzen und zu gebrauchen, jedoch daß in ansehung dessen der Churf. gnäd. Schutzconcession von der Judenschaft in keinem stück zuwidergelebt, noch auch der begräbnusplatz gegen die Stadt und

Cazernes zu anderfter als nur mit pallisaden oder einer Planke von Borden beschlossen und letzlich das Todtenhäuschen nur ein Stockwerth hoch und von bloßem Holz angelegt werden solle, dessen zu Uhrkund ist Jhnen Juden gegenwärtiger Cession und Versicherungsschein unter Vordruckung Churf. Hofcammer größern Jnsiegels und gewöhnlicher Unterschrift ertheilet worden. Heydelberg den 16. Februar 1702.[129])

XV.

Jagdrecht der Studenten.
(1655 und 1671.)

1. Churfürst Carl Ludwig überweist den Studenten einen Jagdbezirk:

Carl Ludwig Pfalzgraf bei Rhein u. s. w. Wir fügen hiemit zu wissen, daß Wir den studiosis von Unserer Universität alhier zu Heidelberg, zu bezeugung Unserer ihnen zutragenden sonderbaren gnedigsten geneigenheit verstattet, verstatten benenselben auch hiemit und in crafft dieses, vor Unns, Unnsere Erben und Nachkommen, in nachbenambtem Bezirk, alß nehmlich diesseit Neckers von Rohrbach und der daselbstigen Linden an, die Landtstraß hinauf biß nacher Nußloch zu derselbigen Linden inn die laenge, und in die breitte von dem zwischen Rohrbach und Leimen gesezten Hasenstock, biß an den Wald hinauf: Jenseit Neckers aber von Hendtschuchsheim biß nach schrisheim inn die laenge, und von der landtstraßen ahn biß an den Waldtgraben in die breitte, zu ihrer ergötzlichkeit mit Rohren dem kleinen Weidwerck nachzugehen unnd zu schießen; doch mit dem austrücklichen Bedingen, daß es außerhalb Fasten und Herbstzeit von Jhnen geschehe, und sie durchauß nicht einiger Hunden, Garn und Stricken sich darzu gebrauchen; Ueber doch auch mit allem

---

[129]) Fascikel im Generallandesarchiv zu Karlsruhe: „Der Judenschaft zu Heydelberg Begräbnuß 1700—1702." (164.)

Fleiß uund sorgfalt verhütten, daß denen in obbemelten bistrict liegenden wingarthen im hin- und wiedergehen kein schade zugefügt werde; Inmaßen Wir Unnsere Jaegermeister schriftlichen befehl ertheilet, vorerwehnten bezirk uff obiggemelte Maaß ihnen anweißen zu lassen. 28. Dezember 1655. [130])

2. Churfürst Carl Ludwig beschränkt das Jagbrecht der Studenten:

Carl Ludwig, Pfalzgraf u. s. w. Wir wollen und ordnen, daß alle immatriculirte Cavalliers und Studiosi, wie auch andere der Universitet oder Ihnen angehörige oder Bediente sich alles jagens diesseits Neckers, es sei, wo und wie es wolle, inskünftig gaenzlich enthalten und müßig gehen. Gestalten Wir nun dann den Eingangs bedeuteten district diesseits Neckers aufgehoben haben, auch solchen hiemit aufheben und hingegen allen fremdben bei oftgemelter Unserer Universitet immatriculirten Cavaliers und Studiosis, so nicht Theologiam oder Medicinam studiren, als welche beide Professionen sich zu solchem Weydwerck nicht wohl schicken, hiemit und in Kraft dieses gnaedigst verstatten, daß dieselbe und keine andere Universitet oder ihnen angehörige oder Bediente jenseits Neckers in folgendem Bezirck, nehmlich von Haendschuchsheim biß nach Schrießheim in die Laenge und von dem mittleren Laubenburger Weg biß fast an das Waelblein hinunter gegen dem brücklein über, auf der rechten Hand oben an Schrießheim stoßend und dann wieder hinauf durch die Weingarte biß an den Walbgraben, zu ihrer Ergoetzlichkeit mit Rohren das kleyne Weidtwerck treiben. Friedrichsburg, den 21. Februar 1671. [131])

---

[130]) Annales Univers. de 1656, pag. 499.
[131]) Annal. Univers. ad annum 1671.

XVI.

Pfalzgraf Ludwig III. bestellt den Steinmetzen Hans Marx zum Werkmeister der Stiftskirche zum hl. Geist.
(1423.)

Wir Ludwig ꝛc. bekennen, daß wir Hans Marx den steynmetzen zu unserm und unser erben pfalczgraven by Rine werckmeister entpfangen und uffgenommen han, also daz er des büwes [132]) und werckes unsers stiftes zum heiligen geiste zü Heidelberg und ander unser buwe und wercke, wo wir die dann haben oder gewynnen [133]) allezyt getrülichen [134]) halten sal [135]). Und wir und die vorgeschriben unser erben sollen und wollen yme [136]) darumb eyns iglichen jares geben zehen gulbin von sinen hußzins [137]), item zehen malter korns zwüschen den zweyen unser frauwentage assumpcionis und nativitatis [138]) und unser hofecleiber [139]) glich anderm unserm hofegesinde sinem gleichen ungeverlich. Und darzü sal man yme auch alle tage, so er auch erbet, sinen gewonlichen lone [140]) geben mit namen britthalb schilling pfennige [141]) fur coste und lone, als man yme die dann auch vormals bißher geben hat. Auch was altes holczes an dem buwe uberblibet, es sy von gewelbeholcz oder röstholcz [142]), das sal auch yme verlieben [143]) und sin sye ungeverlich. Urkunde dieß briefs versigelt mit unserm anhangenden ingesiegel. Datum Heidelberg feria secundo post beator. Viti et Modesti mart. anno domini D.M.CCCC. vicesimo tercio. [144])

---

[132]) Baues. [133]) erwerben. [134]) getreulich. [135]) soll. [136]) ihm. [137]) Hauszins; nach unserm Geld fl. 32. 50 kr. [138]) zwischen den zwei Marientagen: Mariä Himmelfahrt und Geburt. [139]) Hoftleider. [140]) Lohn. [141]) ungefähr 42 Kreuzer nach unserem Geld. [142]) Gewölb- oder Gerüstholz, [143]) verbleiben. [144]) d. h. am 21. Juni 1421. Die Urkunde steht im Pfälzer Copialbuch Nro. 10. fol. 107. Gedruckt bei Moné, Zeitschrift VIII, 433. Anzeigen VII, 309.

XVII.

Alterthumsfunde.

Bei Gelegenheit des Neubaues von Häusern in der Sophienstraße im Laufe des gegenwärtigen Winters wurden nicht allein die Fundamente des ehemaligen Speierthores und der daran stoßenden Stadtmauern aufgedeckt, sondern auch unterirdische Gänge, sowie Reste von Rüstungs-Gegenständen aufgefunden. Eine Beschreibung dieser Funde kann erst dann in genügender Weise gegeben werden, wenn die Grabarbeiten in jener Gegend vollendet sein werden. Wir bitten daher um gütige Geduld.

XVIII.

Das deutsche Bergheim, bis zu seiner Vereinigung mit Heidelberg.

500—1392.

Von dem uralten Dorfe Bergheim ist auf unsere Zeit herab nur die Mühle gekommen, deren Namen an die einstige Existenz jenes Dorfes noch erinnert, die Bergheimer Mühle. Lange vorher, ehe die Stadt Heidelberg entstanden war, machte sich Bergheim in der Geschichte unserer Gegend bemerklich. Ja aus der Zeit der Römerherrschaft sind uns Denkmale überliefert, welche das Dasein jenes Dorfes schon zur Römerzeit beurkunden.

Wir müssen uns mit der Geschichte dieses Dorfes eingehend beschäftigen, eines Theils, weil dasselbe später, im Jahre 1392 mit der Stadt Heidelberg vereinigt wurde und jetzt noch in der Heidelberger Vorstadt fortbesteht, andern Theils, weil ursprünglich seine Gemarkung die jetzige der Stadt in sich schloß und weil wir ebendeßhalb mit den Verhältnissen bekannt werden, welche auf der jetzigen Gemarkung der Stadt Heidelberg Statt hatten zur Zeit, die der Römerherrschaft unmittelbar folgte und jedenfalls bis ins zehnte Jahrhundert unserer Zeitrechnung dauerte. Für dieses Mal lassen wir die Geschichte des römischen Bergheim bei Seite und beschäftigen uns mit dem deutschen Bergheim, von Anfang der deutschen Herrschaft in unsern Gegenden bis zur Vereinigung des Dorfes mit Heidelberg.

A.

Am Ende des vierten Jahrhunderts war die Römerherrschaft in den nördlichen Gegenden Europas zur Neige gegangen und zu Anfang des fünften strömten große Massen germanischer Stämme von

Osten und Norden her an den Rhein und über den Rhein. Die großen Römerstädte Worms, Mainz und Trier erlagen der Wucht des gewaltigen Andrangs und weit in das alte Gallien hinein eroberten sich die kriegs- und beutelustigen Horden Wohnsitze. Nach dem Süden und Westen des Rheinstroms drängten sich die **Alemannen** und im Norden sowie im alten Gallien setzte sich der Stamm der **Franken** fest.

Die gesammte Gegend zwischen **Main**, **Neckar** und **Rhein** hatten somit nach Vertreibung der Römer die Alemannen inne; ihre nördlichen Nachbarn waren die Franken. Bald kamen diese Nachbarn in Conflicte, die in der Schlacht bei **Zülpich** im Jahre 496 zur Entscheidung kamen. Hier siegte der Frankenkönig **Chlodwig** über die Alemannen und drängte diese gegen Süden zurück; und die Franken nahmen den seither alemannisch gewesenen Gebietstheil bis zur Murg, Sur und Dos in Besitz. Die Alemannen hatten diesen Strich Landes bereits gänzlich entromanisirt; der Frankenstamm aber drückte ihm nun das Gepräge seiner nationalen Eigenthümlichkeit auf, wodurch derselbe bis auf den heutigen Tag sich auszeichnet: bis zur Stunde trennt Sprache und Volkscharakter die Bewohner diesseits und jenseits der Murg, Sur und Dos.

Die **Franken** selbst bestanden aus mehreren Stämmen: Chatten, Sigamber u. s. w. Bald nahmen sie ihre Benennung von ihren Wohnsitzen und die innerhalb der oben angegebenen Grenze an beiden Ufern des Rheins wohnenden hießen „rheinische Franken", das Gebiet selbst das „rheinische Franzien", welches einen Theil des großen Frankenreiches im heutigen Deutschland und Frankreich bildete, ohne aber irgend welche weitere Selbständigkeit zu haben.

Das **rheinische Franzien** war, wie das ganze Frankenreich in **Gaue** eingetheilt; es waren der Kraich-, Elsenz-, Lobden- und obere Rhein-Gau diesseits und der Speier-, Worms- und Nahe-Gau jenseits des Rheins.

Alle diese Gaue hatten gemeinsame rechtliche und politische Verhältnisse. Es galt das salische und ripuarische Recht. Die oberste Herrschaft führten zur Zeit der merovingischen und carolingischen Könige (500—918) diese selbst; ein eigentliches Herzogthum Rheinfranken mit einem eigenen Herzog bestand bis 843 nicht. Aber seitdem in den Karolingern (750) ein Fürstenhaus des rheinischen Frankens den Königsthron des ganzen Frankenreiches bestiegen hatte, so bildete das rheinische Franzien oder die fränkischen Rheinlande den Kern und Mittelpunkt des Königthums. Zwar schon die Merovinger (500—750), aber besonders die Carolinger Pipin, Carl der Große und seine Nachfolger (750—918) residirten in diesen Gegenden und entfalteten hier den Glanz ihrer Macht; die zahlreichen königlichen Villen und Burgen geben davon Zeugniß. Insbesondere ist bemerkenswerth, daß von hier aus Carl der Große das romanisch-germanische Europa durch Sendboten (missi oder camerae nuntii) regierte. Erst als mit der Theilung des großen Frankenreiches durch den Vertrag von Verdun im Jahre 843, das eigentliche Deutschland entstanden war, bildete sich nach und nach ein fränkisches Herzogthum, über das der deutsche König bloß Oberlehensherr war und das sich dann zur rheinischen Pfalzgrafschaft umgestaltete. — Die Gerichtsbarkeit und die Verwaltung besorgten über die einzelnen Gaue im Auftrage der Könige die Grafen, weßhalb jene auch Grafschaften hießen.

Unsere Gegend gehörte zum Lobbengau, dessen Hauptplatz das alte keltisch-römische Ladenburg (Lobbenburg, Lobedenburg) war. Er dehnte sich gegen Osten bis an die Elsenz aus, westlich gränzte er an den Rhein, südlich schieden ihn die Gemarkungen von Nußloch und Wiesloch vom Kraichgau und im Norden waren Weinheim, Birkenau, Birnheim und der Scharhof seine äußersten Punkte. Der Gau schloß somit die ganze jetzige pfälzische Ebene mit der Bergstraße in sich.

Diese Ebene zählt jedenfalls zu den am frühesten Bebauten des ganzen Rheinthals. Die geognostischen wie klimatischen Verhältnisse waren dem Landbau in allen Zweigen, auch dem Rebbau besonders günstig und im Lobbengau blühten schon sehr frühe zahlreiche Orte, wie Bergheim, Neuenheim, Handschuchsheim, Wieblingen, Edingen, Eppelheim, Kirchheim, Leimen, Rohrbach, Neckarhausen u. s. w., welche auf ausgedehnten Gemarkungen der Landwirthschaft oblagen.

Die Gemarkung von Bergheim zog sich östlich bis zur Gränze der Neckargemünder Mark, südlich bis an die Marken von Rohrbach und Leimen, westlich bis zu den Marken von Wieblingen, Eppelheim und Kirchheim, nördlich bildete der Neckar überall die Grenze der Mark. Das Dorf Bergheim selbst lag am Neckar und zog sich gegen Südosten der jetzigen Gasfabrik zu; wenigstens eine Hauptstraße durchzog das Dorf der Länge nach von Süden nach Norden und führte an den Neckar, wo schon zur Zeit der Römerherrschaft eine Verbindung mit dem jenseitigen Flußufer durch eine Fähre oder Brücke Statt fand.

Mit diesem Dorfe Bergheim werden wir bekannt gemacht durch das Urkundenbuch des Klosters Lauresheim oder Lorsch an der Bergstraße. Williswinde und ihr Sohn Cancor, ein mit dem pipinischen Königsgeschlechte nahe verwandter Graf über den obern Rheingau hatten dieses Kloster im Jahre 764 gegründet. Der Heilige desselben war Nazarius, dessen Körper der Bischof Chrobegang von Metz für Lorsch vom Papste zum Geschenk erhalten hatte; er wurde von Rom aus durch Lothringen über die Vogesen transportirt und hier empfingen ihn die zwei bedeutendsten Grafen des rheinischen Franziens, eben jener Cancor und Marinus, Graf über den Lobbengau an der Spitze des ganzen Volkes, das ihn im Triumph nach der Klosterkirche verbrachte: die genannten Grafen und die angesehendsten Personen hatten ihn abwechselnd auf den Schultern getragen.

Der so feierlich aufgenommene Heilige wurde denn auch alsbald den frommen Männern und Frauen, dem hohen und niedern Adel und den grundbesitzenden Freien wie der Gegenstand hoher Verehrung, so auch der Mittelpunkt zahlreicher werthvoller Schenkungen, wodurch sich das Kloster zur gefürsteten Abtei emporschwang. Am Rhein- und Neckarstrom erhielt es sehr ansehnlichen Grundbesitz und ein großer Theil des Lobbengaus wurde auf solche Weise sein Eigenthum: es gab bald im ganzen Gau keinen einzigen Ort mehr, in welchem es nicht begütert war. Man nimmt an, daß es etwa den 12. Theil sämmtlichen Baugrundes besessen habe, die zahlreichen Waldungen, Waide, Rechte und Gefälle nicht gerechnet. Die beiden Klöster auf dem Heiligenberg waren Filiale zu Lorsch und von diesem gegründet.

Das oben genannte Urkundenbuch des Klosters Lorsch, bekannt unter dem Namen Codex Laureshamensis führt Schentungen frommer Leute auf, die theils in Bergheim wohnten, theils ihre dasigen Besitzungen „zu ihrem und der Ihrigen Seelenheil" vermachten. Es sind folgende Vermächtnisse:[1])

1. Ego in Dei nomine Fruotwin pro anima patris mei Heriulfi dono ad sanctum Christi martyrem Nazarium, qui requiescat in monasterio Lauresham in Sickenheim II. jurnal. de terra arabili et in Blangkestat I. mansum et in Bergeheim unum proprisum ad vineam faciendam, quem pater meus ibi proprisit. Actum in monasterio Lauresham Kalendas Novembris anno X regni Domini nostri Caroli regis gloriosi. Signum Fruotwini, qui hanc donationem fecit, signum Heribaldi, Babonis, Waltheri. Grimarius scripsit.[2]) Zu deutsch:

Im Namen Gottes. Ich Fruotwin schenke für das Seelenheil meines Vaters Heriulf dem heiligen Blutzeugen Christi, Nazarius, der im Kloster Lauresheim ruht, 2 Morgen Bauland in Seckenheim, einen Mansus in Plankstatt und in Bergheim einen besonderen Platz zu einem Weinberg, welchen mein Vater dortselbst abgemessen hat. Geschehen im Kloster Lauresheim, am 1. November im 10. Regierungsjahre unseres Herrn, des ruhmreichen Königs Carl. Zeichen des Fruotwin, der diese Schenkung machte; Zeichen des Heribald, Babo, Walther. Grimarius schrieb (diese Schenkung).

2. Im 16. Jahre Carls des Großen, 1. Juli 787 schenkt Gerold und seine Frau Imma, an das Kloster Alles was sie haben im Wormsgau, desgleichen im Lobbengau „in Bercheim et Trutolfesheim et Blanchenstat, in mansis, campis, terris, perviis, vineis, silvis, aquis et quidquid habere videmur", ebenso im Anglachgau, im Kraichgau und im Husgau ꝛc.[3])

Gerold und seine Frau Imma schenken also u. A. ihr Besitzthum in Bergheim an Mansen, Feldern, Baugrund, Durchgängen (Weg-

---

[1]) Da es von keiner Bedeutung ist, die Schenkungsurkunden, die ausnahmslos lateinisch abgefaßt sind, in ihrer ganzen Ausdehnung kennen zu lernen, so wird es genügen, als Muster für alle Eine und zwar die älteste ausführlich hierherzusetzen und von den folgenden nur soviel, als unserem Zweck entspricht.
[2]) Codex Laureshamensis diplom. Tom. I. pag. 542, Nr. 628. [3]) Cod. Lauresh. Tom. II. pag. 320. Nr. 1880.

rechten), Weinbergen, Waldungen, Wasserrechten (bes. Brunnenrechten, auch Fischereirechten) u. s. w.

3. Am 28. Mai 788 (17. Jahr Karls des Großen) vergaben Adalgart, Wittwe des Irlulf und ihr Sohn Fruotwin an das Kloster quidquid in pago Lopod. habemus in Rohrbach, in Bergenheim, in Sickenheim, in Fornheim et in Blanckenstat, tam mansis, terris, pratis, pascuis, perviis, vineis, domibus, adificus, silvis etc.[4]), d. h. die Genannten geben was sie haben in Bergheim u. s. w. an Mansen, Baugrund, Wiesen, Waiden, Durchgängen, Weinbergen, Wohnhäusern, Oeconomiegebäuden, Waldungen u. s. w.

4. Am 25. Januar 789 (18. Jahr Carls des Großen) schenkt Adalgart „in Bergeheim vineam I, et mancipia VI, Rudolfum, Frumoldum, Liobhildam, Urolfum, Brunhildam, Authildam una cum peculiari eorum"[5]), d. h. Adelgart schenkt in Bergheim einen Weinberg, 6 Mancipia oder Sklaven, nämlich Rudolf, Frumold, Liebhilde, Urolf, Brunhilde und Authilde zugleich mit ihrem Eigenthum.

5. Am 4. August 791 gibt Hiltwig für ihr und der Wolfwindis Seelenheil unter Anderm „in Bergeheim I vineam", d. h. einen Weinberg in Bergheim.[6])

6. Am 21. Februar 793 schenkt „Rudingus in Bergeheim I vineam", d. h. einen Weinberg in Bergheim.[7])

7. Am 27. Mai 798 vermacht Wolflioz „in Bergeheim quartam partem unius mansi et XV. jurnal. de terra araturia et pratum ad I carr. feni et in Wibilingen quidquid ad I mansum pertinet, domibus, aedificiis, tam terris, campis, pratis, pascius, perviis, silvis, aquis, aquarumve decursibus", d. h. in Bergheim den vierten Theil eines Mansus und 15 Morgen Bauland und eine Wiese, die einen Wagen voll Heu gibt, und in Wieblingen was zu einem Mansus gehört, an Wohnhäusern, Oeconomiegebäuden, Bauland, Feld, Wiesen, Waiden, Durchgängen, Waldungen, Wasserrechten und Wasserabläufen.[8])

---

[4]) Ebendaselbst Tom. I. pag. 610. Nr. 734. [5]) Ebenda Tom. I. pag. 590. Nr. 749. [6]) Ebenda Tom. I. pag. 557. Nr. 665. [7]) Ebenda Tom. I. pag. 578. Nr. 714. [8]) Ebenda Tom. I. pag. 591. Nr. 744.

8. Am 20. Januar 804 (23. Jahr Carls des Großen) geben „Eberwinus et Chinoldus in Bergheim I vineam mancipia XL cum omnibus quae habere videntur", d. h. in Bergheim einen Weinberg und 40 Leibeigene mit allem was diese haben.[9]

9. Am 23. Oktober 806 vermacht „Udilhilt in Bergeheim I hobam et I mansum et vineam in ipso manso et mancipia VI Herimanum, Liobgardam et filios ejus Wigbertum, Nordsuindam, Liutherum, Liebheidam et campis, pratis, pascuis, perviis, silvis, aquis, aquarumve decursibus, vel quidquid ibidem habui", d. h. in Bergheim eine Hube und einen Mansus und einen Weinberg auf demselben Mansus und sechs Sklaven, Hermann, Liebgarba und ihre Kinder Wigbert, Nortsuinba, Liuther und Liebheiba sammt den Feldern, Wiesen, Waiden, Durchgängen, Waldungen, Wasserrechten und Wasserabläufen oder was sie dort hat.[10]

10. Am 12. April 810 vermacht „Weringer I vineam in Bergeheim et in Hantschuhesheim aliam vineam et IV mancipia etc.", d. h. einen Weinberg in Bergheim und in Handschuhsheim einen andern Weinberg und 4 Sklaven u. s. w.[11]

11. Im 45. Jahre Kaiser Carls des Großen, 6. November 811 verschenkt „Betda I vineam in Bergeheim", d. h. einen Weinberg in Bergheim.[12]

12. Habebertus und Wolfharbus vermachen unterm 3. Sept. 811 neben Gütern in Rohrbach „in Bergeheim I vineam et silvam, et quidquid ad ipsas res pertinere videtur, mansis, terris, campis, pratis, pascuis, perviis, silvis, et tria mancipia, Udilam, Wolfgardam et Artlindam", d. h. in Bergheim einen Weinberg und Wald und was hierzu gehört, Mansen, Bauland, Feld, Wiesen, Waiden, Durchgänge, Waldungen und drei Sklaven, Udila, Wolfgarbe und Artlinde.[13]

13. Waltrat vermacht unterm 25. Merz 829 „quidquid habeo de terra araturia in Bergeheim", d. h. Alles, was er an Bauland in Bergheim besitzt.[14]

---

[9] Ebenda Tom. I. pag. 423. Nr. 2257. [10] Ebenda Tom. I. pag. 591. Nr. 746. [11] Ebenda Tom. I. pag. 591. Nr. 746. [12] Ebenda Tom. I. pag. 592. Nr. 747. [13] Ebenda Tom. I. pag. 611. Nr. 797. [14] Ebenda Tom. I. pag. 592. Nr. 748.

14. Gerolf und Gerlint schenken unterm 13. Juni 836: „Gerlint II jurnal. in Wibilingen et ego capturam in Bergeheim", d. h. Gerlint 2 Morgen in Wieblingen und Gerolf einen Fang (wahrscheinlich Fischfang) in Bergheim.[15])

15. Am 11. April 847 vermacht Walach „quidquid proprietatis habeo in Wibilingen et in Bergeheim", d. h. was er Eigenthum hatte in Wieblingen und Bergheim.[16])

16. Rambertus und seine Frau Meginbirg vermachen am 27. Juli 839 einen Mansus in Wiesloch u. s. f., in Nußloch 2 Huben u. s. w., in Butersheim 5 Huben, in Rohrbach 2 Weinberge und „in Bergeheim dimidiam hobam", d. h. in Bergheim eine halbe Hube.[17])

17. Liuther vermacht durch ein Testament vom 1. Oktober 877 Güter in Hausen, Kleinsachsen, Großsachsen, Dossenheim, Schriesheim, Handschuchsheim, Weiler, Feudenheim, Ilvesheim, Hermuntesheim, dann „ad Bergeheim hobam servilem unam,[18]) dann in Rohrbach, Leimen, Edingen, Wiesloch und Birkenau, d. h. in Bergheim eine Sklaven-Hube u. s. w. Diese Schenkung faßte im Ganzen 102 Sklaven mit ihren Kindern in sich und „ubi sclavi habitant, habas serviles tres", d. h. 3 Sklaven-Huben, worauf die Sklaven wohnen; dazu 45 weitere Sklaven-Huben, 5 Mühlen, viele Morgen sonstigen Feldes, Weinberge, endlich die Kirchen und öffentlichen Gebäude, Häuser u. s. w.

18. Wilferich und seine Frau Lansuint vermachten am 27. Sept. 952 „res proprietatis nostrae in locis Sickenheim, Rohrbach, Bergeheim, Hermundesheim et in Hantschuhesheim, tam terris arabilibus et vineis, in pratis, silvis et mancipiis", d. h. ihr Eigenthum in den Orten Seckenheim, Rohrbach, Bergheim, Hermundesheim und Handschuchsheim, an Ackerland und Weinbergen, Wiesen, Waldungen und Sklaven.[19])

---

[15]) Ebenda Tom. I. pag. 589. Nr. 739. [16]) Ebenda Tom. I. pag. 590. Nr. 743. [17]) Ebenda Tom. I. pag. 618. Nr. 811. [18]) Ebenda Tom. I. pag. 77. Nr. 40. [19]) Ebenda Tom. I. pag. 555. Nr. 660.

Außer diesen 18 Schenkungen, die den Namen der Schenker und das Datum enthalten, weist das Lorscher Urkundenbuch noch andere nach, in denen das Eine oder das Andere fehlt, nämlich

19. Egiher vermacht sein Eigenthum im Lobben- und Speiergau. Dessen sind Zeugen: „omnes ingenui de Wibilingen et Bergeheim et Ebbelenheim et in Blankenstatt et in Suezzingen... ista traditio est non plus nec minus, quam XII mansi vestiti cum casis et XX hobas et mancipia LX. exceptis duobus mancipiis, Heridrico et Liushilda, cum filiis et filiabus et de vineis XV carradas vini;" d. h. alle Edeln von Wieblingen, Bergheim, Eppelheim, Plankstatt und Schwetzingen. Diese Uebergabe ist nicht mehr und nicht weniger als 12 bepflanzte Mansus mit den Hütten und 20 Huben und 60 Sclaven, mit Ausnahme von zweien, nämlich Heredrich und Liushilda, mit ihren Söhnen und Töchtern und 15 Eimer Wein von den Weinbergen.[20]

20. Walach vermacht „quidquid proprietatis in Wibilingen habuit et in Bergeheim", d. h. was er an Eigenthum hatte in Wieblingen und Bergheim.[21]

21. Ferner enthält das Urkundenbuch ein Verzeichniß der dem Kloster giltpflichtigen Huben in Bergheim: „tres mansi in missa sancti Michaelis solvunt VIII uncias; una huba solvit V solidos; item in Bergeheim sunt VII hubae et dimidia, quarum una quaeque solvit X solidos in duobus temporibus; Areae VI, quarum duae solvunt octo denarios, una VI denarios, una unum solidum, una duos solidos et una V solidos, item aliae IX areae serviunt in ebdomata unum diem;" d. h. drei Mansus zinsen in das Michaelskloster (auf dem Heiligenberg) 8 Unzen (Silber = 16 Loth), eine Hube zinst 5 Solibi; ebenso sind in Bergheim 7 Huben und eine halbe, von denen jede 10 Solibi zinst in zwei Terminen; 6 Häuser und Höfe, deren zwei 8 Denare zinsen, eine 6 Denare, eine einen Solibus, eine 2 und eine 5 Solibi; ferner andere 9 Häuser und Höfe sind in der Woche einen Tag zu fröhnen schuldig.[22]

---

[20] Ebenda Tom. I. pag. 585. Nr. 730. [21] Ebenda Tom. I. pag. 585. Nr. 728. [22] Ebenda Tom. III. pag. 202. Nr. 3667 und pag. 208. Nr. 3670

Ferner führt das Urkundenbuch zwei Gütertausche auf:

21. „Dedit abba ... in Bergeheim marcha, in Loco qui dicitur Gowinberch, vineam unam, quam tradidit Ratbertus; dedit e contra Heriwigus in Bermersheim marca in pago Wormatiensi, quidquid in ipsa fine vineis seu de terra culta et inculta habere visus est; 23. September 784;" d. h. der Abt (Helmerich von Lorsch) vertauscht in Bergheimer Mark in der Gegend, die man Gaiberg heißt, einen Weinberg, den Ratbert vermacht hatte, wogegen Herwig Alles gibt, was er in Bermersheimer Mark, im Wormsgau besitzt an Weinbergen oder bebautem und unbebautem Land.[23]

23. Herwig vertauscht mit Helmerich, am 4. Februar 785, 7 Weinberge in Bermersheim gegen die Weinberge des Klosters Lorsch, in Bergeheim marca, in monte qui dicitur Gouinberg, vineas in duobos locis, d. h. in Bergheimer Mark, auf dem Berg der Gaiberg heißt, Weinberge an zwei Orten.[24]

24. Kaiser Heinrich bestätigt am 13. Dezember 1023 mehrere an das Michaelskloster auf dem Heiligenberg gemachte Schenkungen an verschiedenen Orten, so auch „in Pergeheim VIII mansos", d. h. in Bergheim 8 Mansus.[25]

25. Abt Anselm von Lorsch vermachte dem Stephans-Kloster auf dem Heiligenberg reiche Wein- und Fruchtgefälle an verschiedenen Orten, dann „in festo sancti Remigii persolvitur census de Bergeheim XXXIV unciae, in pascha ibidem XXXI unciae", d. h. auf das Fest des hl. Remigius ist (dem Kloster) die Schatzung fällig in Bergheim mit 34 Unzen, auf Ostern mit 31 Unzen. Die Schenkung geschah etwa um das Jahr 1100.[26]

26. Derselbe schenkte dem gleichen Kloster „in villa, quae dicitur Bergeheim tria jugera vinearum", d. h. in dem Dorf, das Bergheim heißt, 3 Morgen Weinberg.[27]

---

[23] Ebenda Tom. II. pag. 87. Nr. 1044. [24] Ebenda Tom. II. pag. 89. Nr. 1047. [25] Ebenda Tom. I. pag. 213. Nr. 137. [26] Ebenda Tom. I. pag. 215. Nr. 139. [27] Ebenda Tom. I. pag. 208. Nr. 135.

Machen wir hier in der Aufzählung der Urkunden über Bergheim einen Halt, um uns nach denselben ein Urtheil darüber zu verschaffen, wie es in unserem Bergheim in der Zeit vom Ende des 5. bis zum Schlusse des zehnten Jahrhunderts unserer Zeitrechnung ausgesehen hat. Fassen wir den wesentlichen Inhalt sämmtlicher Urkunden dieses Zeitabschnittes zusammen, so müssen wir fragen:

1) Wer waren die Leute, welche auf unserer Bergheimer Mark nach Maßgabe der Lorscher Urkunden liegende Güter besessen haben und durch wen wurden diese bewirthschaftet?

2) Von welcher Art war der Besitzstand auf diesem Gebiete?

I. Das Vermögen bestand im frühesten Alterthum nur im Grundeigenthum. Erwerbung solchen Vermögens war das Bestreben Aller, denen dieses durch ihre Stellung im Staatsorganismus möglich war. Diese aber waren in der deutschen Urzeit die Freigeborenen, die Freien, welche, größtentheils jenen Zweck der Bereicherung verfolgend, auszogen und Kriege führten. Thätigen Waffendienst leistete nur dieser Freie, oder, wenn ein zahlreicherer Kriegszug nöthig fiel, der Sclave, welcher zu diesem Zwecke freigelassen wurde und so in den Stand der Freien trat. Die Sklaven zogen mit in den Krieg, aber nur als Waffenknechte.

Es steht geschichtlich fest, daß im deutschen Alterthum zwei Stände sich streng von einander schieden: der Stand der Freien und der Unfreien. Die Grenzlinien zwischen beiden Ständen waren sehr scharf gezeichnet, eine Vermischung der Stände war eine streng bestrafte Seltenheit, auf der selbst die Todesstrafe ruhte; als Ursache galt den alten Schriftstellern[26]) „damit sie die Größe ihrer Leiber und die Farbe ihrer Haare, überhaupt den Adel ihres Geschlechts unverändert bewahrten." Die kriegführenden Männer, die Waffenfähigen waren die Freien, die sich also selbst durch ihre äußere Erscheinung hervorthaten, ihnen gegenüber war der Stand der Sklaven gering und verachtet. Aber nicht blos dies: Der Freie war der Herr, der Berechtigte, Bevorrechtete, der Knecht der Rechtlose. Auch in ihrer Beschäftigung waren die beiden Stände streng geschieden

---

[26]) Vergl. Adam von Bremen, histor. lib. I., wo eine Stelle aus Eginhard citirt ist, welche das Obige ausspricht.

Der Freie schämte sich der Arbeit: Krieg und Jagd allein beschäftigten ihn. Zur Bebauung seiner Felder hatte er seine Sklaven, aus deren Stand auch die Handwerker jeder Art waren.

Das Zahlenverhältniß der Herren zu den Sklaven, der Bevorrechteten zu den Rechtlosen, kurz des Adels zum Sklaven- und Handwerkerstand war so, daß auf ungefähr 25 rechtlose Familien eine bevorrechtete kam. Aber die Freien selbst waren unter sich in mannigfache Rangstufen geschieden. In ganz vorzüglicher Weise thut dieses die Bestimmung des sogenannten Wehrgeldes dar, d. h. die Handhabung der Vermögensbußen, welche in der christlichen Zeit an die Stelle der altheidnischen Blutrache getreten waren. Die Summe, welche zur Sühne der an einer mächtigen Familie der Edlinge oder spätern Dynasten begangenen Beleidigung von dem Beleidiger bezahlt werden mußte, war so ungeheuer groß, daß das Vermögen des Letztern stark beschädigt oder ganz ruinirt wurde; aus dieser Gesetzesbestimmung erwuchs letztlich die Unverletzlichkeit, die Majestät der Dynasten. Geringer war die Buße für Beleidigung eines mittleren oder niederen Freien, welch' Letzterer aus der Familie eines Freigelassenen hervorging, noch niederer die für die Beleidigung eines erst Freigelassenen. Die Sklaven büßten mit ihrem Leib und Leben, denn sie waren besitzlos.

Die hier nur in kurzen Zügen geschilderten Verhältnisse der deutschen und besonders fränkischen Urzeit (bis zum 5. Jahrhundert) blieben auch noch lange und jedenfalls bis zum 10. Jahrhundert in ihrem Wesentlichen bestehen, nachdem die Besitzverhältnisse des Frankenstammes geregelt waren, und Kriegszüge zur Bereicherung seltener wurden. Nach dem Sturze des römischen Reichs kamen die siegenden Deutschen in den Besitz alles Grundeigenthums, aller Sklaven, die zurückgebliebenen Römer wurden selbst in den Sklavenstand versetzt. Wer aber erhielt jenen Besitz? Nur der Besitz- und Rechtsfähige, die Freien und zwar je nach der Höhe ihres freien Standes mehr und ausgedehntere Ländereien und Sklaven.

Schon die merovingischen Könige, 500—750, die Dagoberte, voran, sodann aber die Carolinger, 750—918, theilten sich von den Ländereien, die in ihrer großen Masse weder cultivirt, noch reich bevölkert waren, große Stücke zu als königliches Privat- oder Kammergut. Den Rest der Ländereien hatten die Freien, je nach ihrem Ansehen und Verdienst. So entstanden die unermeßlichen königlichen Kammergüter, in unserer Gegend vornehmlich in Walbungen bestehend, sodann die großen Privatgüter der hohen Adeligen, die sich später zu selbstständigen Fürsten emporschwangen; der ebenfalls bedeutende Güterbesitz des niedern Adels, der Freigelassenen und ihrer Nachkommen. Je mehr jenes Dynastische Privatgut sich vermehrte, um so mehr mußte sich die Zahl der grundbesitzenden Freien mit der Zeit vermindern; aber es bildeten sich jene geschlossenen Güter, wie sie später als Ritter- und Edelsitze fortbestanden und zum Theil noch jetzt bestehen, als freiherrliche Grundbesitze und Herrschaften.

Der besitzende Stand war in der Urzeit der hohe, mittlere, niedere Adel; einen Mittelstand gab es nicht, er entwickelte sich erst durch den Einfluß des Christenthums und vornehmlich erst durch das Aufkommen der Städte im 10., 11. und 12. Jahrhundert. Alle landwirthschaftlichen und Handwerksarbeiten wurden von den Sklaven besorgt; die Ländereien des Adels wimmelten von solchen, sie gehörten zum Grund und Boden und wurden mit diesen verkauft und verschenkt. —

Da durch das Ergreifen fester Wohnsitze im 6. Jahrhundert die Kriege seltener wurden, und es den niederen Freien, den Freigelassenen und ihren Nachkommen fast nicht mehr möglich wurde, ihren freien Stand zu behaupten, so sanken sie zum großen Theil in Folge des gänzlichen Verlustes ihrer Habe, die meist in den Besitz der Großen kam, in den Stand der Leibeigenschaft herab, d. h. sie traten nothgedrungen in ein drückendes Abhängigkeitsverhältniß zu einem grundbesitzenden Freien, wurden seine unfreien Bauern, die vom Grund und Boden, den sie bewirthschafteten, dem Herren zins- und dienstpflichtig wurden; ja dieser Herr erhielt durch jenes Verhältniß ein Recht auf Leib und Leben des so Herabgekommenen.

Zuweilen, jedoch selten und erst in späterer Zeit, als sich schon die Einflüsse der Städte geltend machten, übernahmen auch arme, niedere Freie liegende Güter der Großen zur Bewirthschaftung gegen Abgabe, oder sie übergaben ihren geringeren Besitz den Mächtigeren oder einem Kloster, von welchem sie dann in den Stand der freien Landleute versetzt wurden. Im Ganzen aber blieben den niederen Freien nur noch zwei Wege übrig, die Freiheit zu behaupten und Vermögen zu erwerben — der Dienst bei den Fürsten oder der christlich geistliche Stand. Beides geschah; aber auch die Leibeigenen und Sklaven drängten sich massenhaft zum geistlichen Stand; später noch flüchteten sie sich in die Städte, um hier durch Verjährung die Freiheit zu erlangen; das waren die Wurzeln des Mittelstandes, der im freien Bürgerthum der Städte gipfelte.

Wie also der Adel oder der freie besitzende Stand, so zeigte auch der unfreie Besitz- und rechtlose Stand Unterschiede; er bestand aus Leibeigenen und Sklaven, oder dem **leibeigenen Bauern-** und dem eigentlichen **Sklavenstand**, welche beide jedoch zur Zeit der carolingischen Könige noch die Rechtlosigkeit auszeichnete.

Woher rührte dieser gewaltige Ständeunterschied? Wer waren die Herren, wer die Leibeigenen und Sklaven?

Bezüglich der ersten wiederholen wir nur kurz, daß sie die **Freien** waren, deren Vorfahren die Heerzüge der Könige mitgemacht hatten und mit Ländereien belohnt worden waren. Die **Leibeigenen** waren arm gewordene Freie, welche in den Dienst der Freien traten und als Bauern deren Güter bewirthschafteten.

Die **Sklaven**, oder wie sie in unsern Urkunden heißen, die **Mancipia** hatten folgenden Ursprung. In den heftigen Stürmen und Umwälzungen der frühesten Zeit waren Kriegszüge der deutschen Stämme in benachbarte Gebiete an der Tagesordnung. Der siegende Theil unterjochte den besiegten, nahm nicht bloß von seinem Gebiet, sondern auch von den Leuten Besitz. Die so unterjochten Stämme mußten in den Sklavenstand treten, und mußten als solche die ferneren Kriegszüge mitmachen. Als der Stamm der Alemannen in unsern Gegenden die Römerherrschaft brach, bekamen sie zahlreiche römische Bauern mit ihren keltischen Sklaven unter ihre Botmäßigkeit. Als aber der Frankenstamm diese Gegenden in Besitz nahm, bekam er nicht bloß die besiegten Alemannen, sondern auch deren römische und keltische Sklavenreste in Besitz. Dazu brachte der Frankenstamm selbst von seinen frühern Kriegszügen zahlreiche Sklaven, deutschen, slavischen und romanischen Ursprungs, mit, und es darf uns demnach nicht wundern, daß der Sklavenstand beim Frankenstamm überaus zahlreich war. Die Urkunde Nr. 8 redet von 40 Mancipien, die Nr. 17 von 102, andere von weniger Mancipien. Es geht aber daraus weiter hervor, daß die Schenkgeber an das Kloster Lorsch wirklich jene reich ausgestatteten Freien oder Abeligen gewesen sind. Nur diese hatten Eigenthum an Grund und Boden, wie an Sklaven; nur sie konnten beßhalb schenken. Aus den Urkunden ersieht man ferner eine gewisse Abstufung des Adels nach der Höhe des Besitzes und der Schenkung. Jener Gerold und seine Frau Imma der 2. Urkunde, jene Wittwe Adelgart der 3. und 4., jener Eberwin und Chinold der 8., jener Rambert der 16., jener Liuther (Lothar) der 17. Urkunde waren ohne Zweifel Herren hohen Adels. Das geht aus ihrem reichen Besitz hervor, von welchem sie so reiche Schenkungen machen konnten, ohne sich selbst bloß zu stellen. Das Gleiche gilt von dem Egilher der 19. Urkunde. Dagegen sind die Fruotwin, Hiltwig, Rubing, Wolflioz, Ubilhilt, Weringer, Betda, Hadebert und Wolfharb, Waltrat, Gerolf und Gerlint, Walach, Wilferich und Lansuint, Herwig der übrigen Urkunden wohl Herren von niederem, weniger reichem Adel.

Um diese Sache aber ganz außer allen Zweifel zu setzen, führt eine Urkunde, zwar ohne Datum, aber jedenfalls aus dem 9. Jahrhundert als Zeugen einer Schenkung auf: „omnes ingenui de Wibelingen et Bergeheim et Ebbelenheim et in Blankenstatt et in Suezzingen".[29]) Diese „ingenui" bezeichnen in der Urkundensprache jener Zeit die „Freien", oder den mittleren und niederen Adel; die Dynasten heißen nobiles, „Edlinge".

II. Der Grund und Boden, oder das Gelände, welches das Besitzthum des Adels ausmachte, und das auf die angegebene Weise zum Theil von den zins- und dienstpflichtigen Leibeigenen, jedenfalls durch die Sklaven bebaut wurde, hatte schon in der fränkischen Urzeit und später eine eigenthümliche Theilung. Es gab Güterstücke, die man Huben oder Hufen nannte; es faßte eine Hube etwa 40 Jucherten oder Morgen Baugrund; so viel wenigstens mußte ein niederer Freier besitzen. Deßhalb wurde dieses Gütermaaß auch mansus,

---

[29]) Cod. Lauresh. Tom. I. pag. 585. Nr. 730,

b. h. Mannstheil für einen niederen Freien genannt. Von größerem Umfang jedoch war der Mannstheil für einen mittleren Freien; von sehr bedeutendem, wahrhaft colossalem Umfang der fürstliche Mansus. Es gab Güterstücke, die man mansus serviles nannte, b. h. Güterstücke, die einer Sklavenfamilie zur Bebauung überwiesen waren gegen gewisse Abgaben und Dienste; dieser mansus servilis maß höchstens 12 Morgen, denn für Bebauung dieser Bodenfläche brauchte man einen Mann und eine Frau mit einigen Dienstboten oder Sklaven. Vrgl. Urkunde Nr. 9.

Diese Güterstücke bestanden theils aus eigentlichem Ackerbaugrund, theils aus Wiesen, Weinbergen und Waldungen, Waiden. Von den Weinbergen erfahren wir aus den Urkunden 22 und 23, daß solche am Gaiberg, b. h. wohl ohne Zweifel am westlichen Gaisberg gegen Rohrbach zu gelegen waren; jedenfalls waren aber auch solche auf der Ebene. Jeder Mansus hatte seine Wohnhäuser, theils für den freien Herrn selbst, oder, falls dieser mehrere oder viele Huben oder Mansus besaß, wenigstens Wohnhäuser für die leibeigenen Bauernfamilien, die mit der Bebauung dieser Güterstücke beauftragt waren mit den nöthigen Oeconomiegebäuden; die Sklaven hatten in der Nähe ihre ärmlichen Hütten. Der eigentliche Herrensitz lag auf dem für die Beaufsichtigung des ganzen Gutes angemessensten Platze. Es wird deßhalb nicht mit Unrecht angenommen werden dürfen, daß in der Zeit vom 6. bis 10. Jahrhundert da oder dort auf der Bergheimer Mark ein größerer Edelsitz [30]) sich befand; da oder dort auch die Baulichkeit eines leibeigenen Bauers mit Sklavenhütten zerstreut lag, und daß das Dorf Bergheim selbst verhältnißmäßig nur wenige Häuser und Hütten zählte, die überdies wohl zum größten Theile den bei der Ueberfahrt oder bei der Schiffahrt und Fischerei betheiligten Personen zugehören möchten.

Jene Höfe hatten Brunnen mit Wasserleitungen; Wege durchschnitten die Besitzungen und waren deren Benützungen ausbedungene Rechte. Selbst die Abläufe wurden als Eigenthum festgehalten. Fischerrechte waren in jener Zeit, wo man noch viel fastete, von

---

[30]) Auf solche deuten die in der Nähe befindlichen größeren Hofgüter hin z. B. der Rosenhof, Pleickartsförsterhof u. s. w.

wesentlicher Bedeutung; sie bestanden für Bergheim wohl nur bezüglich des Neckars, und nach Urkunde Nr. 14 wurde die Fischerei durch eigene Fänge betrieben, die im Flusse errichtet waren.

Die leibeigenen Bauern, welche Huben bewirthschafteten, waren zins- oder giltpflichtig, und ruhte dieser Zins bez. W. Gilt auf dem Besitz als solchem, wenn auch der Bauer oder der Herr wechselte, woher es kommt, daß mehrere von den dem Kloster Lorsch geschenkten Gütern diesem Zinse und Gilte zu geben hatten, welche sie vor der Schenkung dem freien Herrn und Schenkgeber entrichtet hatten. Als Zinsen oder Gilten kommen vor Summen, bestehend aus Geldsorten, die man solidi, denarii, unciae nannte; ferner Dienstbarkeiten, wie das Arbeiten für das Kloster mit einem Tage in der Woche; endlich Wein- und Fruchtgefälle.

An Geldsorten werden genannt unciae, d. h. Unzen; eine Unze ist der zwölfte Theil von einem Pfund Silber; da aus jeder Unze 20 Denare geschlagen wurden, so hatte ein Pfund Silber 240 Denare. 12—15 Denare machten einen Solidus, d. h. einen Gulden. In unser heutiges Geld übersetzt, heißt das: Ein Denar galt 4—5 Kreuzer; ein Solidus 48—60 Kreuzer; eine Unze 80—100 Kreuzer; ein Pfund Silber faßte 16—20 Gulden. Zu bemerken ist dabei, daß nur der Denar wirklich in Silber geschlagen wurde, die andern Münzen existirten nur in der Idee. Wir reden hier ausschließlich vom süddeutschen Gelde, das norddeutsche (sächsische u. s. w.) hatte einen höheren Werth; der norddeutsche Solidus oder Gulden stand zum süddeutschen in demselben Verhältniß, in welchem der norddeutsche Thaler zum süddeutschen Gulden heute noch steht, nämlich wie $1^{3}/_{4}:1$. In welchem Verhältniß der Geldwerth vom 5.—8. Jahrhundert mit dem unserer Zeit steht, mag aus Folgendem erhellen: ein gesunder Ochse wurde in jener Zeit zu 2 Solidi geschätzt und bezahlt; heutzutage gilt ein solcher wohl fl. 200, woraus hervorgeht, daß das Geld seit jener Zeit um das Hundertfache im Werthe gefallen und beziehungsweise der Werth der Dinge um dasselbe gestiegen ist.

Bezüglich der Dienstbarkeit, einen Tag in der Woche für das Kloster zu arbeiten, sowie der Wein- und Fruchtgefälle erinnern wir nur daran, daß Beide ihrem Wesen nach bis in die neueste Zeit herein fortbestehen.

Im Ganzen war die Bergheimer Gemarkung in jeder Weise gut bebaut; die meisten Fruchtgattungen, die heute noch gepflanzt werden, z. B. Spelz und Gerste, wurden schon in Karls des Großen Tagen auch gebaut; Weinberge zogen sich an den Hügeln und in der Ebene hin. Da und dort lag ein Herrensitz mit Oeconomiegebäuden und Sklavenhütten, da oder dort wohnte ein leibeigener Hubbauer; das Dorf bestand aus Wohnungen für Fährcher, Fischer und Schiffer. Während der Herr in Hülle und Fülle lebte, der Jagd nachging, seufzte der Leibeigene unter dem Drucke der Abgaben, der Sklave unter dem Joche der drückendsten Arbeit und wurde verkauft oder verschenkt wie eine Waare. Die Gipfel der Berge waren von Waldungen gekrönt, im Neckar zogen sich Fischfänge hin, und die Schifffahrt, Flößerei und Fischerei belebten den Strom. Die Gemarkung wurde von Privatwegen durchzogen; wohl nur zwei „Staatsstraßen" gingen durch die Mark, die eine lief an den Neckar, die andere zweigte sich hier ab und führte nach dem alten Speier.

B.

Aus der Zeit vom 13. bis 14. Jahrhundert einschließlich sind uns noch drei Urkunden über unser Bergheim überliefert, die über das Schicksal desselben Auskunft geben.

I. Immunitas vinearum in judicio Rohrbach et Bergheim. In nomine Domini amen. Otto D. G. comes palatinus Reni dux Bawarie, presens scriptum intuentibus salutem et omne bonum. Volumus et precipimus, ut D. Abbas Schonangiensis et confratres sui non sustineant aliquod gravamen vel exactionem in vineis illis quas habent in judicio Rohrbach et Bergheim, quoniam jam ex antiquo istam servaverunt libertatem. Et huius rei sunt testes: Otto Palatinus Reni. Heinricus de Dilingen. Cunradus de Steinahe, Hertwicus de Hirzberg et Ingramus de Heidelberg. Datum apud Heidelberg anno Domini MCCXXXIV.*)

---

*) Die Urkunde steht in Gudenus Syloge pag. 182. Nr. 81. Die Uebersetzung ist: Die Freiheit der Weinberge im Gerichtsbezirke von Rohrbach und

Das Kloster Schönau besaß nach dieser Urkunde Weinberge in Rohrbacher und Bergheimer Mark, wohl in einer Lage, d. h. am westlichen Gaisberg gen Rohrbach zu. Vom Kloster Schönau werden wir in einem spätern Abschnitte reden. Hier sei nur soviel bemerkt, daß es im Jahre 1141 gegründet und bald von dem Pfalzgrafen reich begabt wurde.

Das Kloster Lorsch, welches eine so bedeutende Rolle in unserm Bergheim gespielt hatte, war rasch gealtert und nach dem Tode des Abtes Heinrich im Jahre 1167 glich es „vom Scheitel bis zur Zehe einem kranken Manne." Herzog Conrad von Hohenstaufen, welcher Heidelberg gründete, und hier wohnte, war Schirmvogt über dies Kloster Lorsch, wie über andere Klöster und Bisthümer. Von ihm sagt die Hirschauer Klosterchronik: „er habe in dieser Gegend viel geistlich Gut an sich gerissen." Er wurde wohl der Erbe des Klosters in unserer Gegend. Er und seine Nachfolger waren Gönner des Klosters Schönau, und wir nehmen vielleicht nicht mit Unrecht an, daß jene Weinberge in Bergheim, welche Pfalzgraf Otto in ihrer Immunität bestätigte, dieselben seien, welche schon das Kloster Lorsch besessen hatte und welche auch diesem gefreit waren; darauf deutet wenigstens der Ausdruck hin, „sie seien von Alters her frei gewesen"; ebenso wahrscheinlich ist, daß die Pfalzgrafen selbst dem Kloster Schönau die Schenkung der betreffenden Weinberge gemacht hatten.

Daß die Pfalzgrafen in Bergheim Eigenthum besaßen, beweist der Umstand, daß Ludwig II. einen Hof nebst andern Gültern und Zehnten von Conrad und Friedrich von Strahlenberg im Jahr 1291 um 550 Pfund Häller kaufte. [33])

Bergheim (von aller Abgabe). Im Namen des Herrn Amen. Otto, von Gottes Gnaden Pfalzgraf bei Rhein, Herzog von Baiern, allen, die diesen Brief ansehen, Heil und alles Gute. Wir wollen und schreiben vor, daß der Herr Abt von Schönau und seine Klosterbrüder keine Beschwerde oder Schatzung in jenen Weinbergen zu leiden haben, die sie im Gerichtsbezirk von Rohrbach und Bergheim besitzen, weil sie schon von Alters her jene Freiheit genossen haben. Dieses sind Zeugen: Pfalzgraf Otto bei Rhein, Heinrich von Dillingen, Conrad von Steinach, Hertwig von Hirschberg und Ingram von Heidelberg. Gegeben zu Heidelberg im Jahre des Herrn 1234.

[33]) Chlingensperg. Proc. in causa Praetens. Duc. Aurel. desig. feud. empt. p. 125.

Das Wort „Gerichtsbezirk" deutet hin auf den Gerichtsstand, der in Bergheim, wie wohl in allen andern Orten beschaffen war. Die Gerichtsbarkeit verwaltete nämlich der von der Landesherrschaft ernannte Schultheiß (scultetus) in Gemeinschaft mit den von den Bauern gewählten Schöffen (scabini). Wir sehen aus dieser einfachen Thatsache, daß die Verhältnisse in unserm Bergheim seit dem 10. Jahrhundert sich ganz wesentlich verändert haben.

Mehr und mehr waren überall aus den alten freien Herren einzelne Familien hervorgewachsen, die auf Kosten der andern Freien sich bereicherten. Der Stand der Freien lichtete sich mehr und mehr; verhältnißmäßig nur wenige konnten ihr Besitzthum und ihren freien Stand wahren; die meisten sanken zu Bewirthschaftern von Hubgütern herab und wurden als solche persönlich unfrei gegenüber den Dynasten oder Landesherren und ihre Güter mußten sich nur mit einem Scheine von selbstständigem Eigenthum begnügen; Beide blieben mit Abgaben, Zinsen, Gilten, persönlichen Dienstbarkeiten u. s. w. belastet.

Daß auch noch in dieser spätern Zeit in Bergheim adelige Familien lebten, beweisen mehrere urkundlich erwiesene Thatsachen. Eine Familie nannte sich nach dem Orte, die Familie von Bergheim. In ihr wurde späterhin der Vorname Ingram herkömmlich. In einer Urkunde von 1208 erscheint ein „Megenhardus de Bergeheim de laicis"; in einer solchen von 1228 Meinhardus (wohl derselbe) de Bergeheim mit einem Ingramus als Zeuge; ferner 1248 ist ein Conradus de Bergeheim cum Conrado scriptore (mit seinem Schreiber Conrad) Zeuge. Diese Familie von Bergheim siedelte jedoch bald nach Heidelberg über, als dieses rasch emporkam', und so kommt es, daß 1268 die Wittwe Ingrams von Bergheim als Bürgerin zu Heidelberg genannt wird, und fortan heißen die Ingram sämmtlich „von Heidelberg." Im selben Jahre wird ein Ingram „unser Vasall von Heidelberg" aufgeführt, ohne Zweifel einer von jenen, die im gleichen Jahre „Ingramus senior et Ingramus junior de Heidelberch" heißen, und alle ihre Rechte und Güter zu Brühl dem Kloster Maulbronn überlassen. 1261 werden „Ingram und Ingram, Beide Söhne des Ingram von Heidelberg, Vogts zu Wieblingen" angeführt, und noch 1315 kommt in einer

Schenkungsurkunde an das Augustinerkloster zu Heidelberg ein Hugo von Bergeheim als Zeuge vor. Jene Ingrame werden auch geradezu milites, d. h. Ritter genannt. Sie waren es, welche der Ingrimsstraße, die jedoch früher wirklich Ingramsstraße hieß, durch ihren Wohnsitz in diesem Theil von Heidelberg den Namen gaben.

Auch die Verhältnisse der Sklaven waren seit dem 10. Jahrhundert andere geworden. Die Möglichkeit, ihrer drückenden Dienstbarkeit zu entgehen und in Städten und Klöstern Zufluchtsorte zu finden, zwang die Herren, sie gelinder zu behandeln, damit sie ihnen nicht entflöhen; sie wurden nach und nach zu Taglöhnern, die bald nur noch der geringere oder ganz mangelnde Besitz von den leibeigenen Bauern unterschied.

In unserem Bergheim hatte die neuentstandene Stadt Heidelberg auf diesen Umschwung der Dinge gewiß den allerwesentlichsten Einfluß. Als Zeuge erscheint in einer Urkunde von 1287[33]) ein Heinrich als Schultheiß von Bergheim.

II. Collatio molendini apud Bergheim Schonaugiensibus 1251.

Giselbertus dapifer junior, et Henricus frater ejus. Tenore presentium publice profitemur, quod nos propter Deum et honorem Beatissime Virginis Marie, ecclesie in Schonaugia quidquid juris in molendino apud Bergeheim habuimus, contulimus universum, ipsam ecclesiam dominam super eo constituentes. Ut autem hoc factum nostrum lite et salubriter ordinatum, a nostris successoribus inconcussum permaneat et inconvulsum, presens scriptum ipsi ecclesie proreximus ad rei evidentiam, sigillo mei Giselberti et Wernheri patrui nostri roboratum; presente fratre meo Wernhero dicto Masunc. Acta sunt haec anno gratie MCCLI in die Galli.[34])

---

[33]) Gudenus sylloge pag. 287. Nr. 159.
[34]) Guden. syll. pag. 211. Nr. 101. Zu Deutsch: Uebertragung der Mühle bei Bergheim an das Kloster Schönau. 1251. Giselbert, der Jüngere, Truchseß, und sein Bruder Heinrich. In Gemäßheit dieses Briefes bekennen wir öffentlich, daß wir um Gottes und der Ehre der seligsten Jungfrau

Aus dieser Urkunde geht hervor, daß ein gewisser adeliger Herr, Giselbert mit Namen, der (wohl pfalzgräflicher) Truchseß war, mit seinem Bruder Heinrich Rechte auf diese Mühle hatte. Welcher Art diese waren, geht aus dem Verhältnisse hervor, in welchem die Mühle später zur Pflege Schönau, der Erbin des Klosters Schönau, stand: sie war das volle Eigenthum jenes Giselbert und schon seiner Vorfahren, welche sie zu ihrem Betrieb in Bestand herliehen gegen bestimmte Abgaben. Dasselbe geht aus der ferneren Bemerkung hervor, daß Giselbert die Kirche in Schönau zur „Herrin" über die Mühle setzt; was er nur konnte, wenn er selbst „Herr", d. h. Eigenthümer derselben gewesen war.

Aus der Benennung „Mühle bei Bergheim" geht hervor, daß dieselbe nicht im Dorfe selbst, sondern etwas außerhalb, das Dorf daher mehr gegen Süden hin lag und sich wahrscheinlich bis über die Gegend des jetzigen Bahnhofes hinaus gegen den kleinen Galsberg hinzog.

III. Das Dorf Bergheim fristete aber bald nur noch ein klägliches Dasein. Je mehr das Gemeinwesen der Stadt Heidelberg emporkam, erbleichte der Stern Bergheims vor der aufsteigenden neuen Sonne. Das Dorf trat in den Hintergrund, der Schwerpunkt der Bewohnung rückte weiter nach Osten. Die Verhältnisse, welche dieses in ihrem Gefolge hatten, gehören aber aus diesem Grunde mehr der Geschichte der Entstehung und des ersten Emporkommens der Stadt Heidelberg an, und werden wir sie eingehender bei Darstellung jener Geschichte erörtern. Für diese Abhandlung reicht es hin, zu constatiren, daß und unter welchen Bedingungen das Dorf Bergheim zu existiren gänzlich aufhörte und als Vorstadt zu Heidelberg gezogen wurde.

Maria Willen der Kirche zu Schönau, all unsere Rechte auf die Mühle bei Bergheim übertragen haben, indem wir zugleich dieselbe als Herrin über sie setzen. Damit diese unsere Handlung gesetzlich und zweckdienlich geordnet, von unsern Nachkommen unverändert und unverletzt bleibe, so haben wir jener Kirche selbst gegenwärtige Urkunde eingehändigt zur bessern Deutlichkeit der Sache, und mit meinem, Giselberts, und dem Siegel Wernhers, unsers Oheims, bekräftigt, in Gegenwart meines Bruders Wernher, genannt Masunt. Geschehen im Jahre der Gnade 1251, am Gallustag. (16. Oktober.)

Die Urkunde, welche dieses wichtige Ereigniß uns überliefert, lautet wörtlich, wie folgt: [85])

Als Heidelberg erwitert ist mit der nuwenstaett.

Wir Ruprecht ⁊c. bekennen ⁊c. daz wir mit wol bedachtem mut vnd vorbetrachtung nach rat vnsers rats vnd ander vnser getruwen vmbe bessern frommen vnd gemeynen nucz der vns vnsern erben, vnserm lande vnd vnser Pfalncze, dauon komen sol vnd mag in kunftigen zyten uberkomen, vnd zu rat worden sin, daz wir vnser stat zu Heidelberg mit eym witern begriff erwitern vnd grösser machen wollen; vmbe daz sich die gemeinschaft der lude da gemeren, dauon wir vnd vnser lant gesterckt vnd gebessert mogen werden, als auch vnser burger zu Heidelberg mit flissiger bebe vns darumbe gebeten, angeruffen vnd furgeben haben, daz ez vnß vnd derselben vnser burgere vnd vnser landes nucze bestes vnd notdorfft sy, die obgenant vnser stat Heidelberg zu erwitern vnd groszer zu begriffen, mit namen von vnszer stat graben by dem nydern dor an, biz vff den alten graben nach der lenge vnd Neckar da zuischen an, biz an den berg,

---

[85]) Sie steht im Pfälzer Copialbuch Nro. 8. Seite 72, befindlich im Generallandesarchiv zu Carlsruhe Dieselbe lautet in Uebersetzung: Wir Ruprecht bekennen, daß wir mit wohlbedachter Absicht und Erwägung nach Berathung mit unserem (geheimen oder Hof-) Rathe und unsern andern Getreuen, zum bessern Frommen und allgemeinen Nutzen, der uns, unsern Erben, unserm Lande und unserer Pfalz davon kommen soll und in künftigen Zeiten kommen mag, beschlossen haben, daß wir unsere Stadt Heidelberg an Umfang erweitern und größer machen wollen, damit sich die Gemeinschaft der Leute da vermehren, damit wir und unser Land gestärkt und gebessert werden möge, ebenso weil unsre Bürger zu Heidelberg uns eifrig darum gebeten, angerufen haben mit dem Vorgeben, daß es unser, der Bürger und des Landes Nutzen, Bestes, ja sogar Nothwendigkeit sei, die obgenannte ußere Stadt Heidelberg zu erweitern, und mit größerem Umfang zu versehen, nämlich: Von unserer Stadt Graben bei dem untern (Mittel-) Thor bis zum alten Graben der Länge nach und vom Neckar bis an den Berg, den man den Geißberg nennt. Und darum erlauben und vergönnen wir für uns und unsre Erben Allen und Jedem, daß sie an den genannten Berg, zwischen dem alten Graben und der jetzigen rechten Stadt, welches Terrain wir die Neustadt heißen und benannt haben, bauen sollen und mögen Häuser, Scheuern, Hofreiten und Hofstätten zu Wohnungen, so viel wie nöthig ist, wie ihnen das am Besten und Füglichsten ist und beliebt, wie es gewöhnlich bei unsern andern Städten üblich ist mit Bauen von Häusern und

ben man nennet ben Geißberg. Und barumbe so erlauben vnd gunnen wir fur vns vnd vnser erben allermenglich vnb eyme iglichen, baz sie an ben obgenanten berg zuischen bem alten graben vnd iczunt ber rechten stat, benselben begriff wir bie nuwenstat heißen vnb benant haben, buwen sollen vnb mogen hussere, schuren, hoffreibe vnb anber hofftet zu wonen, als sich baz heischet, wie yn baz allerbest fuglich vnb eben kumpt, als gewonlich ist anber vnser stet mit husern vnb hoffreiben zu buwen ane alle geverbe. Wir heißen vnb gebieten ouch festeclich by vnsern hulben allen vnsern armen luten iczunt zu Bergheim gesessen, baz sie alle vnb ir iglicher auch in ben obgenanten begriff in die obigenant nuwenstat ane furzug vnb widerrebe ziehen vnb buwen sollen husere, schuren vnb hofreibe vnb barynne zu wonen, wann wir basselbe borff Bergheim gezogen wollen haben in die obgenant vnser nuwenstat, baz ist zuschen bem alten graben vnb iczunt ber rechten stat zu Heibelberg, wann ba mit werbent vnser armenlute, bie zu Bergheim gesessen han, auch furbaz fribelichen siczen in ber obgenanten nuwenstat. Wir sezen auch vnb machen, waz bieselben vnser armen lute, bie zu Bergheim gesessen waren, hoffstett kauffen wollen in bem obgenanten begriff hiebißyt

---

Hofraiten, ohne alle Unreblichkeit. Wir befehlen unb gebieten auch fest bei unserer Hulb allen unsern armen Leuten (Leibeigenen) zu Bergheim, bie gegenwärtig zu Bergheim gesessen (einheimisch) sind, daß sie Alle und Jeber auch auf das obgenannte Terrain, in die obgenannte Neustabt ohne Verzug und Wiberrebe ziehen und bauen sollen Häuser, Scheuern und Hofreiten, um barin zu wohnen, weil wir dieses Dorf Bergheim in bie obgenannte unsere Neustabt gezogen haben wollen, b. h. zwischen ben alten Graben und ber jetzigen rechten Stabt Heibelberg, weil bamit unsere armen Leute, bie zu Bergheim angesessen waren, hinfort auch friedlicher in ber obgenannten Neustabt wohnen. Wir setzen auch unb verordnen, wenn biese unsere armen Leute, bie zu Bergheim gesessen waren, Hoffstätten in bem obgenannten Bezirk bießseits bes alten Grabens kaufen wollen, so sollen sie zu ben Bürgermeistern unb bem Rath zu Heibelberg kommen, bamit biese ihnen bie Hofstätten beschaffen um ein reblich unb billig Kaufgelb, welches bie armen Leute barum bezahlen sollen zu ber Zeit unb in ben Zielern, als sie es vermögen, gegen gute Sicherheit entweder auf Erb-Zinsen, ober auf Ablösung, was bie armen Leute von Bergheim lieber unternehmen; — unb sollten bie Bürgermeister unb ber Rath säumig barin sein, so soll unser Biztum unb unser Vogt zu Heibelberg gebieten, was geeignet sei; unb was unsern armen Leuten von Bergheim angemessen ist, babei soll es bleiben unb

des alten graben, dieselben komen zu den burgermeistern vnd rat zu
Heidelberg, dieselben sollent yn die hofftet schaffen vmbe ein redelich
zytlich gelt, daz die armen lute darumbe bezalen sollen zu den
zyten vnd zielen, als sie vermogent, off gut sicherheit, oder off erbe
zinse, oder off abelosunge, welches die armen lute von Bergheim
lieber off nement vnd wo die burgermeister vnd rat sumig daran
wurden, waz dann vnser victztum vnd vnser vogt zu Heidelberg spre-
chent, daz zytlich sy, daz vnsern armen luden von Bergheim daran
glich sy, da by sol ez bliben, vnd daruff seczen vnd machen wir, daz
die marck zu Bergheim mit welden, felden, wingarten, eckern, wisen,
weiden vnd mit allem andern begriff vnd zugehorung furbaz ewiclich
zu der marck zu Heidelberg gehoren sol, also daz die zwo marck von
Heidelberg vnd von Bergheim furbaz mee ein mark sin sol vnd die
furbaz gehoren sol zu der obigen alten stat vnd nuwen stat Heidelberg vnd sollent vnser burgere von denselben beden steten alle, die
daryne siczent vnd wonhafftig sint, ein glich gemeynschaft halten, die
in der nuwenstat sizent, als wol als gut vnd als glich haben, ig-
lichem nach sym gebuir, glich als die in der alten stat siczent, es sy
an gerichten, marken, welden, felden, wingerten, wisen, eckern, wei-

---

darauf setzen und verordnen wir, daß die Gemarkung zu Bergheim mit Wal-
bungen, Feldern, Weinbergen, Aeckern, Wiesen, Waiden und mit allen andern
Inbegriffen und Zugehörungen ferner auf ewige Zeiten zu der Gemarkung von
Heidelberg gehören soll, also daß die zwei Gemarkungen, von Heidelberg und von
Bergheim, fortan nur Eine Gemarkung sein sollen, und diese ferner zu der
obigen alten Stadt und neuen Stadt Heidelberg gehören soll; und daß unsere
Bürger von diesen beiden Städten, Alle, die darin angesessen sind und wohnen,
eine völlige Gemeinschaft halten, die in der Neustadt ansässig sind, so wohl und
gut und gleichmäßig, Jeder nach Gebühr, gleich wie die in der alten Stadt ansäßig sind, was das Gericht, die Märkte, die Waldungen, Felder, Weingärten,
Wiesen, Aecker, Waiden, das niedere Gerichts- und Zunftwesen, die Frevelthä-
tigung, das Schützenwesen und alle andern Dinge betrifft; in gleicher Weise und
in demselben Maße, als wären sie lange vorher schon zu Heidelberg in der alten
Stadt ansäßig gewesen und wie diese unsere Bürger, die in der alten Stadt
ansäßig sind, bisher gleiche Gemeinschaft mit einander genossen und gehabt
haben — Auch soll fernerhin in der alten und neuen Stadt nur ein Gericht
ein Schultheiß und ein Rath sein und sollen die Neustädter alle die Rechte,
Gnaden und Freiheiten haben, wie diejenigen, die in der alten Stadt gesessen
sind, ohne alle Unredlichkeit. — Wir setzen und verordnen auch, daß der feile

ben, gebouben, eynungen, freveln, schuzen, vnb allen andern sachen glicher wise vnb in aller maszen, als wern sie lange vor zu Heidelberg in der alten stat gesessen gewest, vnb als dieselben vnser burgere in der alten stat gesessen, biz her glich gemeinschaft miteynander genoszen vnb gehabt hant. Vnd sol auch furbaz mee in der alten stat vnb in der nuwen stat ein gericht vnb ein schultheiß vnb ein rat sin vnb sollent, die in der nuwen stat alle die recht, gnade vnb friheit glich haben, als die habent, die in der alten stat gesessen sint, ane all gewerbe. Wir seczen vnb machen auch, daz der veile marckte mit allen sachen in der obgenanten alten rechten stat sin vnd verliben sol in aller maß vnb friheit, als derselbe marck von alter bizher in derselben alten stat herkomen ist, wann auch der marck vnb die kauffmanschaft der herschaft vnd der burger zu Heidelberg baz gelegen ist in der alten stat, bann in der nuwen stat. Vnb vmb baz man in der obgenanten nuwen stat beste gerner ziehen, buwen vnb wonen moge, so han wir vmbe gemeynen nucze derselben vnser nuwen stat vnb vnsers landes besserung mit wol bedachtem mut vnb rat die sunderlich gnade vnb friheit getan vnb gegeben aller menglich vnb eym iglichen, die in die obgenant vnser nuwen stat huser vnb hoffstet buwen, oder daryn ziechent vnb wonhaftig sin zu bliben, vnb begnaden vnd frien sie fur vns vnb vnser erben mit krafft diz briefs,

---

Markt mit allen (feilgehabten) Sachen in der obgenannten alten rechten Stadt sein und bleiben soll mit allen Rechten und Freiheiten, wie derselbe von Alters her bis jetzt in dieser alten Stadt herkömmlich ist, weil zudem der Markt und die Kaufmannschaft der Herrschaft und den Bürgern günstiger gelegen ist in der alten, als in der neuen Stadt. — Damit man aber in die obgenannte neue Stadt um so lieber ziehen, bauen und wohnen möge, so haben wir um des gemeinen Nutzens dieser unserer Neustadt und unseres Landes Vortheils willen mit wohl bedachter Absicht und Berathung die besondere Gnade und Freiheit gethan und gegeben Allen und Jedem, die in die obgenannte unsre neue Stadt Häuser und Hofstätten bauen oder in dieselbe ziehen und für beständig darin wohnhaft sind, indem wir sie begnaden und befreien für uns und unsere Erben in Kraft dieses Briefs, daß sie und ihre Güter weder Bete, noch Steuer, noch irgend welche andere Schatzung uns und unsern Erben oder Niemandem von unsertwegen die nächstfolgenden 15 Jahre, vom Datum dieses Briefs an zu zählen, geben oder zahlen sollen, in keiner Weise, ohne alle Unredlichkeit und Hinderniß. Doch nehmen wir aus: Wein-Ungelt (Verbrauchsteuer), davon sollen

daz sie vnd. ir gut kein bede, sture, oder ander schaczung vns vnd vnsern erben oder nyman von vnsern wegen, diese nehsten XV Jare, die nehst koment vnd nach einander volgent, off datum des briefs an zu zellen, geben oder reichen sollen in beheine wisse, ane alle geverde vnd hinderniß. Doch nemen wir vsz win vngelt, dauon sollent doch alle die in der nuwen stat wonen, auch ir vngelt geben glicher wise, als in der alten stat, die wile ez aller menglich bezalen musz, ane geverde. Auch han wir gesezet vnd gemachet, wer in der obgenant jarzall vsz der obgenanten alten stat in die obgenant nuwenstat ziehen vnd faren wollte, der sol doch bebe vnd sture geben mit vnsern burgern in der alten stat in der masz, als er vor by in getan hat. Wer aber yeman in der alten stat, der doch in der obgenanten nuwenstat in der obgenannten jarzale buwen wolte vnd doch in der alten stat verlibe sicgen, der ober dieselben söllent doch in der alten stet von demselben, daz sie also gebuet hetten, oder buwen wurden in derselben nuwenstat, kein bebe, noch sture, dauon geben die obgenanten XV jare, ane alle geverde. Vnd zu Vrkunt vnd festen stetigkeit aller furgenanten stuke han wir fur vns vnd vnser erben vnsser ingesigel an diesen brief gehangen. Geben zu Heidelberg vff den fritag nach dem wiszen sontag Invocavit in der fasten nach Christi geburt drilczehenhundert jare vnd in dem zweivndnunzigsten jare.

---

vielmehr alle, die in der neuen Stadt wohnen, auch ihr Ungelt geben in gleicher Weise, wie in der alten Stadt, weil es eben Jeder bezahlen muß, ohne Unredlichkeit. Auch haben wir gesetzt und verordnet, wer in den obgenannten Jahren aus der obgenannten alten Stadt in die obgenannte neue Stadt übersiedeln wollte, der soll doch Bete und Steuer geben mit unsern Bürgern in der alten Stadt, ebenso, wie er vorher gethan hat. Wäre aber Jemand in der alten Stadt, der doch in der obgenannten Neustadt in obgemeldter Frist bauen wollte, dagegen selbst in der alten Stadt wohnen bliebe, der oder die sollen doch in der alten Stadt von dem, was sie so gebaut hätten oder bauen würden in der neuen Stadt, weder Bete, noch Steuer geben die obgenannten 15 Jahre, ohne alle Unredlichkeit. — Und zu Urkund und fester Stetigkeit aller vorgenannten Stücke haben wir für uns und unsere Erben unser Siegel an diesen Brief gehängt. Gegeben zu Heidelberg am Freitag nach dem weißen Sonntag, Invocavit in der Fasten, nach Christi Geburt dreizehnhundert zwei und neunzig.

Aus dieser Urkunde erhellt:

1. Daß der Rath der Stadt Heidelberg, gemeinsam mit den Bürgern, öfters beim Pfalzgrafen Ruprecht die Vorstellung gethan hat, die Stadt zu erweitern und ihr einen größern Umfang zu geben. Ohne Zweifel war sie zu bevölkert und die Mauern ihr zu eng geworden. Letztere erstreckten sich bis dahin (1392) nur vom Thurm und Thor der Bergstadt bis hinab zum Marstall, der außerhalb dieser alten Stadtmauern liegt; das ehemalige Mittelthor führte sogleich in's Freie. Gegen Osten schloß die Stadt mit dem sogenannten „Oberthor" an der Leyergasse ab. Bedenkt man, daß der Hof der Pfalzgrafen immer größere Bedeutung gewann, daß in Folge hievon nothwendig die Einwohnerschaft besonders durch adelige Herren mit ihren Dienerschaften sich mehren mußte; nehmen wir hinzu, daß erst kurz vorher (1386) die Universität neu gegründet, mit vorzüglichen Lehrern versehen wurde, und in Folge davon die studirende Jugend aus allen Himmelsgegenden hierher zusammenströmte, — so finden wir das Begehren des Raths und der Bürger der Stadt um Erweiterung derselben nur höchst begreiflich.

2. Die Bürgerschaft verlangte und Pfalzgraf Ruprecht genehmigte in Ansehung, „daß es uns und den Bürgern der Stadt, sowie dem Lande zum Nutzen, Besten und zur Nothwendigkeit ist"; auch damit „sich die Gemeinschaft der Leute in der Stadt mehre und dadurch das Land stärker werde", weil die Stadt dann eine größere und bedeutendere Festung würde; — den Stadtbezirk so zu erweitern, daß das Gebiet von dem Stadtgraben beim „niedern Thor" (späterhin Mittelthor) an bis hinaus zu dem „alten Graben", der sich ohne Zweifel beim spätern Speierthor zum Neckar hinabzog, der Länge nach; sodann vom Neckar bis zum Geisberg der Breite nach — zur Stadt gezogen und durch Mauern mit der Stadt vereinigt werde.

3. Auf dieses neue Stadtgebiet durfte von da an Jeder Häuser und Scheuer bauen, größere Hofstätten mit Hofraiten herrichten, wie es ihm Bedürfniß war, und wie es auch in andern Städten erlaubt war. So groß war jedoch die Ueberzahl der Einwohner der alten Stadt Heidelberg nicht, daß das ganze neue Gebiet, welches auf Anordnung des Pfalzgrafen nun „Neustadt" genannt wurde, durch sie

bevölkert wurde. Um nun doch einigermaßen Häuser und Leute in diese neue Stadt zu bringen, so wurde es Jedem, wer er auch gewesen sei, vergönnt, sich hier niederzulassen und dabei die hierdurch gegebenen Vortheile zu genießen; insbesondere aber wurde

4. den „armen Leuten zu Bergheim" befohlen, daß sie ihre Hütten dort abbrechen, in die neue Stadt übersiedeln und da ihre Häuser, Scheuern und Hofraiten wieder herrichten.. Die „armen Leute" sind eben jene Leibeigenen, von denen wir oben ausführlicher geredet haben; den Pfalzgrafen leibeigene Bauern und Taglöhner. Als Grund dafür, daß das Dorf Bergheim gänzlich verschwinden sollte, wird angegeben, damit „unsere armen Leute, die zu Bergheim gewohnt haben, fernerhin friedlicher wohnen möchten. Das offene Dorf war demnach häufigen feindlichen Einfällen mit dabei vorkommenden Beraubungen und Verwüstungen preisgegeben. Die nahe Stadt Heidelberg mit ihren Mauern und Gräben konnte das arme Nachbardorf nicht bloß nicht schützen, sondern dieses war jener durch seine Nähe gefährlich.

5. Die Art des Anbaues der Bauern in der Neustadt war folgende:

Wer von ihnen sich in der Neustadt ein Eigenthum zu Haus und Hof erwerben wollte, mußte bei Bürgermeister und Rath der Stadt das Ansuchen stellen, daß diese ihm eine solche Hofstätte beschaffen bez. W. überlassen um einen billigen Preis, zahlbar auf Zieler, die den Käufern angenehm sind, jedoch auf gute Sicherheit und gegen Erb-Zinsen oder auf Ablösung in einer bestimmten Zeit. Sollte hierin der Rath säumig sein, so soll der Vitztum und Vogt zu Heidelberg die Angelegenheit befördern.

6. Eine sehr wichtige Bestimmung ist die, daß durch die Verlegung Bergheims in die Neustadt die ganze Bergheimer Mark mit allen Wäldern, Feldern, Weinbergen, Aeckern, Wiesen, Waiden und allen Zugehörungen ewiglich mit der Heidelberger Mark in der Weise vereinigt werden sollte, daß beide seither getrennte Marken ferner nur Eine einzige bilden sollen. Diese Bestimmung ist darum so wichtig, weil daraus — in Verbindung mit dem geschichtlichen Verlauf der Entstehung der Stadt Heidelberg — mit aller Wahrscheinlichkeit hervorgeht, eines Theils, daß **die gesammte jetzige Heidel=**

berger Mark ursprünglich zur Bergheimer gehörte, andern Theils, daß sämmtliches, oder doch wenigstens der größte Theil der Heidelberger Stadtallment ursprünglich Bergheimer Allmentgut gewesen ist.

Als nämlich Herzog Conrad von Hohenstaufen, welcher der eigentliche Gründer der Stadt Heidelberg war, sich hier auf Grund eines alten Römercastells seine Burg als Wohnung baute, war, wie eine alte Lorscher Nachricht sagt: „hier nichts Nennenswerthes." Dieselbe Nachricht bestätigt, daß „Conrad die Burg erbaut und das Städtlein erweitert" habe. War vor dieser Zeit nichts Nennenswerthes hier, also vornehmlich keine städtische Gemeinde, sondern nur einzelne zerstreute Hütten, so liegt es auf der Hand, daß auch keine städtische Gemarkung vorhanden sein konnte: es war Alles Bergheimer Mark, auf der jene Hütten standen. Anders wurde es seit Niederlassung Conrads hier und seit Erbauung der Burg (etwa um's Jahr 1150). Seine Niederlassung war der erste Anstoß dazu, daß sich um die Burg Handwerker, Taglöhner u. s. w. sammelten, welche Conrad durch eine Mauer mit seiner Burg vereinigte. Nun war eine — wenn auch noch kleine — Stadt vorhanden. Aber Conrad „erweiterte die Stadt", wie jene Lorscher Nachricht weiter sagt, d. h. er zog auch die rasch bevölkerte Thalsohle in den Bereich seiner Burg, indem er sie mit Mauern umgab. Gegen Ende des 12. Jahrhunderts gab es also ganz bestimmt und unzweifelhaft eine städtische Gemeinde und wir greifen wohl nicht fehl, wenn wir sagen, daß sie, als Corporation, ein Allmentgut besessen habe. Innerhalb der Bergheimer Mark war also mit einem Male ein Heidelberger Allmentbesitz entstanden. Woher rührte dieser? Von den Bewohnern der Stadt nicht, denn sie waren fast ausnahmslos arme Taglöhner. Wir haben nur den Ausweg, anzunehmen, daß Herzog Conrad selbst die Stadtgemeinde dotirte und ihr ein Allment zuwies, — vielleicht auch mit aus dem Besitz des in dieser Zeit sich auflösenden Klosters Lorsch, von dem wir oben gesagt haben, daß Herzog Conrad dessen Erbe wohl zum großen Theil geworden sei. Kann diese Behauptung auch nicht als Thatsache angenommen werden, so dürfte sie doch nach der ganzen Lage der Dinge und nach dem Gange der geschichtlichen Entwickelung jener Zeit als nicht ganz unwahrscheinlich vorkommen.

In keinem Falle aber war diese Zuweisung von sehr großem
Umfang, wenn sie wirklich stattgefunden haben sollte, da in unserer
Urkunde eigentlich von einem Allmentgut der Stadt nirgends ausdrücklich die Rede ist, sondern nur die Gemarkung, d. h. der Com-
plex der Privatgüter genannt wird. Für den Haupttheil des Heidelberger Stadtallments bleibt uns vielmehr nur die Annahme übrig,
daß es ursprünglich Bergheimer Allment gewesen und durch die Vereinigung von Bergheim mit Heidelberg im Jahre 1392 in Folge unserer Urkunde entstanden sei.

Eine Schwierigkeit könnte nur daraus entspringen, daß das
Opfer in dieser Beziehung auf Seite des Dorfes Bergheim allzu groß
gewesen sei. Allein diese Schwierigkeit wird nicht allein gehoben,
sondern die oben gegebene Ausführung noch bestätigt, wenn wir unsere Urkunde weiter verfolgen. Als Aequivalent für ihr Opfer wird
den Bergheimern geboten:

7. Die Bewohner der Neustadt sollen an den großen Vortheilen der alten Stadt Heidelberg so Theil haben, „als wären sie
schon längst zu Heidelberg in der alten Stadt gesessen gewesen."
Die Neustädter sollen „um so friedlicher hier wohnen", also den
Schutz der Burg und der Stadtmauern mit ihren Besitzungen unmittelbarer und deßhalb um so wirksamer genießen. Wenn wir uns
daran erinnern, wie in jener Zeit der unaufhörlichen Fehden der
kleinen und großen Herren in der Nähe jeder Besitz in Frage gestellt
war, wie insbesondere der Landwirth und die Handelsleute oft um
die Früchte ihrer saueren Arbeit durch einen einzigen Gewaltstreich
gebracht wurden, — so werden wir es nur begreiflich finden, daß
unsere armen Bergheimer willig den Besitz und Genuß ihres Allments mit der mächtig beschützten Nachbarstadt Heidelberg theilten,
um nur den so getheilten Besitz „friedlich" genießen zu können.[37])

Die Bewohner der Neustadt sollen ferner Theil haben an den
Gerichten, Märkten, Wäldern, Feldern, Weinbergen, Wiesen, Aeckern und Waiden und allen andern Sachen. Bezüglich

---

[36]) Hellwig. antiq. Lauresh. S. 185.
[37]) Eine ganz ähnliche Vereinigung fand 1339 Statt, indem die Dörflein
Hatsbach und Butersbach zu Mosbach gezogen wurden. Siehe meine Beschreibung der Stadt Mosbach, Seite 12.

der Gerichtsbarkeit fügt unsere Urkunde noch bei: „es soll in der alten und neuen Stadt nur Ein Gericht bestehen, bestehend aus einem (herrschaftlich ernannten) Schultheißen und Rath. Wie wenig Bergheim durch den Einsatz ihres Allments verlor und — wie groß dieser Einsatz gewesen sein muß, das beweist, daß seine Bewohner an den sehr bedeutenden Vortheilen und Genüssen der Stadt Heidelberg theilnehmen durften. Daß sie Theil hatten an den Märkten, befreite sie nicht bloß von den Abgaben, die jeder Nicht-Städter beim Besuch der Märkte zu entrichten hatte, sondern die Einkünfte, welche die Märkte abwarfen, kamen ihnen dazu noch zu gut. Auch die Stadt warf in den gemeinschaftlichen Besitz und Genuß ihr Allmentgut an Waldungen, Feldern, Weinbergen, Wiesen, Aeckern und Waiden ein, dazu ihre Gefälle, den Ertrag der polizeilichen und gerichtlichen Strafen. Und in die Zunftgenossenschaften sollten die neuen Bürger aufgenommen werden; ja, was die ehemaligen Dorfbewohner als hohe Ehre anrechnen mußten: es wurde ihre Schützengilde [38] mit derjenigen der Stadt vereinigt. Dazu kamen noch viele „Rechte, Gnaden und Freiheiten", in deren Mitgenuß sie kamen, und welche wir bei Betrachtung der desfallsigen Verhältnisse der Stadt näher werden kennen lernen. Die Bewohner der Neustadt sollen dazu noch und zwar auf 15 Jahre hin frei sein von jeder Grund- und sonstigen Steuer oder Schatzung. Doch soll die Wein-Verbrauchsteuer hievon ausgenommen sein, welche aber auch die Bürger der Altstadt zu entrichten hatten.

Je höher wir alle diese Genüsse, Rechte und Freiheiten anschlagen, zu denen die ehemaligen Bergheimer gelangt sind, um so höher müssen wir auch ihr eigenes Einbringen in ihre Gemeinschaft mit der Stadt schätzen, und da sie wohl kaum etwas Anderes besaßen, als Feld und Wald, so geht daraus doch mit einiger Evidenz hervor, daß sie die Hauptbestandtheile der heutigen Gemarkung und des heutigen Allmentgutes der Stadt; — die Stadt dagegen ihre Vorrechte, Freiheiten und ihren Schutz dem neuen Verhältnisse zuführte.

8. Bei allen diesen Vortheilen, welche die neuen Stadtbürger zu genießen hatten, sollte doch das Leben der alten Stadtbürger nicht

---

[38]) Wir werden später auf diese zurückkommen.

alterirt werden; denn nur eben die ehemaligen Bergheimer sollten für ihren Umzug und ihre Opfer entschädigt werden. Darum wurde die Bestimmung ausdrücklich gemacht, daß die alten Stadtbürger, wenn sie nach der Neustadt übersiedelten, beßwegen keineswegs die Vortheile genießen sollten, welche die ehemaligen Bergheimer erhielten. Und nur für den Fall, daß ein alter Stadtbürger in der Neustadt bauen, aber in der Altstadt wohnen bleibt, soll derselbe von der Grund- und andere Steuer befreit sein, aber auch nur für seine Gebäude in der Neustadt. Mit einem Worte: es fand durch die Bestimmung unserer Urkunde eine vollständige „Personal- und Real-Union" Statt; die Bergheimer wurden und blieben Bürger der Stadt Heidelberg „als wären sie lange schon in Heidelberg gesessen."

9. Mit dieser politischen und socialen Veränderung ging die kirchliche Hand in Hand. Daß Bergheim eine Kirche hatte, versteht sich von selbst. Schon 1197 kommt in einer Urkunde Siboto, sacerdos in Bergeheim (Siboto, Priester in Bergheim) als Zeuge vor, und wo ein Priester sich aufhielt, mußte auch eine Kirche sein. Wo diese Kirche lag, kann mit Bestimmtheit nicht behauptet werden. Folgende Umstände machen es zunächst sehr wahrscheinlich, daß sie sich da befand, wo jetzt die St. Peterskirche steht. Eines Theils ist es ganz richtig, was schon Wibber[39] behauptet, daß zu Anfang des in dieser Gegend gepflanzten Christenthums für mehrere Ortschaften nur eine Kirche und zwar gemeinlich auf einer Anhöhe gebaut worden; das vormalige Dorf Bergheim war dieser Kirche nahe und Rohrbach nicht weit entfernt; denen, sowie dem Dörflein Schlierbach und den wahrscheinlich am Ufer des Neckars schon bestandenen Schiffern und Fischern solche gewidmet sein konnte. Denn obschon dafür gehalten wird, daß im Jahr 1392 die Pfarrkirche zu Bergheim jener zu St. Peter einverleibt worden, so kann doch diese Letztere die Bergheimer Pfarrkirche gewesen und vom Domstifte Worms, so den hl. Petrus zum Patron hat, erbaut worden sein, weil von einer besonderen Kirche zu Bergheim sonst nichts bekannt ist." Wundt[40] bestätigt diese Ausführung und fügt bei: „Bei dem Anbau der Vor-

---

[39] Wibber, geographische Beschreibung der Pfalz, I. 137. [40] Wundt, „Geschichte und Beschreibung der Stadt Heidelberg", Seite 174.

stadt durch die Bewohner des Dorfes Bergheim im Jahr 1392 wurde
diese Kirche daher auch für diese gleichsam neuen Kolonisten vorzüglich
bestimmt. Ruprecht II., der Stifter der Vorstadt, vermehrte ihre
Einkünfte, und überließ ihr zugleich alle die Zehnten und Gefälle,
welche sie zuvor als Bergheimer Kirche in Besitz gehabt." Die
gegentheilige Meinung, daß die Bergheimer Kirche in Bergheim
selbst und nicht hier auf dem Platz der St. Peterskirche gestanden
sei, beruht auf einem mißverstandenen Wort des D. Hartmann von
Eppingen[41] der davon redet, daß die Pfarrkirche von Bergheim nach
Heidelberg „translata" d. h. übergesiedelt sei. Diese Uebersiedelung
begreift durchaus nicht in sich die locale Veränderung. Jene trans-
latio oder Uebersiedelung will weiter nichts heißen, als daß die
Kirche, welche seither Bergheimer Pfarrkirche gewesen ist, zur Heidelberger Stadtkirche gemacht worden sei. Hartmann sagt ja nicht, die
Bergheimer Kirche sei nach St. Peter verpflanzt, sondern sie sei zur
Stadt Heidelberg gezogen worden. Er sagt weiter, daß diese selbe
Kirche ehemals die Heidelberger Pfarrkirche gewesen sei, ohne Zweifel
mit Bezug darauf, daß in frühester Zeit, wo im Thale nur wenige
zerstreute Hütten lagen, diese zur Kirche in Bergheim eingepfarrt
waren und daß die später entstandene hl. Geistkapelle ein Filial zu
jener Kirche war. Die Kirche zu Bergheim und die St. Peterskirche
war eine und dieselbe; von einer besondern Bergheimer Kirche finden
wir gar keine Nachricht. Es ist höchst auffallend, wenn eine so
wichtige Sache nicht mit einem einzigen Worte erwähnt wird. Ein-
facher kann aber nichts sein, als dies: 1392 wurde Bergheim zur

---

[41] libr. II. Observ. pract. Tit. alt. §. 18. Vgl. Freher Orig. pal. pag.
74. 96—105. Die betreffende mißverstandene Stelle bei Hartmann von Eppingen lautet: Quia ecclesia in Altbergen fuit olim parrochialis Heidelbergens. et bene dotata in decimis, cum hodie sit translata in civitatem
Heidelbergens. videntur ille decimae etiam spectare ad eandem, eoque trans-
latae, et quod concessio illarum decimarum facta abbati et conventui in
Schonaw, possit hodie revocari, cum hodierna ecclesia parrochialis Heidelbergensis aliis suis accessoriis et accidentalibus privatur et per istam con-
cessionem videatur enormiter laesa, licet eo tempore quando facta fuit talis
concessio, modicum videbatur laedi etc. — Hartmann will durch dieses Bei-
spiel von Bergheim darthun, daß die Verleihung oder Ueberlassung von Zehnten
widerrufen werden kann.

Stadt Heidelberg gezogen, die Bergheimer Kirche wurde die Kirche dieses neuen Stadttheils und wie die Gemarkung von Bergheim der von Heidelberg einverleibt wurde, so wurden auch die Zehnten und Gefälle der ehemaligen Bergheimer Kirche derselben, weil sie jetzt Heidelberger Vorstadtkirche geworden war, als solcher übertragen bez. W. belassen. Dieses steht um so mehr fest, als Hartmann für die Kirche, wie für die Zehnten, zur Bezeichnung der Veränderung des Verhältnisses, dasselbe Wort „translatus" gebraucht.

Wollen wir zum Schlusse dieser Abhandlung der Herkunft des Namens unsers Bergheim gedenken, so machen sich zwei verschiedene Ansichten geltend: Die Eine will Bergheim von Burgheim ableiten, wobei an die Nähe der alt-römischen Burg auf dem Jettenbühl gedacht werden muß; sich darauf berufend, daß „Burg" auch in andern Worten in „Berg" verändert werde; so sage man heute noch vielfach statt Ladenburg „Ladenberg" u. dgl. Die andere meint die Ableitung von Barke oder Berke, d. h. Schiff, Nähe, wodurch die Hauptbeschäftigung der Ureinwohner des Dorfes, den Verkehr beider Neckarufer zu vermitteln, angedeutet werden soll. Wir wollen eine Entscheidung nicht treffen, sondern begnügen uns mit der Anführung dieser Ansichten, fügen aber noch bei, daß Freher,[42]) der um das Jahr 1686 lebte, sagte: es werde der Ort, wo einst Bergheim stand, „heute noch Alt-Bergen genannt", wohl mit Bezug auf die Bemerkung Hartmanns von Eppingen, der schon 1607 die gleiche Bezeichnung gebraucht hatte.

XIX.
Hexenverbrennung zu Heidelberg.

Nicht so sehr schnell und nicht so gründlich, wie man wohl anzunehmen geneigt wäre, hat das Christenthum die alten heidnischen Vorstellungen zu verdrängen vermocht. Vielfach wird vielmehr heutzutage noch das Thun und Lassen des Volkes, und nicht bloß aus-

---

[42]) Siehe mein Archiv Seite 16. [43]) Orig. pal. pag. 74.

schließlich auf dem Lande, sondern auch in den Sitzen der Intelligenz, den Städten, von Vorurtheilen beherrscht, welche offenbar in der heidnischen Vorzeit ihren Ursprung haben. Das Christenthum und die moderne Cultur haben hier noch ein ziemlich ergiebiges Feld ihrer Thätigkeit; das wird Derjenige bestätigen müssen, der in der Lage ist, das Leben und Treiben des Volkes bis ins Einzelne zu beobachten. Wie viel größer muß noch die Summe heidnischer Vorstellungen und heidnischen Aberglaubens in früheren Zeiten gewesen sein, die der Heidenzeit noch um einige Jahrhunderte näher lagen, als das unsrige?

Ein sehr gewichtiger Erklärungsgrund für diese Erscheinung ist ohne Zweifel in dem Umstande zu suchen, daß die meisten deutschen Staatsgesetze, besonders die fränkischen, welche noch in heidnischer Zeit abgefaßt und niedergeschrieben sind, viele Jahrhunderte, nachdem das Christenthum längst Staats- und Volksreligion geworden war, in Uebung blieben. Die heidnischen Gesetze hatten aber die gesammte, auf Aberglauben basirte Weltanschauung zu ihrer Grundlage. Wenn nun auch im Laufe der Zeit manches allzu grelle Heidnische ausgeschlossen und zu Gunsten des Christenthums manche Aenderung und mancher Zusatz gemacht wurde, so blieb doch im Ganzen noch genug übrig, was im Volke ungestört fortlebte; da die Kirche keine hinreichende Macht besaß, die Masse des Volkes zu erneuern, zumal die Kirche selbst eine große Neigung zum Aberglauben überhaupt in sich trug. Zur Bestätigung dieser Aussagen erinnern wir nur an die noch bis in's tiefe Mittelalter herein beibehaltenen, aus dem Heidenthum stammenden Gottesurtheile oder Ordalien, besonders an den gerichtlichen Zweikampf, an die Teufelsbanner, Schatzgräber und Wahrsager u. drgl.

So treffen wir denn auch noch im 15. Jahrhundert das christliche Volk durchsäuert von einem oft unbeschreiblichen Aberglauben. Sterndeuterei, Goldmacherei durch Zauberkunst, der Glauben an das Besessensein vom Teufel gingen bei Hoch und Nieder im Schwange. Am allerentschiedensten aber machte sich der uralte Glaube an Hexen geltend; man traute diesen, nachdem sie einen unzüchtigen Bund mit dem Teufel geschlossen hatten, die Fähigkeit zu, allerlei Wunder zu thun, besonders zum Schaden der Menschen, und es darf als eine eigene Ironie des Schicksals angesehen werden, daß der Aberglaube dem „schönen und zarten Geschlechte", den Frauen ganz vorzugsweise jene dämonische Macht zuschrieb.

Die Kirche hat zwar im Allgemeinen die argen Thorheiten des Hexenglaubens ursprünglich verdammt; es fehlte aber auch nicht an Autoritäten, welche ihn später bestätigten;⁴⁴) ja die Hexenprozesse dieser späteren Zeit, die gewöhnlich mit dem Hexenverbrennen endigten, sind ein offenbares Zeugniß dafür, daß die Kirche im Großen und Ganzen an die Existenz und die dämonische Wirksamkeit dieser armen Wesen glaubte.⁴⁵) Die kirchlichen Würdenträger hatten bei den Verfolgungen dieser Hexen allerdings noch einen andern Zweck im Auge: unter dem Deckmantel des Hexenprozesses betrieben sie die Inquisition gegen die Ketzer; denn derselbe Mönchsorden, der sich die Ketzerausrottung zur Lebensaufgabe gemacht hatte, die Dominikaner, waren zugleich vorzugsweise die Hexenrichter.⁴⁶)

Vergessen darf hiebei nicht werden, daß die der Hexerei Angeklagten meist wirkliche Verbrechen begangen hatten, z. B. Giftmischerei, Kindsmord, Betrug u. s. w. Vor dem 15. Jahrhundert war dieses meist der Fall; erst von dieser Zeit an ist in Deutschland eine wahre Hexenepidemie ausgebrochen. Nicht bloß die katholische Kirche, sondern auch die protestantische machte sich der Hexenprozesse schuldig; Letztere hatte vornehmlich das wenig löbliche Verdienst, diese an die weltlichen Richter zu verweisen.

---

⁴⁴) Papst Johann XXII. (1316—1334) befahl zu glauben, daß gewisse Leute Andere behexen können, und ließ den Bischof von Cahors von vier Pferden zerreißen, weil dieser ihn durch Zaubermittel habe umbringen wollen. Sismondi, précis de l'hist. des Français, I. 427.

⁴⁵) Papst Innocenz VIII. erließ 1484 eine Bulle, in der er das Vorhandensein des Zauberwesens aus der hl. Schrift, aus den canonischen und bürgerlichen Rechten beweist und in welcher er diejenigen für Ketzer erklärt, die es leugnen·

⁴⁶) 1489 erschien in Köln ein Buch, „malleus maleficarum", d. h. Hexenhammer, verfaßt von zwei Dominicanern, welche als päpstliche Ketzer- und Hexenrichter in 5 Jahren 48 Weiber als Hexen auf den Scheiterhaufen brachten; in diesem Buche wird das ganze Hexenwesen in ein System gebracht.

Seit dem 15. Jahrhundert hatte man das beßfallsige Verfahren dahin abgeändert, „Alles vom Geständnisse der Angeschuldigten abhängig zu machen, dieses auf alle Weise herbeizuführen, und darum die Folter in Anwendung zu bringen."

Unter den Männern, die theoretisch die Hexenprozesse noch im 16. Jahrhundert zu rechtfertigen versuchten, war unter Andern auch der protestantische Arzt Thomas Eraſt in Heidelberg (repetitio disputationis de lamiis seu strigibus. Baſel, 1578.)

Unſer gutes, fröhliches Heidelberg mit ſeinen lachenden Gefilden, mit ſeinem lebendigen Strom, mit ſeinen herrlichen, freien Ausſichten, mit ſeiner würzigen, labenden Luft, mit ſeinen lebensfrohen Bewohnern, ſollte denn auch der Schauplatz der Thaten dieſes finſterſten und ſcheußlichen Aberglaubens ſein. — Welch' ein Widerſpruch!

Matthias von Kemnat, der Chroniſt und Caplan Friedrichs des Siegreichen, fängt ſeine Lebensbeſchreibung dieſes glorreichen Fürsten mit einem wohlverdienten Lob der Stadt Heidelberg und ihrer Bewohner an. Es lautet: [47])

In deutſchen landen iſt ein gegniß in den ingengen der berg, nit ferre gelegen von dem Rein des konges der Waſſer. Derſelben gegniß uff beiden ſeitten zwee berg uffgeſpitzet bis in den lufft, mit ihren ſiten und buhele luſtig von der ſonnen uffgang und fruchtbar des weins, machend eine allerwunſamſt thale; den der abfluß des Neckars, das gefilde netzende, macht frucht vol und gulden. Darin iſt ein ſtatt gelegen, mechtig des krigs und uberflußigkeit des erdtreichs, ſtetiglich getziert von außleuten und von heimiſchen, die bo

---

[47]) Quellen zur bairiſchen und deutſchen Geſchichte, I, S. 7 und 8. In neudeutſcher Sprache: In Deutſchland liegt beim Eingange in das Gebirge eine Gegend nicht fern vom Rhein, des Königs der Flüſſe. In dieſer Gegend ſind auf beiden Seiten zwei Berg hoch in die Luft aufgeſpitzt, deren Seiten und Hügel luſtig von der aufgehenden Sonne beleuchtet werden, fruchtbar ſind an Wein und ein wunderſames Thal bilden. Denn der Neckar, der das Gefilde durchſtrömt und benetzt, macht volle und goldene Frucht. Darin iſt eine Stadt gelegen, kriegsmächtig und weit ausgedehnt, ſtets geziert von Fremden und Einheimiſchen; ſie wird von den Beeren eines kleinen Gewächſes von den Deutſchen Heidelberg genannt und darf mit den andern darum liegenden Städten nicht

genant wurd von den bern eins kleinen gewechs Heidelberg von den deutschen, welche statt, dweil sie den andern darum ligenden stedten nit weichen zugegleichet moge werden, so mag sie yedoch lichtiglichen die andern alle ubertreffen in dem, das sie als ein stetige wonung aller gutten glimpffe fürstendiglich mennen in allen kunsten uffbrach hoit. — Was sol ich sagen von der menschligkeit, fromkeit, besunderlichen tugent der burger, so sie als groß ist, das ich mit meinen worten nicht Lobes noch ehren darzu gelegen möge. Ein zweigipfliger großer buhel geht auch herob der statt an der sitten eins fast grossen berges, inn den gipffele zwo burg als gar von vil steinwerk gebuwet sind, das sie von getziert der hewser den, die darinn wonhafftig seint, zu einem wollust und von hoher erhebung der muren und thornen, von vorschussen, auch von natur der gelegniß, den fiendten zu einem stedten grawen gesein mogen. Wer mocht ew erzelen die wunderlich grosse des gebuwes, besunderlich der einen burge, so der einigk, der auch der koeniglich sale heift, von uffenthaltung der seulen, von getzird der benne, von schinbarlichkeit der uberbalken mit so grosser hubschkeit gebuwet ist, das der sale nit al-

---

verglichen werden, da sie dieselben alle dadurch allein schon übertrifft, daß sie als eine stete Heimath hohen Ruhmes von in allen Künsten (Wissenschaften) erfahrenen Männern gelten muß. — Was soll ich sagen über die Herzensgüte, Frömmigkeit und besondere Tugend der Bürger, — da sie so groß ist, daß ich mit meinen Worten kein Lob und keine Ehre weiter darzuthun vermag. — Ein zweigipfliger großer Berg zieht sich über der Stadt hin, welche an der Seite eines sehr großen Berges liegt, auf dessen Höhen zwei Burgen von gar viel Steinwerk erbaut stehen, so daß sie wegen der schönen Häuser denen, die darin wohnen, zur höchsten Freude, wegen der Höhe der Mauern und Thürme, wegen der hervorspringenden Befestigungen, sowie wegen der natürlichen Lage, den Feinden zu stetem Grauen gereichen muß. Wer vermöchte Euch die wunderbare Größe der Baulichkeiten, besonders der einen Burg, genügend beschreiben, die ein Gebäu enthält, den man auch den Königssaal nennt und der durch das Vorhandensein von Säulen, durch die verzierten Wände und durch die Pracht des Uebergebälks (Plafonds) so überaus schön hergerichtet ist, daß in demselben nicht bloß jeder mächtige König empfangen werden kann, sondern daß derselbe ihm auch Freude und große Annehmlichkeit gewährt. Denn fürwahr! Wohin man sich wendet, so bietet sich dem Anblick liebliche und lustige Waldung, weßhalb denn auch unsere Väter und gewisse Fürsten bei Rhein den Stuhl der Pfalzgrafschaft, der früher an andern Orten war, vor längst vergangenen

lein ein iglicher mechtiger konig entpfangen, sonder ime auch fremd und wolluſt machen mocht. Dan furwar, wo man ſich hinkert, ſo iſt der geſicht daraus geoffenbaret wonſam und luſtig gewelbnus, herumb auch unſer vetter und ſicher die furſten des Reins den ſtuel der pfaltzgraffſchafften, der do anders wo geſetzt war, mit vollkommener betrachtung vor vil vergangen zeiten in diſe ubertrefflich burg zu verendern nit haben gezweifelt.

Nach dieſem überaus ſchwunghaften Eingang, der des Lobes der Stadt, der Bürger und des Schloſſes voll iſt, ſchildert Matthias von Kemnat einiges Merkwürdige aus der Geſchichte der Stadt und Umgegend, was wir, um nicht vom eigentlichen Ziele dieſes Aufſatzes abgezogen zu werden, für ſpätere Darlegungen uns vorbehalten müſſen; kommt ſodann aber zur Schilderung der nähern Veranlaſſung der Hexengerichte und Hexenverbrennung in Heidelberg wie folgt:[48])

Nun komme ich uff ein ketzerei und ſect, davon ich wil ſchriben, und iſt die allergroſte und heißet ein irſall und ſect Gazariorum, das iſt der unholden und die bei der nacht faren uff beſamen, offengabeln, katzen, bocken und uff andern dingen darzu dienend. Die hab ich vil ſehen verbrennen zu Heidelberg und auch in andern enden, und iſt die aller verfluchſt ſect und gehort vil feuwers on erbarmung darzu, und iſt die. Zum erſten, wer in die verflucht ſect wil komen, ſo man ine uffnimpt, muß er ſchweren, als

---

Zeiten mit vollkommenem Vorbedacht in dieſe unübertreffliche Burg zu verlegen nicht gezögert haben. — Dieſer begeiſterten Beſchreibung haben wir zur Erklärung nur beizufügen, daß der Königsſaal ſich ohne Zweifel im Ruprechtsbau befand.

[48]) Quellen zur bairiſchen und deutſchen Geſch. I. S. 113 f. Ueberſetzung: Nun komme ich auf eine Ketzerei und Secte zu reden und will von ihr ſchreiben; Die allergrößeſte Berirrung und Secte iſt die der Gazarer, das iſt der Unholden (Hexen), welche Nachts auf Beſen, Ofengabeln, Katzen, Böcken, und auf andern Dingen fahren, die dazu zu brauchen ſind. Von ihnen habe ich Viele verbrennen ſehen zu Heidelberg und anderwärts; das iſt die allerverfluchteſte Secte und ſie gehören ohne Erbarmung mit viel Feuer verbrannt. Es iſt dieſe. Erſtens, wer in dieſe verfluchte Secte aufgenommen werden will und man ihn aufnimmt, der muß ſchwören: ſo oft er von einem Mitglied der Secte berufen wird, ſoll er ſofort Alles liegen laſſen und mit dem Berufer

offt er berufft wirt von einem der sect, so sol er von stund an alle ding liegen lassen und mit dem beruffer in die sinagoga und samelung gehn, doch also, das der verfurer salben, besame ober stecken mit ime neme, das er dem verfürten anworten sol. Item, wie sie in die sinagoga komen, so antwort man den verfurten armen menschen dem beuffel, der zu stund erscheint in einer gestalt einer schwartzen katzen oder bock oder in einer andern gestalt des menschen. Darnach fragt der beuffel oder der verfurer den verfurten, ob er in der geselschafft wol bleiben und gevolgig wol sein dem verfurer, und so antwort der arme verfurt mensch: Ja. Darnach muß er schweren als hernach stet. Item er schwerdt, das er getreuw wol sein dem ketzermeister und alle seiner gesellschafft; zum andern, das er alle, die er moge zu solicher geselschafft bringen, das er fliis darzu thun wolt; zum britten, das er bis in den boit die heimlichkeit verschwigen wol; zum virten, das sie alle die kind, die under brien jare sint, wollen boten und in die geselschafft bringen: zum funfften das, als offt er beruffen wirt, alle binge liegen lass und in die geselschafft eile; zum sechsten, das sie alle eheleut verwirren wellen und

---

in die Synagoge und Versammlung gehen, doch so, daß der Verführer Salben, Besen oder Stecken mit sich nehme, um dieses dem Verführten einzuhändigen. Sodann, wenn sie in die Synagoge kommen, so überantwortet man den armen verführten Menschen dem Teufel, der alsbald erscheint in Gestalt einer schwarzen Katze oder eines Bockes oder in Gestalt eines Menschen. Hierauf fragt der Teufel oder der Verführer den Verführten, ob er wolle in der Gesellschaft bleiben und gehorsam sein dem Verführer, worauf der arme, verführte Mensch Ja antwortet. Darauf muß er schwören wie folgt. Erstlich schwört er, daß er dem Ketzermeister und seiner ganzen Gesellschaft wolle treu sein; zweitens, daß er sich alle Mühe gebe, wo möglich viele Andere in die Gesellschaft zu bringen; drittens, daß er bis in den Tod verschwiegen sei; viertens, daß sie alle Kinder unter drei Jahren tödten und in die Gesellschaft bringen wollen; fünftens, daß, so oft er berufen wird, er sofort Alles liegen und stehen lasse und in die Gesellschaft eile; sechstens, daß sie alle Eheleute verwirren und dafür sorgen wollen, daß ihre Scham verhalten werde mit Zauberei und sonstigen Sachen; siebtens, daß sie eifrig alles Unrecht rächen, das man den Personen anthut, welche in die Sekte gehören. Und wenn der Arme diese Artikel beschwört, so kniet er nieder und betet den Ketzermeister an und küßt ihn in den H... und sie sagen, es sei der Teufel selbst, der in Menschengestalt auf dem Stuhle sitzt; wenn er (der Aufgenommene) stirbt, so gibt er ihm als Zins ein Glied von seinem Leibe.

davor wolle sein, daß inen ire gemacht verhalten werden mit zauberei oder sunst sachen; zum siebenden, das sie wollen rechen mit allem fleiß das unrecht, das man den personen buth, die in der sect sein. Und wen der arme die articel also geschwert, so kniet er nider und bett den ketzermeister an und gibt sich ime und kust ine in den ars, und sie sagen, es sei der beuffel selbs, der uff dem stul sitzt in eins menschen wise und gibt ime zins ein glibt von seinem leibe, so er gestirbt. Darnach so sint die in der geselschaft frolich und freu wen sich das neuwen gesellen und ketzers und essen, das sie haben, gebraten und gesobten Kinder. Wen sie gessen haben, so schreit der Dewffel oder der ketzermeister Meselet Meselet und lescht die liecht aus, darnach lauffen sie unbereinander und vermischen sich fleischlich nnd der vatter mit der dochter, desgleich bruder mit der schwester ꝛc. und halten nit natürlich ordenung in dem werck. Darnach zunden sie die liecht wieder an, essen und trinken und wen sie wieder heim wolen geen, werffen sie vor den unflatt irer natur in ein kuffen zu-

Darnach sind die Mitglieder der Gesellschaft fröhlich und freuen sich des neuen Gesellen und Ketzers; sie essen, was sie haben, gebratene und gesottene Kinder. Wenn sie gegessen haben, so schreit der Teufel oder der Ketzermeister Meselet, Meselet und löscht die Lichter aus; darnach laufen sie unter einander und vermischen sich fleischlich, und zwar der Vater mit der Tochter, ebenso der Bruder mit der Schwester u. s. w. und halten die Naturordnung hierin nicht. Darauf zünden sie die Lichter wieder an, essen und trinken, und wenn sie wieder heimgehen wollen, so werfen sie zuvor ihren natürlichen Unflat in einen Kübel zusammen und frägt man sie, warum sie das thun, so antworten sie, sie thäten es zur Schmach des hl. Sacraments. Ferner, wenn der arme, verführte Mensch sich dem Teufel hingegeben hat, so gibt ihm der Meister eine Büchse mit Salben, einen Stab, Besen oder was dazu gehört; auf diesen muß der Verführte in die Schule gehen; er lehrt ihn, wie er den Stab schmieren soll mit der Salbe. Die Salbe wird teuflisch gemacht von dem Fett der Kinder, die gebraten und gesotten sind und von andern giftigen Dingen, Schlangen, Eidechsen, Kröten, Spinnen. Die Salbe brauchen sie auch dazu: wenn sie Jemanden damit einmal berühren oder bestreichen, so muß derselbe eines bösen Todes sterben und zwar plötzlich. Ebenso machen sie Pulver aus dem Eingeweide, den Lungen, der Leber, dem Herz u. s. w., und wenn es neblig ist, so werfen sie das Pulver in den Nebel, der es in die Luft hinaufzieht. Diese Luft ist nun vergiftet, so daß die Leute plötzlich hinsterben, oder sonst eine ewige (schleichende) Krankheit bekommen, und das ist der Grund, daß in etlichen Dörfern die Pest herrscht, während man in nächster Nähe frisch und gesund sein kann. Ferner, wenn sie

famen, und so man sie fragt, warumb sie das thun, antworten sie, das sie das zu schmacheit thun dem heiligen Sakrament. Item wen der arme verfurt mensch sich dem bewffel zu lehn hoit gegeben, so gibt ime der meister ein buchsen mit salben, ein stabe, besame oder was darzu gehort. Uff den muß der verfurt in die schule gehn und lert ine, wie er den stab soll schmeren mit der salbe und die salbe wirt bewffelisch gemacht von der seistichkeit der kinde, die gebraten und gesobten sein und mit andern vergiften dingen, als schlangen, eidessen, krotten, spinnen. Die salben brauchen sie auch darzu, so sie jemant damit beruren oder bestreichen einmale, muß der mensch eins bosen boits sterben zu stunde gehlingen. Item die machen puluer aus dem eingeweibe, aus der lungen, leber, hertz x. und so es neblichte ist, so werfen sie das puluer in den nebel, der zeucht es uff in der lufft. Derselbig lufft ist vergifft, also das die lewt gehling sterben oder sunst ein ewig kranckheit gewinnen und das ist ursach, das in ettlichen Dorffern pestilenz regiert und zu allernächst bobei ist

einen Menschen haben wollen, den man für fromm und heilig hält, so nehmen sie ihn, ziehen ihn nackt aus und binden ihn auf eine Bank, daß er kein Glied rühren kann, und legen überall vergiftete Thiere und Würmer um ihn herum und nöthigen die Thiere, den frommen Menschen zu beißen und zu peinigen, so lange bis er stirbt, ohne alle Erbarmung. Darauf hängen sie ihn an den Füßen auf, und setzen ein gläsernes Geschirr unter seinen Mund, und sammeln, was heraustreuft; dazu thun sie das Fett, das von Dieben an Galgen, von Eingeweiden kleiner Kinder und giftiger Thiere träuft; daraus machen sie dann eine Salbe, und tödten damit die Menschen durch bloßes Anrühren. Ferner nehmen sie eine Katzenhaut, thun von der Salbe hinein und füllen die Haut mit Erbsen, Linsen, Gerstenkörnern u. s. w., nähen die Haut zu und legen sie in einen frischen Brunnen. Drei Tage darnach dürren sie die Frucht, und machen ein Pulver daraus, und wenn das Wetter stürmisch ist, so steigen sie auf einen hohen Berg und werfen das Pulver in den Wind, der es in die Feldfrucht weht und das Gefilde unfruchtbar macht. Ebenso haben Etliche von dieser Schule und Secte, die man verbrannt hat, ausgesagt, es sei das Gebot ihres Teufels und Meisters: wenn ein Sturmwind geht, so müssen sie auf die hohen Berge gehen und das Eis auf einander tragen zu einem großen Haufen und sagen theilweise, daß sie das Eis mit sich führen in die Luft auf ihren Stäben und damit Land und Leute und die Felder ihrer Feinde verderben. Doch können diese Kunst nicht Alle von der Gesellschaft; auch sind sie zum Theil nicht so kühn u. s. w. Ferner, wenn man sie frägt, warum sie in eine solche Schule oder Secte gehen, antworten sie: aus 3 Gründen: erstlich seien gewisse

man frisch und gesundt. Item wen sie einen menschen mogen haben, den man helt vor frome und heilig, so nemen sie ine und ziehen den nackent aus und binden ine uff ein banck, das er kein gelidt mag geregen und legent allenthalb vergifft thier und wurmb umb ine und nothigen die thier, den fromen menschen zu beissen und peinigen so lange bis der arme stirbt one alle erbarmung, darnach hencken sie ine mit den Fussen uff und setzen ein glesen geschir under sein mundt, und was heraus brufftet, das samelen sie und thun darzu die Feistigkeit, die do brufft von dieben an den galgen und von der kleinen kindlein eingeweid und gifftig thier, daraus machen sie ine salben, damit boten sie die menschen, so sie sie bomit anruren. Item sie nemen die hawt von einer katzen, thun der salben darin und fullen die hawt mit erbessen, linsen, gerstenkorner ic und nehen die hawt zu und legen sie in einen frischen Brunnen. Drei tag darnach durren sie die frucht und pulverns und wen es fast windig ist, so steigen sie uff einen hohen berg und werffen das puluer in den wint, der

---

Leute so genaturt, daß sie nicht friedlich leben können und ihnen viele Feinde machen und wie sie gegen Jedermann sind, so ist auch Jedermann gegen sie vom Geschlecht Ismaels; sobann, wenn sie sehen, daß sie sich nicht selbst rächen können, rufen sie den Teufel an. Deßhalb, wenn die von der Secte merken, daß ihre Nachbarn bekümmert sind, so machen sie sich zu ihnen, wie wenn sie dieselben trösten wollten und klagen und fragen nach der Ursache ihrer Traurigkeit und wenn sie erfahren, daß Neid und Haß die Ursache ist, so rathen sie ihnen, sich in die Secte aufnehmen zu lassen, wo sie sich rächen können. So verführen sie ihre Nachbarn, und reden ihnen vom guten Leben ic. vor. Die andere Ursache, warum sie sich in die verfluchte Secte aufnehmen lassen, ist die: es sind ihrer Manche, die durch Wohlleben das Ihrige mit Essen und Trinken vergeudet haben. Da gibt der Teufel etlichen von der Sekte ein, daß sie zu ihnen gehen und mit ihnen in die Keller der Reichen fahren sollen; hier essen und trinken sie, worauf jeder wieder nach Hause fährt und den Armen von gutem Leben, das sie haben, erzählt; damit verlocken sie jene zu ihrer Synagoge. Endlich die dritte Ursache ist die: Etliche sind gewohnt, nach Wollust des Fleisches in Unkeuschheit zu leben; nun, in der Secte lebt jeder nach seiner Fleischeslust, ganz nach seinem Willen. Der Teufel ist ihr Meister, und verbietet ihnen sehr, daß Keiner von ihnen Gold, Silber oder kostbare Kleinobe stehle, damit sie nicht eingekerkert werden, wodurch ihre Buberei an den Tag käme. Auch bekennen sie, wenn Einer von ihnen gegen ihre Gesetze verstößt oder gegen einen von der Gesellschaft, so gebietet ihr Meister einem von der Secte, daß er ihn Nachts strafe und sie fürchten ihren Meister und seine Gesellschaft sehr. — Die Jünger

weht es in die frucht des feldes, davon wirt das gefilte unfruchtbar. Ittem ettlich haben bekennt von dieser schulle und sect, die man verbrannt hatt und sagen, das das gebott ires bewffels und meisters ist: so ungestum in den lufften ist von wind, so mussen sie uff den hohen berg gehn und das eiß uff einander tragen ein großen huffen und sagen einstheils, das sie das eiß mit ine furen in die luffte uff iren steben und verderben domit landt und lewt und das gefild irer feinde. Doch konnen die kunst nit alle die in der geselschaft, und sint auch eintheils nit so tuen ꝛc. Item so man sie fragt, warumb sie ine ein solich schul und sect komen, antworten sie: durch breierlei sach willen. Item zum ersten, es seint einstheils lewte also genaturt, das sie nit mit friden mogen geleben und machen ine vil feinde und als sie wider menniglich seint, also ist auch menniglich wider sie von dem geschlecht Ismaelis; bann, wan sie sehn, das sie sich selbst nit mogen gerechen, rufen sie den bewffel an. Und darumb, wen die von der sect sehn, das ire nachburen also bekommert sint, so machen sie sich zu ine, in gestalt als wolten sie sie trosten und klagen und fragen die ursach irer trawrigkeit und so sie erfaren, das neidt und haß die ursach ist, so raten sie ine in die sect und irsal zu komen, do sie sich in rechen mogen und also verfuren sie ire nachbarn und

---

Johannes, ihres Ketzermeisters, haben bekannt, als man sie verbrannte: wenn einer zum ersten Mal in die Gesellschaft komme, so ziehe der Teufel oder Meister dem Verführten das Blut aus den Adern; damit schreibt er auf ein Pergament und behält die Schrift bei sich; viele von der Secte haben das gesehen. Wenn sie die Kindlein tödten oder ersticken wollen, gehen sie Nachts heimlich zu dem Kinde und erwürgen es, und Morgens, wenn man es in die Kirche oder zum Grab tragen will, so kommen die Ketzer und klagen mit den Eltern; ist aber das Kind begraben, so graben sie es Nachts wieder aus, tragen es in die Synagoge und Versammlung u. s. w., und essen es, wie vorhin schon gesagt. Auch sind etliche Frauen gewesen, wie Johanna, die man verbrannt hat, die vor Jedermann bekannt haben, daß sie ihre eigenen Kinder getödtet und in der Versammlung gegessen haben und andere, die ein Kind ihrer Tochter getödtet und gegessen haben. Ebenso bekennen sie, die seien die Frömmsten und Besten in der Secte, die oft das Sacrament (Abendmahl) nehmen, oft beichten, viel beten vor den Leuten, gerne Messe hören; sie thun das nur zum Schein, daß man keinen Argwohn auf sie werfe und dadurch die Buberei und Ketzerei offenbar werde. Somit hast du genug vernommen von der Secte und Versammlung der nachtfahrenden Leute, Unholden, Zauberinnen, welche die Katzen und Besen

sagen ine von gutem leben ꝛc. Item die ander ursach, darumb sie in die verflucht sect komen, ist die: Es sint ettlich, die haben gewont gutes wollebens und haben das ire boslich verzert mit essen und brinken. So ist der bewffel do und gibt ein ettlichen von der sect, das sie zu ine gehn und mit in farn und in die keller der reichen. Do essen und brinken sie, darnach fart ein jeglicher wider zu Hauß und sagen den armen von gutem leben, das sie haben. Domit reitzen sie sie zu irer sinagoge. Item die britte ursach ist die: es sint ettliche, die gewont haben nach wollust des fleischs mit unkeuschheit zu leben. Nun, in der sect lebt ein igliches nach allem luste des fleisch nach seinem willen. Item der bewffel ist irer meister, verbeutt ine vast, das ir keins stele golt oder silber oder kostlich kleinot, uff das sie nit gefangen werden und bardurch ire buberei geoffent werd. Item sie bekennen, wenn ire einer thue wider ire gesetze oder wider ein von irer gesellschafft, so gebewt ire meister einem in irer sect, das er ine bei der nacht straffe, darumb und sie forchten hart iren meister und sein gesellschafft. Item die junger Johannes ires ketzermeisters haet bekant, do man sie verbrant: wan einer wider erst in die gesellschafft kome, so zieh der tewffel oder meister dem verfurten das Blut aus den adern, domit schreibt er uff ein pergament

---

reiten, wie man behauptet von denen von Heidelberg, die auf die Angelgrub und Kurnau fahren; — Gotte behüte uns, an solches Uebel zu denken, geschweige zu vollbringen. Diejenigen jedoch, die man zu Heidelberg und auf der Zent (in den Aemtern auf dem Land) verbrannt hat, halte ich nicht für so gar boshaft, als die, von denen ich oben erzählte; denn sie bekannten, daß sie in der Goldfasten fahren, Wetter machen, die Leute lähmen und es ist jedenfalls wunderbar, denn etliche Leute werden plötzlich lahm und es geschwiert aus ihnen Kohlen, Stein, Borsten, Haare, Kreide u. drgl. Und im Jahre 1475 verbrannte man zwei Frauen auf dem Dilsberg, von denen die Eine bekannte, daß sie ihren Nachbar im Kopf krank gemacht habe, denn sie habe sein Haar genommen und es in einen Baum geschlagen oder gestoßen. So lange das Haar darin war, hatte der Arme keine Ruhe in seinem Kopf; das Haar in dem Baume fand man. Desgleichen bekennen sie, daß sie den Männern ihre Scham nehmen, daß sie keine Aepfel essen können. Wem das widerfährt, der nehme Quecksilber in ein Rohr oder Federkiel und trage es bei sich, so schadet ihm keine Zauberei. Das ist wahr. Aber von dem Fahren der Frauen in der Goldfasten halt ich wenig.

und behelt die schrift bei ihme und vil aus der sect haben das gesehn. Item so sie die kindlein dotten oder erstecken wollen, gehn sie zu nachte heimlich zu dem kinde und erworgen das und zu morgens so man das kindt zu kirchen tragt oder zu dem grab, so komen sie die ketzer und clagen die eltern, und so man das kint begraben hat, zu nacht graben sie das wider aus und tragens in die sinagoge und samelung ꝛc. und essen das als vorgesagt ist. Ittem es sint ettlich Frauwen gewesen, als Johanna die man verbrant, die bekant vor menniglich, das sie ire eigen kint hett gedoit und gessen in der samelung und ettlich die bo hetten gedott und gessen ein kint ire dochter, Item sie bekennen, das die die fromsten und besten sein in der sect die offt das sacrament nemen, offt beichten und vil betten vor den lewten und gern meß horen, und thun das zu einem schein, das man nit argwonung uff sie hab, darburch die buberei und ketzerei geoffent werd. Also hastu woll vernommen die sect und samelung der nachtfarenden lewte, unholden, zauberin, die die katzen und besam reiten, als man sagt von den von Heidelberg, die uff die Angelgrub und Kurnaw faren und got behute uns vor solichem ubel zu gedencken, vil schweigen zu volebringen. Jedoch die man zu Heidelberg hoit verbrant und uff der zentt, halt ich nit, das sie so gare boshafftig sein gewesen als die, von den oben berurt ist; dan sie bekanten, das sie in der golt fasten faren, webber machen und die lewt lemen, und ist ein wunder, dan ettlich lewt werden lame gehling und schwert aus ine kolen, stein, borsten, hare, kreiden und desgleichen. Und anno 1475 verbrant man zwo frauwen uff dem Tilsberg, die ein bekannt, das sie iren nachburen krank hett gemacht im kopff, dan sie hett genommen sein hare und hett das in einen baum geschlagen oder gestossen, und als lang das hare darin was, hett der arm kein ruwe in seinem kopff, und das hare fand man in dem baum. Desgleichen bekennen sie, das sie den manne ire glide und gemacht, das ist der zagel, nemen das sie nit mogen opfel essen, und wem das widerfert, der neme queckfilber und thu das in ein rore oder federkiele und trags bei ime, so schadt ime kein Zauberei, und ist ware. Aber von dem faren der frauwen in der goltfasten halt ich wenig."

Hier haben wir also den ganzen unheimlichen Hexenspuck: Menschen im unzüchtigen Bunde mit dem Teufel, die ihre Zauberkraft zum Unheil ihrer Nebenmenschen gebrauchen; Hexenprozesse, Hexenverbrennung, auch in unserem Heidelberg.

Gazarer werden die Unholden genannt, wohl herkommend von der Stadt Gaza, die oft auch Gazara genannt wurde. Diese Stadt wußte sich ihre heidnische Unabhängigkeit zu bewahren, nachdem Josua ganz Palästina für die Juden erobert hatte; sie blieb ferner eine der Hauptstädte der Philister, die unter David und Salomo sich in ihre Feindschaft gegen das Volk Gottes hervorthat. Dieselbe Stadt hielt auch in der Zeit der christlichen Herrschaft in jenen Gegenden das Heidenthum mit besonderer Zähigkeit fest; die Gazarer zeichneten sich unter Kaiser Julian dem Abtrünnigen in der Verfolgung der Christen besonders aus. Diese Umstände mögen dazu geführt haben, Jeden, der gegen die Kirche feindlich auftrat, Gazarer zu heißen. Hierin liegt schon die Bestätigung unsrer Behauptung, daß die Kirche auch die Ketzer in den Hexenprozessen verfolgte, was ferner daraus erhellt, daß man dem Ketzermeister den Namen Johannes gab, ohne Zweifel mit Beziehung auf Johannes Huß, den man am Anfang des 15. Jahrhunderts als Ketzer verbrannt hatte und der in effigie heutzutage noch von dem katholischen Landvolke in den „Johannesfeuern" verbrannt wird.

Bemerkenswerth ist ferner, wie man Juden und christliche Ketzer mit einander vermischte. Den Juden gab man schon sehr frühe die Vergiftung der Brunnen und der Luft woraus die Pest hervorging und plötzliches Sterben, sowie das Tödten von Christenkindern Schuld; seit dem Ueberhandnehmen der Ketzerei gibt man den Ketzern dieselben und noch andere Verbrechen Schuld und umkleidet Beide mit der gehässigen Vorstellung eines Bundes mit dem Teufel und der Zauberei zum Nachtheil der Kirchlichen. Daß dieses so ist, darauf weist die Bezeichnung des Versammlungsorts als Synagoge hin und die Anführung der Thatsache, daß die christlichen Hexen, in diesem Zusammenhange gewiß Ketzer, fleißig die kirchlichen Gebräuche mitmachen.

Auch das wird man als richtig annehmen müssen, daß der Hexenglaube heute noch vielfach im Schwange geht, wenn man die Urkunde aufmerksam liest; wie dieselbe denn überhaupt die Bemerkungen bestätigt, welche wir im Eingang dieses Aufsatzes aufgestellt haben.

Bedauern müssen wir nur, daß es uns bis jetzt nicht gelungen ist, die Oertlichkeiten aufzufinden, wo in Heidelberg die Hexen verbrannt wurden und wo die „Angelgrub und Kurnau", der Versammlungsort der Hexen, lag.

XX.

Mordversuch auf Churfürst Friedrich V.

Die Zeit der Begebenheit, welche der Gegenstand dieses Abschnittes ist, kann zwar nicht genau angegeben werden, aber es sind Umstände vorhanden, welche sie annähernd wenigstens errathen lassen.

Friedrich V. hatte am 16. August 1614 sein achtzehntes Lebensjahr, und damit seine Volljährigkeit erreicht. Sein Vormund und der Administrator der Pfalz Johann von Zweibrücken übergab ihm am selben Tage deßhalb die vollständige Regierung. Das entscheidendste Ereigniß für sein ganzes Leben, seine Verehelichung mit Elisabeth Stuart, Tochter des Königs Jacob I. von England, war schon 1613, vor dem Antritt der Regierung eingetreten. Diese Verbindung war der Schlußstein zu dem engen Bunde, den die protestantische Union in Deutschland mit England schloß. England und Churpfalz waren die mächtigsten calvinischen Länder.

So glücklich die Ehe des Churfürsten war, so bereitete sich doch im Hintergrunde ein schweres Unglück rasch vor. Während es in ganz Europa kein glücklicheres, muntereres und harmloseres Hofleben gab, als in Heidelberg, zogen verderbendrohend die schwarzen Gewitterwolken des dreißigjährigen Krieges herauf, welcher den Churfürsten Friedrich V. und das Wohl seines Landes verschlang. Die Gemüther befanden sich in einer fieberhaften Aufregung. Der Fanatismus begann in hellen Flammen emporzuschlagen. Die Calvinisten warnten in heftigen Schriften vor den Umtrieben der spanischen und päpstlichen Parthei; die Katholiken schilderten die Calvinisten mit gräu-

8

lichen Farben. Die Union der protestantischen Fürsten und ihre Verbindung mit England durch Friedrichs Heirath hatte den Haß der Jesuiten nur steigern können. Man verlangte in Pamphleten die Vernichtung der Ketzer und das Verlangen trug seine Früchte.

Es mochte deßhalb in den Jahren 1614--17 gewesen sein, als an Friedrich V. ein Mordversuch gemacht wurde. Der auf uns gekommene Bericht lautet wie folgt:[49])

Nicht nur die Protestirende oder Evangelische, sondern auch alle aufrichtig alte Katholische und sonsten andere gewissenhafte Gemüter haben je und alleweg die meuchelmörderey, die heutigs tags offt und viel practisirt wird, auff daß hefftigst improbirt [50]) und gescholten, wie an Kaiser Maximilian II. zu sehen, Welcher in anno 1574 in einem an Lazarum an Schwendi abgegangenes Schreiben das Blutbad zu Paris höchlich und ernstlich bestraft und improbirt.

Weniger nicht improbirt, condemnirt [51]) und verdampt das Frantzösische Parlament solche Heuchelmörderey, also ernstlich und scharpff, daß sie der Jesuiter Bücher, welche solche Mörder in Himmel erheben, durch den Henker verbrennen und ihnen anzeigen lassen, wenn sie solche Lehren mehr treiben, sollen sie gleich dem Thäter gerichtet werden.

Der König in Engelland straffet sie ernstlich und will sie gar nicht dulden, und obwohl solche Meichel- und Königsmörder, abschewlicher und erschröcklicher weise, ihrem Verdienst nach, sowol in Franckreich, als Engelland, mit Schlaifen, Viertheilen, Pferdt zu reissen, mit Schwerdt, Fewer, haissem Oel, Schweffel und Bley, gemartert, gequelt und hingericht werden, dannoch von solchen unmenschlichen

---

[49]) Durch die zuvorkommende Freundlichkeit des Herrn Rechtsanwalt Mays zu Heidelberg ist mir die Druckschrift, welche die obige Geschichte enthält, mitgetheilt worden. Ihr vollständiger Titel ist: „Mordpractica, das ist: Gründlicher Bericht, wie dem Durchlauchtigsten, hochgebornen Fürsten und Herrn, Herrn Friedrichen dem V. Pfalzgrafen bei Rhein rc. Zween Meuchelmörder zu Heidelberg heimlicher weiß nach dem Leben gestelt und ihre Churf. Gn. hinrichten und umbbringen wöllen. Wie sie darüber gefangen, und was sie bekennt und ausgesagt. Erstlich gedruckt zu Magdeburg (ohne Jahreszahl.) — Ich fand den Inhalt dieser Schrift noch nirgends verwerthet, weßhalb sie oben abgedruckt ist. [50]) getadelt, verworfen. [51]) verdammt.

Begierden und Thaten nicht abstehen, sondern vielmehr verharren und ihr Gespött mit solcher Potentaten Todtfall allein treiben, wie in dem politischen Probierstin auß Parnaßo cap. I. zu sehen, und immer je mehr zu exerciren ⁵²) und zu practisiren unterstehen, auch solches nunmehr im Röm. Reich an desselben vornehmsten Gliedern anzufangen begeren.

Dann es nun mehr kundt, offenbar unnd wolwissend, ja Reichs und Weltkündig ist, welcher Gestalt vor dreyen Monaten zween Ertzbuben und abschewliche heimliche Meuchelmörder gen Heidelberg zum gulben Hirschen auff dem Marktᵉ³) eingekehrt, über Nacht allda gelegen, welche bei dem Wirth vorgeben, bey ihro Churf. Gn. sie etwas zu verrichten hetten, dieses ist also balb erschollen unnd an gehörende Ort bericht, dabey dem Wirth Bescheid ertheilet worden, auff sie gut Achtung zu haben, den folgenden Tag sind sie in ihrem Habit zu Hoff angelangt, da haben sie vorgeben, Wie sie bey ihro Churf. Gn. was wichtiges zu verrichten, und wie sie an dieselbe Crenbentzschreiben hetten, Haben also vermeynet, mit diesem durch die Wacht zu kommen, Aber von derselben nicht durchgelassen, Sondern hingegen angezeigt worden, daß sie sich ein geringe weil zu warten nicht beschweren wollten, sie solten also balb an gehörende Ort, verwiesen, und bey ihro Churf. Gn. angezeigt werden, welches sie nicht allerdings willig gethan, doch anders nicht sein können.

Solche seynd alsobalden bey dem Herrn von Schönberg, Obristen und Rittern angemeld worden, welcher ihnen im Namen ihro Churf. Gn. auff empfangenen Bevelch ⁵⁴) Audienz communiciret ⁵⁵) und sie angehört.

Welcher Vorbringen war, sie an ihro Churf. Gn. nicht nur Credentzschreiben, sondern auch in Mandato hetten, Solche ihro Churf. Gn. persönlich einzuhändigen, obwol der Herr Oberste antwortete, es wäre gleich viel, er wolte solche alsobald ihro Churf. Gn. einhändigen und sie zu Genüge beantwortet werden, kondte er doch solches nicht erhalten, welches ihro Churf. Gn. er Unterthänigst widerumb referirt ⁵⁶),

---

⁵²) Auszuüben. ⁵³) der goldene Hirsch, jetzt Eigenthum der Stadt, stieß am nördlichen Ende des Rathhauses an und bildete das Eck der Hirschstraße, dem „Weinberg" gegenüber. ⁵⁴) Befehl. ⁵⁵) Audienz gewährt. ⁵⁶) berichtet.

barauff alsobalben geschlossen, ein Doctorem juris, vieler Sprachen
kündig, ins Gemach zu ihnen zu schicken, umb solcher Ding ire Raiß
unb wandels, Sonderlich ihrer vorgebender Verrichtung halber umbständlich zu examiniren, welches auch alsbald geschehen, welcher
Doctor bann an ihnen befunden, daß sie treffliche gelehrte Gesellen
unb sechserley Sprachen reben können, unb auß bem gehaltenen exa-
mine unb gehaltener conversation [57] soviel abgenommen unb ver-
spüret, baz sie ein lange Zeit uff ber Raiß gewesen, balb ba, balb
bort hin gerauset, baß sie, wie man meynet, in ihrem Vorhaben ge-
stärckt, unb vor sie gebetten werbe, unnb sonst ungleiche nicht zu-
sammenstimmenbe Reben sonst lauffen lassen, unnb ob schon die
Crebenzschreiben mit großer Bescheidenheit wiberumb erfordert, bem-
nach ihnen nicht eingehändigt werden wöllen, sondern mit ber gleich-
mässigen Verantwortung, solche ihro Churf. Gn. persönlich einhändigen
müssen, sich entschulbiget.

    Weil sie bann hierburch als zu viel suspect [58], unb verbächtig
sich gemacht, sind sie in ein Gemach, nach gehaltener stattlicher Tafel,
mit Vertröstung ihre Churf. Gn. ihne Audienz ertheilet werbe, verwiesen, unb nach gehabter deliberation [59], auch wie man sagt, ge-
schehenen unb verspürten mörberischen Messer, im selbigen Gemach
besucht, unb bey ihnen unterschiebliche mörberische Waffen befunden
worden, als nemlich ihre Pilgramstäb, die waren oben mit zugebeckten
pfannenbeckln wol versehen, unb wann bieselbe abgebruckt, sind starke
Meyländische Rappierklingen herausgefahren, also starck unb schnell,
sie wol burch ein hölzerne einfachene thännine Thür fahren mögen.
Zum anbern, hat ein jeber ein zweyschneibent vergifft Messer bei sich
getragen, in die brey viertel einer Elen lang, überbieß hat ein jeber
ein gelaben, gespannt unnb auffgezogen Geschoß bei sich gehabt, unb
hat ein jebes ein Messer außgebreit wie ein Kornstengel in ihm
stecken gehabt, wann es eim versaget hette, unb ber auffgesetzte Haan
abgeschlagen worden, so ist bas Messer alsbald unnb so schnell, als
ein Kugel herausgefahren unb einem in Leib gewischt were.

    Weil nun solche mörberische Waffen, neben ben Crebentzschrei-
ben, beren Oberschrifft recht unb gut, boch ohne Subscription [60] bei

---

[57] Unterrebung.   [58] in Argwohn versetzt.   [59] Berathschlagung.   [60] Unterschrift.

ihnen gefunden worden, so sind dieselbe in die Zellt, darin man sonsten ein Fürstl. und Gräfliche Personen carceriren⁶¹) und einzusetzen pflegt, auch einlosirt worden, welche stattlich und alle Mahlzeit mit 12 Trachten gespeiset und nur gar zu wol gehalten worden.

Wie nun der Durchl. Hochgeb. Fürst und Herr, Herr Friedrich Pfaltzgraff Churfürst in allen seinen Lands- unnd Reichs-Geschäften hochweißlich und langmütig handelt, also thun sie auch mit diesen Personen, auff daß in andern Nationen ihre Churf. Gn. Unterthanen auch nicht übereylet würden. Darumb den casum⁶²) umbständlich formirt⁶³) und den Juristischen Faculteten zu Meyntz, Würtzburg unnd Cölln zugeschickt, umb consilia⁶⁴) zu zufärtigen, wessen man sich mit ihnen zu verhalten, aber wie mit ihnen zu procediren⁶⁵) seyn, die dann einhelliglich geschlossen, sie auff die Tortur zu spannen, unnd peinlich zu fragen, wie solches auch mit solcher Bescheydenheit milde und Gnaden beschehen, daß sie solches Warlich nicht würdig, ihre gemeine gütliche und peinliche auch wiederholte Bekantnuß und Außsag seyn, daß sie zween auff Hoch vorneme Leut außgeben unnd bekennen, daß sie von ihnen umb ihre Churf. Gn. umbzubringen unnd zu erwürgen, suhornirt⁶⁶) und bestellt seyen, jedoch solches ins Werck zu richten nicht gesinnet gewesen, excipiren⁶⁷) und vornehmen, wir aber solches ihrem Conatu⁶⁸) zu wieder, giebt das factum⁶⁹) selbst an, dann der außgezogene Feind, vor den Thäter zu achten und ein solcher Conatus pro effectus⁷⁰) gehalten wird, Und werden solche Leut solches langsam gestehen, sind nun durch ihre Churf. Gn. ersucht worden, was die nun für ein Antwort geben und was vor ein Verdienst sie erlangen werden, wird die Zeit bringen, es ist aber zu jammern, daß alle Protestirende, solchen Gesellen, die schärpffe mit so viel Gnad vermischen, da doch billiger ein solch Exempel an diesen zu statuiren, daß solch halsstarrige sich genugsam spiegeln könnten.

Wer aber solche Maleficanten⁷¹) seyn sollen, so sind sie leichtlich an ihrem Habit, auch an der Frucht zu erkennen, sind's nicht

---

⁶¹) Einsperren. ⁶²) Fall, Angelegenheit oder Sache. ⁶³) gerichtlich aufgenommen. ⁶⁴) Gutachten. ⁶⁵) vorzufahren. ⁶⁶) angestiftet. ⁶⁷) geltend machen. ⁶⁸) Absicht (des Mordes). ⁶⁹) That. ⁷⁰) Absicht für die That selbst. ⁷¹) Uebelthäter.

geschworne, geschorne geweyhte Jesuiter, so sind's doch ihre discipuli⁷²)
und beaydigte Schuler die ihr Lehr nicht nur wol studirt, sondern
auch trewlich und fleißig practisiren und gehorsame Folg zu thun,
unterstanden.

 Es kan niemand verständigs immer erachten, wo mit ihro Churf.
Gn. solche mörderische Nachstellungen, umb einigen lebendigen Menschen verdient haben solte, dann ihr fried fertiges Hertz männiglich
bekanndt. Wann sie nicht etwa ihres Schwähers deß Königs in England, Weil sie ihr Königl. Mayst. nicht zukommen können, entgelten
solte, dann einmal gewiß, daß derselbe Heyrath ihnen ein gewaltigen
Stich in Augen, sonderlich wenn ihre Churf. Gn. zum Englischen
König, wo es verwend würd designirt⁷³): dahero den Spaniolisirten,
alle Hoffnung zum Königreich Engelland benommen.

 Hilff Gott, Wann einer von der protestirenden Unterthanen,
von den Spaniern solte, umb solcher That willen bekommen werden,
Was unerdenkliche Marter würden sie anthun, daß aber die Evan-
gelische so barmhertzig gegen ihnen sind, Wissen sie meisterlich zu miß-
brauchen, uud spotten ihrer darzu. Wie in ob angezeigtem Politischem
Probierstein auß Parnasso zu sehen, letzlich fallen sie selbst in die
Gruben, unnd ersticken in ihrem eygenem Blut. Gott behüte alle
Protestirende Chur- und Fürstl. Häuser, vor solchen Mördern unnb
Abschewlichen Schelcken, Amen.

---

⁷²) Schüler, Knechte, Helfershelfer. ⁷³) ernannt. Hier wird angespielt auf
die beabsichtigte Heirath des Prinzen von Wales mit einer spanischen Prinzessin,
wodurch die katholische Parthei den König von England, Jacob I., der zudem
bedenkliche Sympathien mit dem Katholicismus geoffenbart hatte, vollends zu
sich hinüberziehen zu können hoffte. Die Heirath wurde durch den Tod des
Prinzen zu Nichte.

XXI.

Beschaffenheit der Erdoberfläche der Heidelberger Gemarkung.
(Geognosie.)

Die Kenntniß der Beschaffenheit der Erdoberfläche unserer Gemarkung ist für den gründlichen Erforscher der Geschichte der Stadt nicht bloß darum von Nothwendigkeit, weil diese Beschaffenheit der Stadt und ihrer Mark ihre Physiognomie gibt, sondern hauptsächlich deßhalb, weil dieselbe die natürliche Grundlage für das gesammte Culturleben ist. Wir können uns keine genügende Vorstellung von geschichtlichen Ereignissen machen, wenn wir das Terrain und seine Beschaffenheit nicht kennen, auf dem jene Ereignisse Statt fanden. Ebenso fehlte uns der tiefste Erklärungsgrund für das Gedeihen und Leben, sowie für die Entwicklung der städtischen Gemeinschaft, wenn wir diese Dinge nicht an ihren Wurzeln und Voraussetzungen messen könnten.

Welches ist die Urquelle für den bürgerlichen Wohlstand unserer Stadt; was macht sie zu einem steten Anziehungspunkt für Fremde? — Es ist die natürliche Beschaffenheit der Erdoberfläche. Alles Lebendige bedarf einer natürlichen Grundlage; sie ist für den einzelnen Menschen sein körperliches Dasein und Leben; für eine Gemeinschaft von Menschen das Terrain, auf dem es sich gestalten soll. Es ist die Mutter Erde, der unsere Stadt ihre Existenz verdankt.

Das aber ist überall der Fall, auch da, wo sich die Erde als Stiefmutter zeigt, und wo der Mensch, der Sinn für Schönheit hat, sich nicht heimisch fühlt. Das Herz geht uns auf und wir leben gerne auf einem Fleck Erde, wo die Natur das Füllhorn ihres wunderbaren Zaubers ausgeschüttet hat. Es ist das landschaftliche Bild, in welchem die Manchfaltigkeit und Abwechselung auf einem verhältnißmäßig kleinen Umkreis zu einem harmonischen Ganzen sich verbindet, was die Gegend von Heidelberg als ein Paradies erscheinen läßt. Aus dunkler Thalschlucht bricht sich ein munterer, schiffbarer

Fluß die Bahn; ernst und ruhig schauen auf sein lebensvolles Treiben Jahrtausende alte Berge hernieder. Von ihren Rücken aus eröffnet sich ein seltener, unaussprechlich wohlthuender Blick in das große Rheinthal mit seinen Städten und Dörfern, mit seinen Fluren und Wäldern, begrenzt in weiter Ferne durch einen Zug blauer Berge; — und hinab in die zu Füßen liegende, stets lebensvolle und lebensfrische Stadt, die wie ein kostbares Juwel in reichster Fassung ruht.

Die Heidelberger Gemarkung hat zu ihrer unmittelbaren Grundlage größten Theils den bunten Sandstein; ins Besondere ist der gebirgige Theil derselben, die bewaldeten Höhen auf buntem Sandstein beruhend.

Im Neckarthale stehen auf beiden Flußufern granitische Gebilde mit eigenthümlichen Erscheinungen zu Tage.

In unmittelbarer Nähe der Stadt ist die Auflagerung des bunten Sandsteins auf dem Granit wahrzunehmen, deren Grenzscheide das rothe Todtliegende bildet.

Die Stadt selbst, sowie der dem Rheine zu gelegene Theil, ebene Theil der Gemarkung ruht theilweise auf einem Diluvial-Conglomerat, aus verschiedenartigen Bruchstücken zusammengesetzt und mit einem kalkigen Bindemittel verkittet.[73]

A. Der bunte Sandstein.

Der bunte Sandstein bildet im ganzen Odenwald den Hauptbestandtheil der Erdoberfläche. Er steigt, mit Ausnahme des Katzenbuckels, dessen Spitze aus Dolerit besteht, zu den höchsten Höhen auf. In Heidelbergs Nähe erreicht der Königstuhl eine Höhe von 1893 Fuß, der Heiligenberg eine solche von 1458, der Gaisberg von 1252. Die Häupter dieser Berge sind schön abgerundet; Die Thäler, welche der Sandstein bildet, erheben sich sanft; nirgends

---

[73] Die hier folgende Darstellung der geognostischen Verhältnisse Heidelbergs ist eine selbstständige Verarbeitung von Notizen, die der Verfasser aus verschiedenen Werken über die Geognosie, besonders von Leonhards Werken, sodann aus Mone's „Urgeschichte" geschöpft hat.

eine Spur schroffen Abgerissenseins. Vom Königsstuhl, als dem höchsten Punkte der Gegend, aus gesehen, erscheinen die Bunte-Sandstein-Parthien in Bergen und Thälern als ein wogendes, aber nicht aufgeregtes Meer, und machen dieselben auf den Beschauer auch einen beruhigenden Eindruck.

Es gibt Sandsteinschichten, welche fast wagrecht auf dem Granit aufliegen; andere sind unter Winkeln von 12, 14, 34, ja selbst 45 Graden aufgerichtet. Am östlichen Abhange des Gaisberges findet man eine Neigung von 10 Graden nach Südwesten; im großen Steinbruch auf dem Weg nach dem Königstuhl von 5 Graden nach Süden. Gegenüber dem Zimmerplatz befindet sich eine etwa 100 Fuß lange Sandsteinlage im Neckar, die sogenannte „Mauer", welche jedoch nur bei kleinem Wasserstand sichtbar ist, deren Schichten sich unter einem Winkel von 45 Grad neigen.

Im bunten Sandstein finden wir wenig Außergewöhnliches; er ist sehr einförmig und besteht bald aus grobem, bald aus feistem Korn, das durch ein thoniges, nur selten eisenhaltiges oder kieseliges Bindemittel zusammengehalten wird. Immer jedoch ist es der Fall, daß der Sandstein groben Korns der obere, des feinen Korns der untere Theil der Formation bildet. Thonige Lagen zwischen den Schichten dies s Gesteins erreichen zuweilen eine Mächtigkeit von 1 bis 2 Fuß.

Seiner Farbe nach ist er meist roth, jedoch sind weiße, gelbliche, auch graue Abwechselungen nicht allzu selten. Je höher man steigt, um so häufiger erscheinen Quarzgeschiebe, welche der Sandstein einschließt. Der Quarz ist dann grobkörnig und crystallinisch; ja auf den höchsten Höhen, auf dem Königstuhl und dem Gaisberg finden sich Quarze von Wallnußgröße und darüber. Auch Gerölle von Porphyr, der älter ist als der Sandstein, kommen in diesem vor.

Eine eigenthümliche Erscheinung bilden die „Sandsteinkugeln" am Gaisberg, die man hier nicht bloß in den zu Tag gehenden, verwitterten Sandsteinmassen, sondern auch in ganz frischem Sandstein findet, der noch keine Zersetzung zeigt. Die „Kugeln" sind nicht ganz rund, gewöhnlich elipsoidisch, nuß-, selbst faustgroß, aus einer durch wenig Bindemittel verkitteten Sandsteinart zusammenge-

setzt und oft durch die Hydrate des Eisen- und Mangan-Oxides braun
gefärbt. Sie sitzen gewöhnlich ganz lose in der Sandsteinmasse und
lassen sich leicht herausnehmen. Es gibt Sandsteinplatten, in denen
nur der innere kugelige Kern sichtbar ist; bald zeigt sich derselbe auch
von mehreren kreisförmigen Schalen umgeben. Platten mit vielen
solchen „Kugeln" auf einem kleinen Raum nennen die Steinhauer
„versteinerte Vogelnester."

Philomelan findet sich in knolligen, traubigen, nierenförmigen
und crystallinischen Massen, auch in zierlichen Dendriten als Ueberzug auf Kluftflächen des Sandsteins; am östlichen Abhang des Gais-
bergs trifft man dieses Mineral bisweilen auch in losen, faustgroßen
Massen, besonders in hohlen Räumen vom bunten Sandstein, die
früher mit Thon gefüllt waren. Kleine Geschiebe von Kieselschiefer
finden sich als Seltenheit im bunten Sandstein eingeschlossen am
Gaisberg.

B. Der Granit.

Dieses plutonische Steingebilde findet sich an beiden Ufern des
Neckars, rechts bis gegen Ziegelhausen, links bis an den „Gut-
leuthof." In der Tiefe des Neckarthales zieht der Granit hin, den
Saum der Berge bildend. In massigen Felsen tritt er über den
Spiegel des Neckars heraus; der mittlere Pfeiler der Neckarbrücke
ruht auf Granit.

Ueber die Massenbeschaffenheit des Granits ist Folgendes
bemerkenswerth: Der Feldspath ist in ihm vorherrschend. Dieser
ist weiß, auch fleisch- und ziegelroth; der schon verwitterte Feldspath
ist häufig mattgelb oder pfirsichblüthroth. Die im Granitteig liegenden Feldspathcrystalle sind bald fleischroth, bald weiß. Dieser, durch
Crystalle characterisirte, porphyrartige Granit herrscht vor. Die Crystalle sind häufig zu Zwillingen vereinigt, welche sich beim Zerschlagen
aus der Masse herauslösen lassen; sie zeigen sich aber auch zerrissen
und gespalten auf der Oberfläche, theils in Vier-, theils in Sechs-
Ecken. Im verwitterten Granitgruß finden sich leicht solche Crystalle
heraus, denn bei vorschreitender Verwitterung fallen die Crystalle
von selbst heraus. Die Luft beschleunigt das Verwittern viel mehr
als das Wasser, das zeigt die glatte, feste Oberfläche dieses Steins

im Neckar und seine Zerklüftung am Gebirge. Der verwitterte Granit gibt einen für den Pflanzenwuchs höchst günstigen Boden. Seine schroffe Abgerissenheit macht seine Parthien romantisch.

Nächst dem Feldspath bildet der Quarz im Granit die größte Masse; er erscheint rauchgrau und ist selten crystallisirt.

Der Glimmer tritt im Granit nur wenig hervor; seine Farbe ist oft silberweiß, oft aber auch schwarz und Beides neben einander. Zuweilen findet man zierliche Anhäufungen des blumenblätterigen, silberweißen Glimmers.

Erst in der neuesten Zeit ist man auf eine eigenthümliche Erscheinung im Granit aufmerksam geworden; es sind dies **Granitgänge im Granit**. Nirgends sind solche deutlicher und schöner wahrzunehmen, als am linken Neckarufer und auf dem Schloßberg. Früher war diese Erscheinung auch in der durch Steinbruchbau jetzt verstörten Felswand, unfern des „magern Hofes" vor dem Carlsthor wahrzunehmen. Gegenwärtig zeigen sie sich noch beim Aufsteigen vom Hausacker nach dem Wolfsbrunnenweg. Der Hauptpunkt aber ist die Wand an der großen Terrasse des Schloßbergs hinter dem Pavillon, wo zugleich die größte Granithöhe auf dem linken Neckarufer ist. Es ist eine Wand von 12 Fuß Höhe und 9 Fuß Breite aus porphyrartigem Granit. Da setzen zahlreiche Gänge eines jüngern, feinkörnigen Granits auf. Das Ganze bildet ein Gewebe von nur wenig von einander entfernten Gängen, die sich auf die mannichfaltigste Weise durchsetzen und verzweigen. Der Ganggranit schließt Bruchstücke und größere Massen des porphyrartigen Granits ein und umklammert diesen. Da der Ganggranit härter ist und nicht so leicht verwittert als der Gebirgsgranit, so zieht sich jener durch diesen wie Schnüre hin und wieder, die auf der Oberfläche hervortreten, während der Gruß des Gebirgsgranits einem zarten Moose das Dasein fristet.

Es gibt zwei Arten solchen Ganggranits, eine ältere und eine jüngere. Der ältere ist feinkörnig; Feldspath, Quarz und Glimmer sind meist in gleicher Menge vorhanden; der Glimmer ist theils silberweiß, theils schwarz. Der jüngere ist sehr grobkörnig, oft nur aus großen Massen von Quarz und Feldspath bestehend, letzterer oft in Crystallen; der Glimmer ist silberweiß, schwarz, braun ober grün, bisweilen auch in Crystallen von 1½—2 Zoll Länge vorhanden; manche davon sind zerbrochen und durch Quarzmassen wieder verkittet. An manchen Stellen hat der grobkörnige (jüngere) den feinkörnigen (ältern) Ganggranit durchsetzt. Bruchstücke, von dem porphyrartigen in den Ganggranit eingeschlossen, sowie ausgezeichnete Reibungsflächen sind keine Seltenheit. Die Grenze zwischen dem grobkörnigen und porphyrartigen Granit ist im Allgemeinen nicht immer deutlich; die Ränder des grobkörnigen nehmen oft crystallinische Structur an, eine Folge schneller Abkühlung; die Gangmasse in der Mitte der Gänge wird porphyrartig. Dagegen ist die Grenze zwischen dem feinkörnigen und Gebirgsgranit meist sehr deutlich, besonders da, wo dieser schon verwittert. Beide Theile sind dann nur gering zusammengehalten; mit der Tiefe jedoch nimmt der Zusammenhang zu. Die Größe der Einschlüsse des porphyrartigen im feinkörnigen Granit ist verschieden, es sind bald Massen von 10 Fuß und darüber, bald nur von einigen Linien Durchmesser, wobei jedoch die Umrisse scharf und erkennbar bleiben; die Ganggranite erscheinen auch da, wo sie das rothe Todtliegende berühren, scharf abgeschnitten. Die Mächtigkeit der Ganggranite wechselt von 4 Zoll bis 1 Fuß und darüber. Die eigentliche Beschaffenheit der Masse ist die der Gebirgsgranite (Feldspath, Quarz, Glimmer), jedoch mit etlichen Beimengungen. Vorerst ist hier zu nennen: Turmalin, besonders auftretend an der Grenze gegen den porphyrartigen Granit. Seine Farbe ist stets die schwarze. Nur selten ist eines der Enden ausgebildet. Am meisten findet sich Turmalin in crystallinischen, strahligen Massen; es sind stengelige, in der Richtung der Hauptaxe in die Länge gezogene Crystalle, in strahligen und sternförmigen Parthien, in letzterer Weise besonders schön im feinkörnigen Ganggranit. Die Turmalinmassen erscheinen gleich Flecken auf der Oberfläche des Gesteins. Der Turmalin ist ein treuer Begleiter des silberweißen Glimmers. Wo der jüngere den ältern Ganggranit durchsetzt, bildet er gleichsam das Salband. In der Mitte der Gänge des grobkörnigen Granits ziehen sich oft 2—3 parallele Schnüre von Turmalin hin, welche dem Gang immer in gleicher Richtung folgen. Auch aus den zarten Blättchen des silberweißen Glimmers ragen kleine zierliche Turmalincrystalle hervor, deren Mittelpunkt sie gleichsam durchbohrt haben. Auf den

Reibungsflächen der Granite ist der Turmalin platt gedrückt, gepreßt; ebenso erscheint auch der Glimmer, die Furchen überkleidend. Oft erscheint der Turmalin auf den Reibungsflächen auch als feiner, staubartiger Ueberzug, wie Ruß. Selten sind in den quarzreicheren Parthien des grobkörnigen Ganggranits zerbrochene und durch Quarzmasse wieder zusammengekittete Turmalincrystalle. — Als fernere Bestandtheile sind zu nennen: Beryll, als Seltenheit in kleinen, sechsseitigen Crystallen; Pinit in sechsseitigen Säulen mit abgestumpften Seitenkanten; rother Granat in äußerst kleinen Trapezoedern; Eisenglimmer auf Klüften, vorzüglich an der Hirschgasse.

Ueber die Entstehung der Ganggranite ist Folgendes zu bemerken. Gigantische Granitmassen erstarrten bei ihrem Emportreiben aus der Tiefe an der Oberfläche. An dieser Oberfläche entstanden Zerklüftungen, während in der Tiefe noch größere Hitze, vielleicht noch Flüssigkeit herrschte. Die feurig-flüssige Masse der Ganggranite schoben sich dann in die Spalten des geborstenen, bereits erkalteten Gebirgsgranits hinein. Die Emportreibung des jüngeren Ganggranits, der, wie den Gebirgs-, so auch den ältern Ganggranit, durchsetzt, fällt in die Periode vor Ablagerung des rothen Todtliegenden und des bunten Sandsteins; denn im rothen Todtliegenden finden sich Rollstücke von turmalinreichem Ganggranit oft von bedeutender Größe. Beim Heraufsteigen der jüngeren Gebilde entstand eine Reibung an den Wänden der Klüfte; hierdurch bildete sich ein Reibungs-Conglomerat: in einer zerkleinten, aber harten, und nicht verwitterten granitischen Grundmasse liegen scharfeckige, frische Bruchstücke eines feinkörnigen Granits, die öfters frei aus der Masse hervorstehen und sich wesentlich von den in den Ganggraniten eingeschlossenen Trümmern unterscheiden. Diese Reibungsconglomerate bilden die Scheide zwischen dem Gebirgs- und Gang-Granit; so in den hohen Felsen, welche der Granit an den beiden Neckarufern bei Schlierbach bildet, wo auch die Unterscheidung der Gänge deutlich sichtbar ist. Reibungsflächen auf beiden Seiten der Gänge befinden sich in einem Steinbruch bei Schlierbach, ferner in großartigem Maßstabe an den schroffen Felsenwänden des Neckarufers, darunter solche von 20—30 Fuß Länge und 15 Fuß Breite.

An denselben Wänden, die etwa 800 Fuß lang sind, kann auch das Streichen und Fallen des Granits verfolgt werden. Bei beständigem Streichen in Süd-Süd-Ost fällt die Wand nordöstlich ein, in Winkeln von 59, 60 und 72 Graden. Bald befindet man sich im Hangenden, bald im Liegenden der granitischen Gangmasse. Das Streichen der beiden Ganggranite ist sehr verschieden. Der ältere, viel verbreitetere, streicht den Neckar im Allgemeinen parallel; der jüngere schneidet den Fluß oft unter einem rechten Winkel. Es zeugt dieses von wiederholter plutonischer Thätigkeit.

C.
Das rothe Todtliegende.

In der Heidelberger Gemarkung hat man bis jetzt noch keine unmittelbare Auflagerung des bunten Sandsteins auf dem Granit aufgefunden. Dagegen hat man immer zwischen Sandstein und Granit solche Massen gefunden, denen man nicht mit Bestimmtheit sagen kann, daß sie der einen oder der andern der beiden Steinarten angehören, von denen vielmehr angenommen werden muß, daß sie aus Auflösungen beider Theile entstanden sind: das rothe Todtliegende. Es entstand aus einer Zerstückelung und Zermalmung der Granite, besonders des Gebirgsgranits und besteht aus sehr weichem Granitgruß, in welchem einzelne oft faustgroße Granitbruchstücke und Quarzbrocken liegen. Die Granitbruchstücke enthalten Theile des Gebirgs- und der Gang-Granite, besonders des ältern turmalinreichen. Ohne Zweifel, weil jener der Zerstörung geneigter ist als dieser, gibt jener den eigentlichen Teig, das Bindemittel, in welchem die Ganggranittrümmer und die Porphyrstücke liegen. Diese Porphyrstücke bilden theils Kugeln von der Größe eines Eies bis zu der eines Kopfes und darüber, theils längliche, scharfkantige, oft besonders gestaltete Massen. Ihre Oberfläche ist rau und löcherig; ihre Masse sehr hart. Wie läßt sich ihre Entstehung erklären, da doch auf der linken Neckarseite keine Porphyre zu Tage kommen? und nur im Odenwalde derselbe vorkommt, mit dem jedoch der unsrige nicht verglichen werden kann? — Man nimmt hie und da, besonders auf erhabenen Punkten am bunten Sandstein Reibungsflächen wahr, welche von polirten Decken von

Feldstein überzogen sind; vielleicht sind sie die Schlüssel zum räthselhaften Vorkommen von Porphyrstücken im rothen Todtliegenden.

Einzelne Ablagerungen des rothen Todtliegenden finden sich auf dem Schloß und im Schloßgraben, dem gesprengten Thurm gegenüber. Es reicht abwärts vom Schloßberge auf der nach Westen gekehrten Seite und wurde in Kellern und Brunnenstuben unfern der alten, nach der Kettengasse ziehenden Stadtmauer gefunden. Auch am „kurzen Buckel" finden wir dies Gestein, sowie in der Richtung des nach dem Wolfsbrunnen ziehenden Weges.

Das Pflaster mancher Straßen der Stadt enthielt meist Porphyrstücke, die, wegen ihrer Härte, vor dem Granitpflaster, das leichter abnahm und ausgefahren war, hervorstanden und eine bedenkliche Unebenheit des Pflasters verursacht hat; was auch jetzt noch bezüglich der Straße der Bergstadt gilt. Vielleicht waren die Porphyre, die dem Schloßgraben bei dessen Anlage entnommen wurden, das älteste Pflasterungsmaterial.

Das rothe Todtliegende hat eine Mächtigkeit von etwa 30 Fuß.

Ueber diesem Steingebilde findet sich in der Nähe des Pavillons eine kleine, 2—3 Fuß mächtige Schichte von Zechstein-Dolomit, welche gleichfalls Porphyrfragmente einschließt. Der Zechstein-Dolomit ist mehr oder weniger verwittert und geht allmälig in das rothe Todtliegende über. Beim Abteufen eines Bohrloches, zur Gewinnung eines artesischen Brunnens, 300 Fuß unter dem Neckarspiegel; ebenso im Sommer 1842, beim Graben des Fundaments eines Hauses in unmittelbarer Nähe der Brücke auf dem rechten Neckarufer und in ziemlich gleicher Höhe mit dem Neckarspiegel, — traf man Zechstein-Dolomit. Ferner scheint derselbe auf einem Punkte am Wolfsbrunnenwege vorzukommen, wenigstens deuten häufige Rollstücke darauf hin. Endlich erscheint derselbe am rechten Neckarufer in lose umherliegenden Stücken, die Abdrücke einer Avicula-Art enthalten. Das Vorkommen von Zechstein-Dolomit in so verschiedenen Höhen und Tiefen in der nächsten Nähe Heidelbergs ist merkwürdig.

D.

Das Diluvial-Conglomerat.

Die Stadt Heidelberg selbst, der Theil derselben wenigstens, welcher auf dem ehemaligen Neckarbette, der jetzigen Thalsohle erbaut ist, sowie der auf der Ebene sich ausstreckende Theil der Heidelberger Gemarkung, ruht auf einem Diluvial-Conglomerat, das aus Bruchstücken von Muschelkalk, Jurakalk und buntem Sandstein zusammengesetzt ist, unter denen sich auch mitunter Granitbrocken befinden. Gegen Schwetzingen und Mannheim zu ist dasselbe sehr verbreitet. Alle Conglomeratbestandtheile sind durch ein kalkiges Bindemittel, als Cement, verkittet.

Vergegenwärtigen wir uns die höchst wahrscheinliche Entstehungsweise. Wir werden dabei in die Zeit zurückgeführt, in welcher der Rhein und der Neckar noch Seen bildete. Mit Recht glaubt man annehmen zu dürfen, daß die jetzigen beiden Neckarufer oberhalb Heidelberg zusammenhingen und so dem Neckarwasser den Austritt in das Rheinthal versperrten. Die grosse Rheinebene dagegen war mit den Wassern eines großen Rheinsees angefüllt, dessen Ufer die links- und rechtsrheinischen Gebirgszüge bildeten. Dieser Rheinsee erhielt wohl Zuflüsse, aber hatte nur wenigen Abfluß. Ursprünglich war das Bett des Rheinsees jedenfalls ein sehr tiefes, denn es ist anzunehmen, daß das Wasser unmittelbar auf dem Urgebirge stand. Die Zuflüsse aber brachten von den verschiedensten Seiten her Stein-Bruchstücke, die sich in der Tiefe ablagerten und nach und nach das Rheinbette ausfüllten. Da der Hauptzufluß von Süden kam, so mußten jene Bruchstücke in überwiegender Masse quarzreich sein, denn aus quarzreichen Granitgegenden kam der Hauptstrom. Daher die weiße Farbe des Rheinkieses und Rheinsandes. Nach und nach hatte sich das ganze Rheinbette bis zu den Füßen der beiderseitigen Berge mit diesem Schutte gefüllt.

Da brach durch unterirdische Gewalt, durch vulkanische Erhebung die Pforte des Neckarsees bei Heidelberg; mit ungeheurer Gewalt stürzte sein Wasser, Alles, was es auf seinem Wege mitnehmen konnte, mit sich fortreißend, in den Rheinsee. Wahrscheinlich zu gleicher Zeit und durch die gleiche vulkanische Erhebung brach auch die Pforte des Rheinsees beim Loreleyfelsen und das Rheinwasser setzte sich gegen Norden in Bewegung.

Der Neckar führte sein Gestein, aus der obern Neckargegend kommend, daher aus Bruchstücken von Muschelkalk, Jurakalk und buntem Sandstein bestehend, in den abfließenden Rheinsee. Das Wasser des Neckars, das einen viel bedeutenderen Fall hatte, als das des Rheins, trieb vorerst die obersten Schichten des Rheinschuttes vor sich her und setzte dasselbe weiter westlich, in den Gegenden von Bruchhausen, Plankstadt, Grenzhof, Friedrichsfeld, Ilvesheim, Wallstadt und Virnheim wieder ab. So entstanden die Rheindünen. An die Stelle des abgeführten Rheinschuttlandes setzte der Neckar seinen Schutt ab, welcher genau dieselben Grenzen zeigt und sich von Leimen über die genannten Gegenden bis an die Bergstraße bei Virnheim erstreckt. Diese Begrenzung ist an der Farbe des Schuttlandes leicht zu bemerken. Denn, während, aus den schon angegebenen Gründen, der Rheinschutt im Ganzen weiß erscheint, so ist der Neckarschutt, vermöge seiner genannten Bestandtheile, röthlich-grau.

Die Schnelle und der Druck des Neckarstroms verminderte sich wie er bei Heidelberg aus dem engen Thale in die weite Ebene ausströmte. Deßhalb setzte er gleich vor dem Gebirge die schwersten Geschiebe nieder und zwar zwischen Edingen, Wieblingen und Eppelheim, so daß dieses Gebiet erhöht ist. Als der Neckar kleiner wurde, prallte er an dieser Erhöhung an und mußte seinen Ausfluß nach Norden und Süden suchen; er konnte nicht geradeaus. Durch den so erstandenen Widerstand wurden Wirbel erzeugt in der Nähe des Gebirgs, auch Gegenströmungen, wodurch der Niederschlag des Neckarwassers wellenförmig wurde; — in weiteren Fernen, also bei ruhigerem Fluß sind die Niederschlag-Schichten wagrecht.

Die Mächtigkeit der Neckargeröllablagerung ist unbekannt, jedenfalls ist sie sehr bedeutend. Je tiefer man in diese Ablagerung hinabbringt, um so herrschender wird das Kalkgeschiebe, desto seltener Sand und Sandstein. Durch die Vertiefungen und Erhöhungen sind die Geschiebe und Schichten oft unterbrochen, so daß das eine Geschiebe oft in die Schichte des Andern übergeht; welche Ungleichheiten bis an die Oberfläche des Bodens gehen. Je mehr man sich dem Rhein nähert, desto herrschender wird der Sand, desto kleiner das Geröll, desto dünner die Kieslagen in den obern Schichten. Im Ganzen erhebt sich das Neckarschuttland vom Rhein bis Heidelberg etwa um 50 Fuß.

Es sind aber mehrere Schichten wahrzunehmen, welche der Neckar bei eintretenden Hochwassern auf die Aelteren wieder absetzte, Schichten von 1—2 Fuß Mächtigkeit. So befinden sich drei Schichten am **Kirchheimer Weg bei der Schwetzinger Straße**, wo im Jahre 1820 einige **Elephantenzähne** gefunden wurden.

Als der Neckar schon einen regelmäßigeren Gang hatte und Hochwasser seltener wurden, brachte er statt des Kieses Schlamm mit, den er zunächst am Gebirge absetzte, wo, in der Nähe von Heidelberg, die aus Schlamm gebildete Dammerde eine Schichte von 4 bis 6 Fuß bildet, im Süden und Osten von großen Sandbänken eingeschlossen. Je weiter vom Gebirge entfernt, um so dünner wird die Dammerdschichte, erscheint bald mit dem Kalkgeschiebe vermischt und verschwindet zuletzt an den Rheindünen.

Durch den Widerstand, welchen der Neckar an den Erhöhungen bei Edingen, Wieblingen und Eppelheim fand, mußte derselbe, wie schon bemerkt, sich **theilen**. Der Hauptstrom ging unterhalb **Bergheim** nordwestlich gegen **Ladenburg**, von da über **Feudenheim**, viele Nebenarme bildend, nach **Mannheim**. Von **Neuenheim** zweigte sich ein anderer Arm ab, der über den **Rosenhof** nach **Wallstadt**, von da zurück nach **Weinheim** floß und bei **Tribur** in den Rhein fiel. Der Südneckar trat in zwei Armen aus dem jetzigen Neckarbette bei Bergheim und bei Heidelberg. Der Bergheimer Arm durchbrach die Düne bei Schwetzingen und floß bei Brühl in den Rhein. Der Heidelberger Arm aber verlor sich im Kies, doch will man sein Bette bis in die Gegend von Bruchhausen verfolgen können. Wahrscheinlich trat er beim jetzigen Marstall heraus, ging durch die Schiffgasse nach der Pleck und dem Bahnhof, in westlicher Richtung gen Rohrbach. Der Marstall liegt fast im Thalweg dieses Arms. Die Schiffgasse und die Pleck lagen einst so tief, daß man sie, um die Straßen dem anliegenden Terrain anzupassen, um mehrere Fuß erhöhen mußte. Vielleicht wurde dieser Arm durch die Biegung des Neckarstroms beim Harlaß verursacht.

Betrachten wir den Wald- und Ackerboden der Heidelberger Gemarkung.

Granitgruß gibt recht guten Wald- und Ackerboden, besonders wenn er mit kalkhaltiger Erde gemengt wird. Er hat Antheil an der Bildung des Löses gehabt, den wir z. B. beim Harlaß aufgelagert finden; die übrigen Gemengtheile sind noch Thonerde, Eisen- und Manganoxyd. Der Granitboden verlangt an Bergabhängen solche Pflanzen, welche tief wurzeln, um dem Boden Halt zu geben. Er ist seiner Natur nach nässer als der Sand; daher der üppige Gras- und Pflanzenwuchs.

Der durch heftige Wasser, Wechsel von Kälte und Wärme bei vorhandener Feuchtigkeit zersetzte Sandstein ist kein guter Ackerboden, sebst dann, wenn er mit Erde gemischt ist, besonders in trockenen Jahren. Den Reben verursacht er gerne den Brenner. Dagegen ist er ein vorzügliches Baumaterial.

Einen ausgezeichneten Wald- und Ackerboden dagegen liefert das Gemenge aller einzelnen Bestandtheile der durch Frost, Wärme, Feuchtigkeit, Ströme, Arbeit und Vegetation aufgelösten Grundgebirge. Eine solche Mischung finden wir auf der Ebene vor Heidelberg in der Dammerdschichte, welche aus dem Neckarthale, aus den verschiedenen Seitenthälern, von den Höhen und aus den Schluchten der umliegenden Berge Thon- und Kalk-Erde, aufgelösten Sand und Granit enthält und somit die vorzüglichsten Bedingungen der Fruchtbarkeit bietet. Die üppige Vegetation, die reichen Erträge aller Fruchtgattungen und Handelspflanzen sind deß Zeugen. Der auf den Berg-Höhen liegende, mit etwas Thonerde und Humus vermischte Sandsteingrund ist ein guter Waldboden, nicht gut für die Rebe, besser für Haidekorn, Hafer, Kartoffel. Hat er nur wenig Thonerde, so ist er gewöhnlich nur mit Halben bewachsen und bringt Heidelbeerstauden.

Sagen vom Heidelberger Schloß.

1. Am Hauptthor des Schlosses hängt ein dicker Ring von Eisen. Wer ihn durchbeißt, erhält das Schloß zum Lohne. An diesem Ringe ist ein Biß vernehmbar, welcher von einer Hexe herrühren soll, die den Versuch machte, das Schloß zu gewinnen.

2. Als einst etliche Knaben im Schlosse spielten, gerieth einer derselben in einen ihm unbekannten Keller, worin auf einem Tische viele goldene und silberne Gefäße standen. Eiligst lief der Knabe hinaus, um seine Kameraden herbeizuholen; aber sie konnten trotz alles Suchens den Keller nicht wieder finden.

3. Vom Schlosse geht ein unterirdischer Gang, unter dem Neckar weg, auf den Heiligenberg, in welch Letzterem ebenfalls Schätze, vornehmlich die zwölf Apostel von gediegenem Silber verborgen liegen.[75]

---

[75]) Deutsche Volkssagen von Bernhard Baber. Mone Anzeiger IV. 306.

XXIII.

Der Thesaurus picturarum.

a. Beilager und Hochzeit zweier Abeligen zu Hof, 7.—12. Dezember 1600.
b. Ermordung eines Buchdruckergesellen, 8. Dezember 1600.
c. Ermordung des letzten Herrn von Handschuchsheim, 11. Dezember 1600.

Unter dem Titel „Thesaurus picturarum" (Bilberschatz) befindet sich schon seit 1644 in der Großh. Hofbibliothek zu Darmstadt eine Sammlung von Abbildungen verschiedenster Art nebst größtentheils geschriebenen, theils auch gedruckten Erläuterungen. Von den Bänden, deren vielleicht ehedem noch mehrere existirten, wie sich aus verschiedenen Andeutungen schließen läßt, finden sich seit der Mitte des vorigen Jahrhunderts nur noch 32 vor, darunter zwei Bände „Palatina." Diese enthalten gleichzeitige Aufzeichnungen und bildliche Darstellungen aus den Jahren 1559—1601, welche beide gleich interessant sind. Außerdem ist ein Band vorhanden unter dem Titel „Trachten," welcher für unsre Stadt dadurch von Bedeutung ist, daß er mehrere Trachtenbilder enthält, welche die Stadt selbst betreffen.[1]

---

[1] Von der Existenz dieses wichtigen Werkes erhielt ich Kenntniß durch die Herren Geh. Hofrath Bähr und Rechtsanwalt Mays in Heidelberg, worauf ich sofort in Darmstadt selbst vom 21. bis 24. April die 2 Bände Palatina nebst andern hier noch vorhandenen urkundlichen Aufzeichnungen für unsern Zweck der Beschaffung eines Archivs für die Stadt Heidelberg benutzte. Ich fühle mich dabei verpflichtet, auch hier öffentlich meinen schuldigen Dank für die Bereitwilligkeit auszusprechen, mit welcher mir jene Benützung gestattet und für die Freundlichkeit, womit sie mir erleichtert wurde. Dieser Dank gilt besonders den Herren Bibliotheksdirektoren Dr. Mitzenius und Dr. Walther.

Für dieses Mal veröffentlichen wir die Festlichkeiten des Beilagers und der Hochzeit zweier Adeliger am Heidelberger Hof, und

Der „Thesaurus picturarum" ist vom pfälzischen Kirchenrath Marcus zum Lamb in den Jahren 1572 bis 1620 angelegt und war von diesem in den Besitz des Kanzlers Anton Wolf von Todtenwart gekommen. Dieser schenkte ihn seinem Sohn Eberhard Wolf von Todtenwart, als dieser von seinen „peregrinationes in frembden Landen" zurückkam, als „Willkomb." Die Sammlung erregte die Aufmerksamkeit der hochgebildeten Landgräfin Sophie Eleonore von Hessen, der Gemahlin Georgs II. in so hohem Grade, daß sie den Wunsch äußerte, dieselbe zu besitzen. Todtenwart kam diesem ihm bekannt gewordenen Wunsche im Jahre 1644 nach. Welch hohes Interesse die Landgräfin an dem thesaurus picturarum nahm, erhellt aus verschiedenen von ihrer eigenen Hand eingeschriebenen Bemerkungen, die dort behauptete Thatsachen für unwahr und einseitig erklären. Die 82 Bände enthalten: Gallica. (2 Bände.) — Galliae reges et principes. — Palatina. (2 Bde.) — Saxonica, Badensia, Argentina. — Brabantica et Batavica. — Belgica. (2 Bde.) — Anglica, Danica, Polonica. — Ungarica. (4 Bde.) — Turcica. — Hispanica, Anglica, Polonica, Faliacensia etc. — Imperatores et electores. — Patres. — Pontifices. — Theologi reformati. — Jurisconsulti. — Philosophi, Poetae, Musici, Pictores. — Trachten. — Einzüge. — Antechristiana. — Stirps regia Christi. — Prodigia et monstra. — Calumniae et sycophantiae in bonos Lutheranos. — Avec. (3 Bde.) — Bildnisse. — Dieser äußeren Bezeichnung entspricht aber nicht immer jedes einzelne Stück des Inhalts, da eine Menge von Dingen in den einzelnen Bänden vorkommen, die in keiner Beziehung mit dem bezeichneten Inhalte stehen. Der Text enthält eine Menge Einzelheiten über Ereignisse allgemeiner oder localer und persönlicher Natur aus der angegebenen Zeit, Pamphlete, Gedichte, Flugblätter der verschiedensten Art u. s. w. Die bildlichen Darstellungen enthalten unter manchem Unvollkommenen und Rohen eine Anzahl äußerst gut gezeichneter und colorirter Bilder, ausgezeichnete Holzschnitte, namentlich Bildnißköpfe von namhaften Holzschneidern, Federzeichnungen u. s. w.

Von hervorragendem Interesse sind die „Palatina," die Lamb als Augen- und Ohrenzeuge schildert. (Nur im Vorübergehen wollen wir hier auf die Wichtigkeit gleichzeitiger Aufzeichnungen oder der Führung von Chroniken aufmerksam machen.)

Der erste Band der „Palatina" enthält die Res palatinas ab a. 1559 usque ad 1583, quo Ludovicus Elector obiit et Johannes Casimiruus O. P. tutelam et administrationem adiit. Die in ihr enthaltenen bildlichen Darstellungen, auf die sich mit wenigen Ausnahmen die geschriebenen Erläuterungen beziehen, sind folgende: 1. Das churf. Residenzschloß zu Heidelberg. (Aquarellbild). 2. Prospect der Stadt und des Schlosses. (colorirter Holzschnitt.) 3. Brustbild des Pfalzgrafen Otto Henricus (color. Holzschnitt). 4. Eine Kutsche (bei Joh. Cawas sich daran knüpfte, die Ermordung eines Buchdruckergesellen und des letzten Herrn von Handschuchsheim.²)

---

simirs Hochzeit.) 5. „Muster zum Turnir ad nupt. duois Casimiri Palatini celebi." 6. Costüm eines sächsischen Edeljungen. 7. Costüm eines holsteinischen Junkers zu Pferd. 8. Neue Tracht der Ritter de a. 1582. 9. Costum eines Edelknaben Herzogs Casimir. 10. Enthauptung des abtrünnigen Pfarrers Joh. Sylvanus. 11. Verbrennung einiger Zentner kaiserl. Pulvers bei Rheinhausen auf Befehl Joh. Casimirs. 12. Insignia palatinatus. 13. Maria Brandenburg, Friderici elect. conjunx prima. Costümbild. 14. Amilia de Neuenar, Friderici conjunx seounda. Costümbild. 15. Joh. Casimirus Pal. Rheni. Costümbild. 16. Elisabetha Saxon. Aug.- elect. filia Casimiri princ. conjunx. Costümbild. 17. Christophorus Pal. Reni. Costümbild. 18. Maria Jacobe Friderici elect. filia. Costümbild. 19. L'habit de Lasky, ambassodeur de Poloigne. 20. L'habit des gentilhommes suyvents la cour du Roy (de Pologne). 21. L'habit des Suysses de la guarde du Roy. 22. L'habit de Chamberlans du Roy. 23. L'habit des Gascons Soldats et harquebuziers du Roy. 24. L'habit des Paiges et Laequeis du Roy, courrants devant leur maistre. Von Nr. 4. 24. Aquarellbilder. Dann folgen in besonderer Nummrirung von 1—24 die Bildnisse der Pfalzgrafen und ihrer Gemahlinnen in colorirten Holzschnitten. Den Schluß des Bandes machen: 1. Insignia Electoratus Palatini et Comitatus Nassoviensis. 2. Einritt und Empfang Joh. Casimirs in Frankenthal 24. Mai 1577, figurenreiches Aquarellbild. 3. Neustadt an der Hardt in der Vogelperspective. Colorirter Holzschnitt. 4. Carls von Schweden Einritt in Heidelberg zu seiner Vermählung mit Maria, Tochter des Churfürsten Ludwig IV. von Bayern. (Figurenreiches Aquarellbild.) 5. Katafall zu Ehren der Pfalzgräfin Elisabeth, Tochter Phillpps von Hessen, Gemahlin Ludwigs V. von der Pfalz. (Aquarellbild.) 6. L'habit des chevaliers de la jarretière en Engleterre. (Aquarell.) 7. Heimführung der Herzogin Maria von Schweden 1579. (Die Herzogin mit Begleitung in einer Prachtcarosse. Aquarell.) 8. Ankunft der Leiche der Pfalzgräfin Dorothea, Gemahlin Friedrich's II. in Heidelberg 1580. (Aquarell.) 9) Neptun auf einem Delphin, Aufzug gelegentlich der Taufe des Prinzen Gustav Ludwig von Schweden im Heidelberger Garten 1583. (Aquarell.)

Der zweite Band der „Palatina" enthält die Res palatinas Joh. Casimiri et regimen Friderici IV. electoris ab a. 1558 usque ad 1601 exceptis generationibus liberorum Friderici IV. Die in ihm enthaltenen bildlichen Darstellungen, welche in dem durchaus handschriftlichen Texte ihre Erörterung erfahren, sind die folgenden: 1. Das bairische Wappen. 1588. 2. Herzog Friedrich Pfalzgraf aetatis suae anno decimo. Costümbild. 3. Katafall der Pfalzgräfin Elisabeth. 4. Johann Casimir im Sarge liegend mit Schwert und Reichswappen. 5. und 6. Katafall u. s. w. Joh. Casimirs. 7. Katafall Herzogs Christian von Sachsen. 8. Exercitia militaria von Pfalzgr. Friedrich IV. 1594 angeordnet. 1—8 Aquarelle. 9. Brustbild des Erzbischofs Ernst von Cöln. (Colorirter Stich).

a. Am 7. Dezember 1600 wurde von Friedrich IV. das Beilager und die Hochzeit zweier Adeliger zu Hof gehalten, des Nieder-

10. Brustbild des Pfalzgrafen Wilhelm. (Kupferstich.) 11. Brustbild des Pfalzgrafen Maximilian (Kupferstich.) 12. Herzog Hansen von Zweibrücken, Abzug; sechsspännige Carosse ꝛc. 13. 14. Der Fürstin von Anhalt Hochzeitröcke. 15. Ein Tartar mit einem geschmückten Kameel. 16. Ein Verbrecher mit dem Straflarren. (12—16 Aquarelle.) 17. Einritt des Pfalzgrafen Friedrich IV. in Nürnberg. (Kupferstich.) 18. Einritt Friedrichs IV. in Neustadt a. d. H. (Kupferstich.) 19. bis 21. Der pfälz. Hofjunker, Edelknaben, Reisigen, Trabanten und Leibgarden Kleidung und Tracht. (Aquarelle). 22. Brustbild des Pfalzgrafen Karl (Kupferstich.) 23. Katafall desselben. 24. Reiseunfall Herzogs Franz von Lüneburg. 25. Ein Prachtschlitten. 26. Ein Herrenschiff. 27. Ballenrennen zwischen Pfalzgraf Ludwig Philipp und einem von Riebesel. 28. Katafall des in Folge des Ballenrennens gestorbenen Pfalzgrafen. 29. Prospekt des im Jahr 1604 errichteten neuen Baues im Heidelberger Schloß. 30. Wie der Pfalzgraf von der Messe heimkehrende Handelsschiffe gegen die Zumuthungen der Speyrer schützt. 31. Tracht der pfälz. Edelknaben. 32. Tracht der pfälz. Lakaien. 33. Mordanfall auf Pfalzgraf Friedrich IV. bei Heidelberg auf der Jagd. 34. Brustbild Herzogs Carl III. von Lothringen. 35. Katafall Herzogs Hans von Zweibrücken. (23—35. Aquarelle.) 36. Brustbild Erzherzogs Maximilian (Kupferstich.) 37. Brustbild des Markgrafen Joh. Sigismund von Brandenburg. 38. Das Brandenburgische Wappen. 39. Brustbild des Demetrius Iwanowitsch. 40. Fußturnier am 9. December 1600 zu Heidelberg gehalten. 41. Feuerwerk am 10. December 1600 zu Heidelberg abgebrannt. (37—41. Aquarelle.) 42. Graf Christian von Anhalt. (Kupferstich.) — Die obige Darstellung des Thesaurus picturarum und der 2 Bände Palatina ist aus dem Schriftchen entnommen: „Beiträge zur näheren Kenntniß der Gr. Hofbibliothek zu Darmstadt von Dr. Ph. A. F. Walther, Gr. Hofbibliothekar und Direktor der Cabinetsbibliothek. Darmstadt 1867. Verlag der Hofbuchhandlung von G. Jonghaus."

Wir werden nach und nach den ganzen Inhalt der 2 Bände Palatina, theils in Auszügen, theils in wortgetreuem Abdruck in diesem „Archiv" veröffentlichen.

Außerdem besitzt die Hofbibliothek zu Darmstadt einen Band „Trachten" vom Jahre 1564 und darin einige Blätter unter dem Titel: Heidelberger Trachten, libellus a Magistro Wilhelmo Pesser pictus IV. Num. XIX. 30. Septembris anni 1565. Spirae. Hab Ime geben für die 4 bichlin zu malen: 1. Den 4. Juni 19½ bazen undt 2. den 29. Septemb. hujus Anni 3 f. 3 Batzen, das ist 2 kronne, macht 4 fl. Trad. pic. 13. Novbr. 1564. Recepi 30. Septemb. 1565." Diese „Heidelberger Trachten" hat also Marcus zum Lamb vom Maler Peßer in Speier malen lassen. Sie enthalten: 1. Das Wappen des zum Lamb: Schild mit Holzhammer; über dem Schild ein Helm, darüber in die Höhe gerichtet ein Arm, dessen Hand einen Hammer hält. 2. Tracht der eblen

länders Franz von Tondorf, Hofmeisters der Churfürstin, mit der Niederländerin Esther b'Auerly; sodann des Joh. von Grorabt aus dem Stift Mainz, Burgvogts zu Heidelberg mit Amalie von der Martens. Beide Bräute waren im hiesigen „Frauenzimmer" d. h. sie waren Hofdamen. Zu den Festlichkeiten waren geladen: Herzog Friedrich von Würtemberg, Herzog Johann von Zweibrücken, Landgraf Moritz von Hessen, Landgraf Ludwig und Georg von Hessen, Markgraf Ernst Friedrich zu Baden, Herzog Joh. Ernst von Sachsen, Herzog Christof von Lüneburg, Herzog Joh. Friedrich von Brandenburg, Administrator zu Straßburg, der auf dem Feste „die Uhrschlechten oder Purpeln bekhommen," Herzog Carl Sigismund von Braunschweig, Herzog Christian von Anhalt, pfälz. Statthalter zu Amberg, Herzog Ludwig Philipp von Velbenz, Churfürst von Mainz, Bischof zu Speier und die Churfürstl. Wittwe zu Lorbach, wovon zehn in Person mit Frauen und Dienerschaft gegenwärtig waren, die anderen vertreten wurden. Dazu kamen noch 20 Grafen und Freiherrn; zusammen 1115 Reisiger Pferde, ohne die Wagen mit Pferden. Endlich kamen dazu die churfürstlichen Lehensleute und andere Adelige mit vielen Frauen, weßhalb über 14—1500 Pferde da waren, samt etlichen Fahnen Fußvolks vom Land herein.

Frauen: Grunes Mieder mit schwarzem Einsatzstreifen oben; weißes Unterkleid mit 2 Garnirungen; unten grüne Einfassung. Ueber dem Ganzen ein Ueberrock, der auf dem Boden streift (Schleppe) mit kurzen Puffärmeln, dunkelroth, mit breiten schwarzen Garnirungen und Auspuz von Gold; Haube, darüber ein schwarzes Barett, goldene Halskette. 3. Tracht der Mägde: Schwarzes Mieder ohne Aermel, rother Rock mit blauer Garnirung und breiten Einsatzstreifen unten; weißer Schurz, schwarzes Barett, der linke Arm trägt einen Hängkorb, die rechte eine Schnur mit todten Vögeln (vom Markt heimkehrend). 4. Eine Hilspächer Bäuerin: Schwarzes Mieder, grauer kurzer Rock mit rother Garnirung, weißer zerrissener Schurz; die linke Hand hält einen Stock, die rechte einen Napf auf dem Kopf, der 4 Gänse enthält; die Figur ist barfuß, der rechte Fuß ist mit einem schwarzen Tuch verbunden. — Diese 3 Trachtenbilder zeichnet eine stufenweise Längenabnahme der Kleider aus. — Wir haben alle Hoffnung, daß diese 3 Trachtenbilder, sowie etliche wichtige Bilder aus den 2 Bänden „Palatina" in genauen Copien für die Stadt Heidelberg gewonnen werden.

*) Alle drei nun folgenden Erzählungen sind dem 2. Bande des Thosaurus entnommen.

„Diesen geladenen Gesten, sonderlich Landtgraff Mauritzen ist Samstags den 6. Decembris zuuor zu Mittag umb 10 Uhrn der Churfürst in einem schönen Kürtß mitt 200 Kūriffere zu Roß Unnd 5 Fahnen Fuß Volks, aller seitz wol gezieret, sambt 26 stücken Feldt und anderm grobem Geschütz biß gen Wiblingen endtgegen gezogenn, Sie daselbst im Feld mit einem Scharmützell zu empfahen, hatt berowegen das gemelt Fuß Volk zum Theil inn die Weingarten, nemlich die Schonawer und etliche Fahnen mit dem Geschütz in das Holtzlin daselbst bei Wiblingen³) versteckt, die Reiterey aber auf die seitte unden an Wiblingen geordnet. Unnd sie aller theilen gegen einander in eine Schlachtordnung gestellt. Als nun der Landtgraff ankhommen unnd das schießen und scharmützeln angangen, ist eben inn dem das der Churfürst Jhme die Hanndt gebotten Jhnn zu empfahen, ungeachtet es denselben gantzen tag über sehr schön, hell, clar und vast khalt gewesenn, ungeferlich gegen 3 Uhren uhrplötzlich einn heßlicher dicker Nebell eingefallen, das ob wol Alles lustig angestellet gewesen, auch das auß geführte Volk sich wacker erzeigt, unnd in solchem Zusammenziehen und Scharmützeln sich gar wol gehalten, Man doch vor dem Rauch beß schießens und Nebel nichts sehen hatt khönnen, Ist also diese Kurtzweil ohne sonderlich lust abgangen, Und hatt sich damit verweilt biß gar uff den Abendt, da sie dann erst zwischen 5 und 6 uhren alhie eingezogen. Wellichen einzug aber (wiewol er zimblich starkh, vast schön, khöstlich und überfürstlich gewesen) man jedoch weil eß schon gar tunkel war, nicht wohl sehenn unnd kheinen Herren erkhennen hatt khönnen.

Volgendts den obgemelten 7. Decembris uff den abenndt seindt die vorgemelte Personen nach Adelichem brauch zusammen geben unnd Montags den 8. ejusdem nachmittag um 12 Uhren, durch den Hofprediger Pitiscum im Gläseren Saal zu Hoff, nach gehaltener Hochzeit Predig, aus dem 13. Cap. der Epistell Pauli an die Hebreer Vers: die Ehe soll Ehrlich gehaltten sein bei allenn, eingeleitet worden.

Daruff seindt desselben tags, wie auch den Sontag unnd Sambstagsnacht zuuor gar statliche und vast Khönigliche Banckten mit

---

³) Also noch 1600 Weinberg und Waldung auf der Ebene bei Heidelberg. Vgl. Archiv Heft II. „das deutsche Bergheim."

allerley schönen Schawessen vonn Vogeln und anderen lustigen Sachen, Auch sonster vieler köstlicher Trachten, Music, Freudenschüssen aus dem großen Geschütz bei tag und nacht, tantzen, springen, jubiliren bis morgens gegen tag unnd anderer Kurtzweill mehr gehalten worbenn. Dinstags den 9. ejusdem nach dem mittag Imbs hatt man im Schloßhoff, welcher durchaus mit Sandt überschütt gewesen, einen Fußturnier gehalten in gantzen Khürissen, mit breiten Tartschen, welcher gar lustig gewesen.

Mitwochs den 10. auf nachmittag hatt man im Churf. Garttenn schöne uffzüge zum Ringle rennen, Stengle brechen über die Bargen und Kübellstechen gehalten, unnd uff den Abendt selbigen tags ein sehr stattlich Fewerwerch von 2500 Racketlinn.

Donderstags den 11. gleichfalls nachmittag, hatt man abermals einen, aber nuhr gemeinen Fußturnier zu Hoff gehalten.

Freitags den 12. hatt wider nachmittag daselbst zu Hoff sechs wilde Schwein, breyzehn Füchß und zehen Hahne gehetzt.

Welche Hochzeitliche Freudt und Kurtzweil also geweret hat biß uff Sambstag den 13. Decembris, da sie morgens umb 8 Uhren sonderlich die Fürsten wider vonn einander unnd mitt Ihnen der Churfürst nacher Darmstadt gezogenn, allda Landtgraff Görg den 15. ejusdem seiner junger Herren Hoffmeister auch eine Hochzeit gehalten hatt.

Diese Hochzeitten unnd Zusammenkunft der Hoch- und Wolgemelter Fürsten und Herren, So gleichwol zuuorn uff der Churfürstl. Kindttauff angestellt, Sie auch Alle damals schon beschrieben, aber weil das junge Herrlin also zeitlich gestorbenn, biß dahero verschobenn und wie man vermeint, nicht fürnehmlich dieser Edler Hochzeitter wegen Sonnder des Türkischen unnd Spannischen, in sonderheitt aber des Straßburgischen Wesens halber (uff welches schon zuuor der Ch. Pfaltz ettliche Tonnen Goldts gangen seindt) angesehen und gemeint gewesenn, haben die Ch. Pfaltz bey diesenn ohne das sehr geschwinden tewern Zeitten, und vorhin nicht überflüssigem Vorrath an Gelt, Wein (dessen täglich etlich nicht wenig Fuder ufgangen), Khorn, Habern, Fleisch und andern Victualien (Sintemal vonn dem 8. Decembris abents ahn, bis uff den 13. ejusdem Alle Imbs allein zu Hoff über 300 Tisch gespeiset worden seint, ohne das Jhenige, so an speiß unnd tranckh täglich herab in die stabt getragenn ist worbenn, Vom gesint und andern, so man hieunden gespeiset, weil sie nit alle zu Hoff gesetzt und traktirt werden khönnen) uber eine Tonne Golb gekhostet.

Alles mit nicht geringer Khlag, beschwernus unnd unwillen der armen Underthanen, Bevorab da sie vermerckt, baß das lanng zuuor erschollene Landgeschrey, ob solte nemlich Frewlin Christina des Churfürsten Schwester, behm jungen Graff Johansen von Nassaw vermehlet werdenn, falsch unnd nichtig gewesenn, uff welchen Fahl Sie bann Ihrer sage nach viel guttwilliger unnd besser zufrieden gewesenn weren. Den Jhenigen obgemelten aber, welchen diese Hochzeitten gehalten worden, Ist solche Zusammenkhunft gar wol bekhommen, bann Ihnen sambtlich vast uff die 3000 gulden zu solchen Ihren Hochzeitten verehrt worbenn.

Et sic nos edimus, bibimus, ludimus, cantamus, saltamus, gaudemus, perpetuaque bachanalia celebramus, Rions et faisons bonne chiere jours et nuits, Interea dum fratres nostri et sorores in diversis locis plorant, contristantur, patiantur, möriuntur, captivi abducuntur atque a Turcis, Hispanis et alijs hostibus in exilium pelluntur et quam miserrime affliguntur. Fati scilicet sortisque nostrae futurae nescij et omnium saluberrimarum admonitionem contemptores securissimi. In summa: Wir bekhimmern unns Leiber seher wenig umb den schadenn Josephs.

Nota, bei den obgemelten Hochzeitten seint an Wein uffgangen LXXXIII. (83) Fuber.[4])

b. Sonsten aber seint bei diesem Fest zwen Mörde geschehen, der eine den 8. December an Einem Buchdruckergesellen aus Meichsen, Einer Witfrawen daselbst einigen Sohn, welcher trunkens Weins abents uf den Gassen grassirende Thomae Plaurers beß Nicolaus zu der Newenstadt an der Harbt allhie zu Heybelberg studirende Söhne, als Sie von Jrem Disch zu Haus in Jre Herberg gehen wöllen, ohne

---

4) Dieser Erzählung beigegeben sind 2 Aquarellbilder: 1. Fußturnier, zwei geharnischte Ritter zu Fuß, die mit gesenkten Lanzen einander gegenüberstehen. 2. Kübelstechen: zwei geharnischte Ritter zu Pferd, beren jeder statt des Helms über ben Kopf einen Kübel gestürzt hat, der mit Augenöffnungen versehen ist.

einige Jhme gegebene Urſach mit bloßer wehr ahngefallenn und uff ſie zugeſtochen unnd gehawen dermaßen, daß Sie Jhme entlaufen müſſen, undt mit mühe in ir Loſament Meiſter Abrahams Eines Schneibers auf dem Kormarck allhie Behauſung entrunnen ſeint, dahin er Jhnen mit groſſem grim nachgeeilt und die Hausthür mit Gewalt erüffnen wöllen. Darüber er dan oben aus dem Laden heraus mit einer ſpelter Holtz uf den kopf geworffen worden, daß er in wenig tagen hernach geſtorben iſt.

c. Der Ander, An weilandt des Edlen Heinrichs von Haenbſchuchsheim Sohn, den er neben Einer Dochter im Leben hinder ſich gelaſſen gehabt, Einen Jüngling von ungeferlich 16 Jaren auch einen Eintzigen Sohn Seiner Mutter, ſo gleichfalls Eine Wittib, undt Er der letzte Seines Stammes unnd Namens geweſen, welcher den 21. Decembris [5]) Nachts zu Hoff Eines Wehrtauſches halber mit dem Hirſchhörner von Zwingenberg uneins undt ſtöſſig worbenn, der Jhm hernach hierunder in der Stadt uf dem Marck tückiſcher weis unverſehens unnd gantz unredtlich oben am dicken theil des Schenkels ſo tief hineingeſtochen, das das wher beinahe unden am Knie wieder herausgegangen, unnd Jhme das wher alſo im Schenkel ſtecken laſſen, daruff als der von Handſchuchsheim zu Jhme geſagt, Zweigenberger Du haſt mich geſtochen wie ein Schelm aber ich will dirs verzeihen, ziehe mir das wher wider heraus, iſt er herzugelauffen unnd hat Jhme erſt daſſelb gantz grauſamer abſcheulicher Mörderiſcher weis in den wunnden herumbgedreet und Jhme alſo damit die Adern alle zerſchnitten, das man hernacher das Blut nit ſtillen können, dergeſtalt, daß er in die 20 tage lang große Qual erlitten unndt endtlich den 31. Decembris in unſäglichem ſchmertzen, mit großem Durſt, nachdem ein hitziges Fiber darzugeſchlagen geweſen, in gedult Stil unnd chriſtlich verſchieden und den 8. Januarij des 1601 Jars Nach Mittag umb 12 Uhre von hinnen aus mit großer Solennitet über die Neckarbrücke beleite fürters nach Händſchuchsheim geführt unnd baſelbſt mit Schilt unnd Helm als der Letzte Seines

---

[5]) Aus dem Nachfolgenden erhellt, daß es hier eigentlich 11. December heißen ſollte; vielleicht eine Verwechſelung der Zeitbeſtimmung nach dem alten und neuen Calender.

Geschlechts, beineben dem wher damit er gestochen gewesen, stattlich begraben worden."

Nachdem hierauf das Beilager des Claus Heinrich von Eberbach aus Erfurt, churf. Canzlers mit Amalie Beiserin von Ingelheim, des Heinrich von Handschuchsheim nachgelassener Wittwe, die Jenem 80,000 fl. an Häusern, Gütern u. s. w. zugebracht, auf des Churfürsten Werbung und die Hochzeit der Genannten am 12. Mai 1601 zu Handschuchsheim erzählt worden ist, fährt der Bericht fort:

„Nachdem zuvor der Mord Jr der Frawen Einzigen Sohnes mitt dem Zwingenbergischen Hirschhörner vertragen worden, dergestalt das Hirschhörner 2000 Gulden zu Stipendien armer Studirender Jugend anzuwenden, wie auch 2000 Gulden ins Almusen erlegen und dan solche Missethatt dem Churfürsten mit Einem Fußfall abbitten, auch Einen Eid leisten soll, die tag seines lebens nimmermher ermelter frawen des entleibten Mutter under Jre Augen, noch da Sie..." Hier bricht die Erzählung ab und es wird nur noch beigesetzt, daß Heinrich von Eberbach wegen allzugroßer Strenge und Hinderung der Religion seines Dienstes als Canzler am 31. März entlassen wurde.

XXIV.

Heidelberger städtische Verhältnisse und Zustände im 18. Jahrhundert.

A. Der Stadtrath.

Als im Jahre 1685 die evangelische Linie des pfälzischen Fürstenhauses, Simmern, ausstarb und dafür die katholische Linie, Pfalz-Neuburg, an die Regierung des Churfürstenthums kam, machte sich diese Veränderung nicht allein in den eigentlich religiösen und kirchlichen Angelegenheiten bemerklich, sondern in allen andern öffentlichen, ja selbst in den Privatangelegenheiten, in der Weise, daß die seit Einführung der Reformation in der Pfalz durch Churfürst Otto Heinrich, im Jahr 1556 allein herrschende evangelische Confession mit allen Mitteln zurückgedrängt und verkürzt, die katholische dagegen begünstigt wurde.

Wir haben zum Nachweis für diese — übrigens geschichtlich längst anerkannte — Thatsache einen Gegenstand im Auge, der in ganz eclatanter Weise dieselbe bestätigt, und bis jetzt nicht allgemein bekannt war: Die Besetzung der Bürgermeisteramts- und Stadtrathsstellen zu Heidelberg. [7])

Der Heidelberger Stadtrath bestand von jeher aus 12 Gliedern, welche auf Vorschlag der Gemeinde vom Churfürsten ernannt wurden. Der Vorsitzende, welcher das 13. Mitglied war, hieß Stadtschultheiß, welcher Namen sich im 18. Jahrhundert in den eines Stadtdirektors verwandelte. Er war ein Herrschaftlicher Beamter, wurde vom Churfürsten unmittelbar ernannt und mußte auf dessen Befehl wieder in den Staatsdienst zurücktreten. Von jenen 12 Gliedern des Stadtraths war Einer der Stellvertreter des Stadtdirektors in Verhinderungsfällen; er hieß der Anwaltschultheiß. Beide waren Juristen und hatten Sitz und Stimme im Stadtrath. Die übrigen eilf Glieder des Raths waren eigentlich Bürgerliche, deren Wahl und Ernennung im Laufe des 18. Jahrhunderts eben der Gegenstand dieses Aufsatzes ist. Die 11 bürgerlichen Glieder des Raths schlossen in sich zwei Bürgermeister, einen ältern und jüngern, oder ersten und zweiten. Der Stadtrath besaß außer den 13 Personen, aus denen er selbst bestand, noch je einen Stadtschreiber, Registrator, Rentmeister, Forstmeister, Schatzungseinnehmer und Hospitalverwalter, drei Rathsdiener, je einen Polizei- und Beisassen-Diener, drei Waldschützen, sechs Nachtwächter und einen Bettelvogt.

Was die Stellung des Stadtraths anbetrifft, so unterstand derselbe nicht, wie jetzt, dem Oberamt; er war vielmehr von jeher eine selbständige Behörde und stand, wie das Oberamt, unmittelbar unter der churfürstlichen Regierung; er hatte dieselben Befugnisse innerhalb des Stadtbezirks, welche das Oberamt bezüglich der Orte des Landbezirks hatte; Beide, Stadtrath und Oberamt, waren coordinirt. Beide

---

[7]) Die hier folgende Darstellung ist aus dem Generallandesarchiv zu Carlsruhe geschöpft, wo in 18 dickleibigen Actenfascikeln der Gegenstand unter den bezüglichen Behörden und Personen verhandelt wird.

waren in ihren Kreisen Verwaltungs- und Gerichtsbehörden; sie hatten
ursprünglich das Recht, über Leben und Tod zu urtheilen. Jedoch
schon in früherer Zeit wurde dieses Recht der Aburtheilung von
Criminalverbrechen auch innerhalb des Stadtbezirks ausschließliches
Recht der Regierung und dem Stadtrath verblieb nur noch der Rechts-
spruch in Polizei- und bürgerlichen Rechtssachen.

Im Jahre 1687 starb der Rathsverwandte Johann Gugelmann.
Bürgermeister und Rath schlagen „dem Herkommen gemäß" zwei
taugliche Bürger vor, von denen die Regierung Einen hätte ernennen
sollen; es waren der Barbier Hermann Kiecheler und der Bierbrauer
Kilian Vertung. Am 10. Februar des genannten Jahres aber wurde
dem Stadtrathe befohlen „nach Maaßgabe des westphälischen
Friedens ebenso viele Katholiken als Evangelische, Lutherische und Reformirte vorzuschlagen." Vergeblich berief
sich der Rath auf die „seit undenklichen Zeiten bestehende Observanz,"
wonach nur zwei Bürger zu je einer Rathsstelle vorgeschlagen worden,
die „vorher zu ein und andern Aemtern, als zu Neuenheimer Ge-
richtspersonen, zu Vierern oder Bürgermeistern von der Gemeinde⁸)
u. dgl. sind gezogen gewesen" und sich hier Kenntnisse in den Ge-
meindegeschäften erworben hätten; die Regierung hatte dann das Recht,
Einen der Vorgeschlagenen zu ernennen. Der Rath mochte jedoch
bald das Vergebliche seines Widerstandes eingesehen haben und bat,
nur noch in dem vorliegenden Falle die Observanz einzuhalten; in
Zukunft solle dem Wunsche der Regierung entsprochen und für jede
vacante Rathsstelle je ein Katholik, Reformirter und Lutheraner vorgeschlagen werden. Die Regierung ging auf diese Bitte ein und es

---

⁸) Von den hier genannten Aemtern werden wir später reden. Im Allgemeinen hier nur so viel: Wegen der auf Neuenheimer Gemarkung liegenden
Weinberge über dem Neckar hatten die Heidelberger Bürger aus ihrer Mitte
einige Männer zu wählen das Recht, welche Sitz und Stimme im Neuenheimer
Gericht hatten. Die Vierer oder Viertelmeister hatten die Wünsche und Beschwerden der ihnen zugetheilten Stadtviertel vor den Stadtrath zu bringen und deren
Interesse zu wahren. Die Bürgermeister von der Gemeinde hatten die ökono-
mischen Interessen der Stadt zu beaufsichtigen; sie waren der Vorstand der
Vierer und bildeten mit diesen etwa den kleinen Bürgerausschuß der Neuzeit. —
Die Observanz hatte also ein allmähliges Vorrücken in den Gemeindeämtern aus-
gebildet.

zeigte sich dabei, daß nur der Regierungsrath Max von Degenfeld für Beibehaltung der Observanz stimmte.

Wie im Stadtrathscollegium, so wurde zu derselben Zeit auch beim Bürgermeisteramt die Religionsgleichheit hergestellt. Von den ältesten Zeiten her hatte sich die Observanz gebildet, daß jährlich auf den Vorschlag des Stadtraths ein Rathsmitglied in die Stelle des jüngern oder zweiten Bürgermeisters von der Regierung eingesetzt wurde, während der gewesene Jüngere von selbst in die Stelle des jedes Jahr in den Rath zurücktretenden älteren oder ersten Bürgermeisters vorrückte. Von nun aber sollte Einer der Bürgermeister der katholischen Religion angehören.

Hiermit war jedoch die Sache nicht abgethan. Es folgte der blutige orleans'sche Krieg 1688, den der Friede von Ryswick 1697 beendigte. Churfürst Johann Wilhelm erließ am 29. Oktober 1698 ein Edikt, welches alle reformirten Kirchen zum Simultangottesdienst der drei christlichen Confessionen bestimmte. Dies schien allerdings tolerant zu sein; aber es war nicht so, weil nur die Protestanten den Besitz ihrer Kirchen theilen mußten, die Katholiken dagegen die ihrigen ungetheilt behielten. Unter dem ganz gleichen Schein der Toleranz griff der von Jesuiten geleitete Churfürst auch in die bürgerlichen Verhältnisse ein. Die Religionsgleichheit hielt man von jetzt an nicht mehr dadurch hergestellt, daß zu einer vacant gewordenen Ratsstelle je ein Bürger von den drei Confessionen vorgeschlagen wurde.

Am 4. Juni 1698 hatte Johann Wilhelm an einen seiner Gesandten geschrieben: „das Nächste wäre wohl, daß man katholischer Seits die Evangelischen (Reformirte und Lutheraner) aneinander hetzte, so Ihr dann mit behörlich circumspection und ganz unvermerkt zu thun habt." Die Reformirten und Lutheraner, welche man so im Interesse des Katholizismus auseinander hielt und als feindliche Parteien gegenüberstellte, mußte man gleichwohl als zusammengehörig und nur Eine Religion bildend wieder zusammenzuzählen, wo es den Katholiken zu gut kam. Es ist äußerst interessant und gewährt einen tiefen Blick in die damaligen Verhältnisse, wenn man die jesuitische Politik kennen lernt, wie sie aus der Instandsetzung der „Religionsgleichheit" im Stadtrath zu Heidelberg geschichtlich hervorgeht.

Das neuerrichtete lutherische Consistorium in Heidelberg hat in einer unmittelbaren Eingabe an den Churfürsten vom 25. November 1700, dieser möchte die Religionsgleichheit im Stadtrathe in der Weise herstellen, daß von den 12 Rathsverwandten je 4 aus den Katholiken, Reformirten und Lutheranern genommen würden. Man sollte meinen, nach der Lage der Sache wäre dieses das Richtige gewesen. Aber diese, sowie die weitere Bitte des Consistoriums, daß dasselbe seinen Theil der Regierung vorschlagen dürfte, wies der Churfürst ab. Dagegen verordnete er unterm 7. Januar 1702, daß zur wirklichen Herstellung der Religionsparität im Stadtrath die Reformirten und Lutheraner zusammengezählt werden müßten, so daß die 12 Rathsstellen mit je 6 Katholiken und 6 Akatholiken zu besetzen seien; von den 6 akatholischen Rathsstellen sollten aber 3 von Reformirten, 3 von Lutheranern eingenommen werden. Und unterm 3. März 1704 verordnete der Churfürst weiter, daß immer einer der zwei Rathsbürgermeister katholisch sein müsse, der andere abwechselnd reformirt und lutherisch. Ja, es wurde beim Churfürsten allen Ernstes erwogen, ob es nicht besser wäre, den Stadtrath aus den zahlreichen churfürstlichen Dienern, Literaten u. dgl. zu bilden, die ohnehin alle katholisch waren. Als Grund zu diesem — nicht ausgeführten — Vorhaben, wurden von Seite der Regierung die allerdings nicht unbedenklichen Thatsachen geltend gemacht, daß mehrere Rathsverwandte „schreibens- und lesens-unkundig" waren, so daß sie nicht in die Bürgermeisterämter vorrücken könnten, und daß die Meisten derselben Krämer, Wirthe und Handwerker seien, welche „mehr auf ihre Geschäfte und Vortheile bedacht wären", woher es auch hätte kommen müssen, daß „der Stadtschreiber alles für sie thut und so die ganze Macht an sich gezogen hat."

Daß durch diese Maßnahme die Religionsgleichheit im Stadtrath nicht hergestellt, sondern thatsächlich aufgehoben wurde, liegt um so mehr auf der Hand, als die Lutheraner, als Schützlinge der Regierung gegen die Reformirte, schon aus Dankbarkeit mit den von der Regierung bevorzugten Katholiken stimmen mußten. Die Triebfeder dieser Umwandlungen war der churfürstliche Vicekanzler von Metzger; alle Erlasse des Churfürsten gingen von Düsseldorf aus und waren „im Auftrag des Churfürsten von Steffani, Abt zu Lepsing" unterzeichnet.

Dieser confessionelle Character des Stadtraths und Bürgermeisteramts wurde unter allen folgenden Churfürsten bis zur Auflösung der Pfalz zu Anfang des gegenwärtigen Jahrhunderts festgehalten.

Auch sonst, und zwar in Folge der sehr gereizten Stimmung der Confessionen, entstanden bezüglich der Besetzungsart der genannten Aemter, Mißhelligkeiten und Streite. Wir setzen sie der Zeitfolge nach hierher.

Am 16. Dezember 1748 stellte der lutherische Rathsverwandte Joh. Georg Dieruff vor, daß er bei Besetzung des zweiten Bürgermeisteramts im Jahre 1746 übergangen und für ihn Josias Mareth, ein Reformirter vorgerückt sei, unter dem Vorgeben, die Reformirten hätten von den 6 evangelischen Rathsstellen 4, die Lutheraner nur 2 zu besetzen, woraus hervorgehe, daß die Reformirten zwei Mal zum Bürgermeisteramt gelangen müßten, bis die Lutheraner 1 Mal; überdies habe der Rath selbst als Thatsache schon 1747 festgestellt, daß es „zeitherige Ordnung" gewesen, daß der jüngere dem älteren Bürgermeister jedes Jahr im Amte nachfolge und zwar „dergestalt, daß je entweder der ältere oder der jüngere von dieser (katholischen) Religion sein müsse, der jüngere sofort aus beiden übrigen Religionsgenossen nach der tour folge." In Folge dieser Vorstellung wurde zwar Mareth für 1748 in seinem Amt belassen, dagegen für 1749 Dieruff als zweiter Bürgermeister berufen, ungeachtet der Einwendungen der reformirten Rathsglieder und des reformirten Kirchenraths.

Ein anderes interessantes Zwischenspiel verursachte der Uebertritt des reformirten Rathsgliedes und Stadtbaumeisters Hecht zur katholischen Kirche, im Anfang des Jahres 1752. Hierdurch verloren die Reformirten eine Stimme im Rath, während die Katholiken eine gewannen; jene verlangten sofort Herstellung des ursprünglichen Verhältnisses durch Ausweisung des Hecht aus dem Rath und Ergänzung des reformirten Theils durch Neuwahl. Regierung und Churfürst gingen jedoch hierauf nicht ein, beriefen sich vielmehr auf §. 11 u. 12 der Religionsdeclaration von 1705, wonach Niemand, seiner Religion wegen, von der Magistratur oder Bürgerschaft ausgeschlossen werden dürfe; dagegen ordnete der Churfürst zur Beilegung der Sache unterm 28. April 1752 an: daß „bei dem durch Absterben oder sonstigen Abgang gedachten Hechten sich ergebenden Erledigungsfall hin wieder auf ein reformirtes Subjectum, dem Herkommen nach, reflectirt werden solle." Und als 1753 an die Stelle des zum ersten Bürgermeister vorrückenden Katholiken Josef Alexander ein zweiter gewählt werden sollte, so wurde von der Regierung der Lutheraner Georg Ludwig ernannt, statt des hiezu berechtigten Hecht, jedoch so, daß Letzterer im folgenden Jahre, 1754, ins zweite Bürgermeisteramt eintrete.[9])

Solche Mißhelligkeiten führten im Schooße des Stadtraths selbst den Wunsch herbei, es möchte für die Besetzung der Rathsstellen ein anderer Modus gefunden werden. Der Rath, die Initiative ergreifend, fragte bei der Regierung an, ob es nicht zweckmäßiger wäre, eine völlig freie Wahl eintreten zu lassen; gewiß ein schönes Zeichen für die im Laufe der Zeit milder gewordenen confessionellen Beziehungen, daß sich die Ueberzeugung Bahn gebrochen hat, es handle sich bei den Berathungen und Beschlüssen des Stadtrathes nicht um Geltendmachung der persönlichen religiösen Ueberzeugung, sondern um die Schaffung des Gemeinwohls, an dem alle Confessionen unbeschadet jener Ueberzeugung redlich mitarbeiten können.

Aber nicht nach dieser Richtung hin trat eine Aenderung ein. Vielmehr machte sich seit Anfang der 1760er Jahre die Uebung geltend, daß man sich um Rathsstellen unmittelbar beim Churfürsten bewarb. Dieser zog dann den Stadtrath und die Regierung zu gutachtlichem Berichte bei und ernannte von seiner Seite aus selbständig. Dabei behielten die Rathsstellen ihren confessionellen Character.

Man bewarb sich seit dieser Zeit auch nicht mehr bloß um wirklich vacant gewordene Rathsstellen, sondern um „Anwärterstellen" für möglicherweise eintretende Vacaturen. Der Churfürst ernannte solche „Anwärter" zu katholischen, reformirten und lutherischen Rathsstellen, wodurch der Stadtrath gezwungen wurde, bei wirklich eintretender Vacatur den bereits ernannten Anwärter vorrücken zu lassen.[10])

---

[9]) Diese aus Urkunden geschöpften Thatsachen widerlegen die Ansicht, die sich vielfach auch in sonst sehr tüchtigen und glaubwürdigen Büchern niedergelegt findet, wie wenn überhaupt in der Pfalz, seit der Herrschaft der katholischen Dynastie besonders aber unter Churfürst Carl Theodor (1742—1799) die Räthe in den Städten und die Gerichte auf dem Lande, ausschließlich durch Katholiken besetzt worden wären.

[10]) Wir führen Beispiele an: Chirurg Joh. Georg Mayer, reformirt, meldete sich 1760 zu einer Anwärter- oder auch Supernumerar-Rathsverwandten-

Ein eigenthümliches Stücklein spielte in dem 1760er Jahre im Schooße des Stadtrathes, welches auf seine inneren Verhältnisse manstelle, nachdem der gewesene Anwärter Daniel Kieffel „in die Wirklichkeit eingetreten." Als ihm sein Gesuch abgeschlagen wurde, wiederholte er es im Nov. 1761, da „der bereits 73 Jahre alte reformirte Rathsverwandte Klingelhöfer an der Wassersucht barniederliegt" und wohl bald sterben werde, worauf die Bitte gewährt und Mayer nach dem Tode Klingelhöfers im Januar 1762 in dessen Stelle einrückte. — Ebenso ist 1760 der katholische Supernumerarius Egedius Braun nach Absterben des Rathsverwandten Lehn „in salarium et activitatem succedirt." — Der Rathsverwandte Folz, weil er in 6 Jahren nicht 10 Mal die Rathssitzungen frequentirt „benebens dessen geflissentliche Gefährdung der Crebitoren den übrigen Rathsgliedern zur Unehre gereiche", wurde vom Churfürsten im Oktober 1762 entlassen; an seine Stelle kommt der schon früher ernannte Supernumerar Joh. Peter Büchler. — Johann Martin Schweinfurth, Bürger und „Aufseher auf dem Schloß", schon einmal abschlägig verbeschieden, melbet sich am 28. Juni 1764 in Versen um eine Anwärterstelle, erhält eine solche und rückt nach dem Tode des Rathsverwandten Gabel in dessen Stelle ein, im April 1765, und zwar in Rücksicht auf seine bei dem Schloßbrand von 1764 geleisteten guten Dienste. — Die Melbung in Versen lautet:

Durchlauchtigster Papa, du Pfälzer Schilde und Sonne
Erlaube einem Knecht, vor deinem gnaden Throne
    zu tretten demuthsvoll der Anlaß ist der Brandt
    des Heydelberger Schloß's den meine schwache Hand
Und stumpfer Feder Kiel beschrieben und besungen
Ob meine Muse nun Gehorsamst hin getrungen
    Vor dero gnädig Aug in ihrem heißern Thon
    Ist mir noch unbewust, auf meinem Helicon.
Die Fama spricht indeß von Gnaden donationen
Womit Durchläuchtigster mit Vorzug sucht zu lohnen
    Die Hulde und Clemenz die Aechte Dieners Treu
    Deß der sich bey dem Brandt in Fallen mancherley
Pflichtschuldigst vor gethan, zu diesen darff mich zehlen
Dörfft aber ich devot die Gnade Hier erwählen
    So wäre demuthsvoll, anjezo mein Gesuch
    Man ziehe hier bey Rath von allzustarkem Tuch
Endlich den Vorhang weg, damit ich frey könt gehen
In solchen endlich ein, wie gnädigst einzusehen
    Das leztlich Protocoll geheimer Gotter Will
    Als man schrieb Sechszig zwei allba der britt April
Und siebenzehn hundert noch, doch ward es aufgehoben
Das Schicksal hat den Todt damalen noch verschoben

ches Licht werfen dürfte. Wenn nämlich eigentliche Gemeindeangelegenheiten, hauptsächlich solche, welche den Geldbeutel der Bürger in Anspruch nahmen, im Stadtrathe berathen wurden, so hatten (wie

      Daß der in Zügen lag, so daß ich warten muß
      Auf jene Providenz und meines Vatters Schluß
Die beyde eben jetzt in die Erfüllung gehen
Wann dein erläuchtes Aug genädigst wird ersehen
      Gehorsam, Eifer, Treu, den Vorzug reger Pflicht
      Die sich vor andere dann Genade hier verspricht.
Was ich vor Dienst gethan kann Stadtrath selbst berichten
In Unterthänigkeit, wo nöthig die Geschäften
      Wann gratis Stimm und Sitz erhielt, Durchläuchtigster
      So wäre soulagirt, sonst kränket mich es sehr.
Ich wird von Zeit zu Zeit sonst immer warthen müssen
Soll dieses einen Knecht mit Grunde nicht verdrießen?
      Der hier auf userm Berg die Aufsicht sieben Jahr
      Versehen voller Ruhm mit wenigem Salar
Die Einnahm Herrschaft Gelds erträget zehen Gulden
Des Jahrs, ein mehres nicht, dabey muß mich gedulten
      Die Frohnden mach ich mit, warum ich geh voraus
      Und ordne schuldigst an, zum Schaden vor mein Hauß
Die Kellerey, das Schloß, den Wald, die Maul Beer Bäumen
Die halten mich in Frohnd, ich muß die Zeit versäumen
      Und dieß ist nicht genug ich schreibe offt bey Licht
      In der und jener Sach, an Stattrath den Bericht
Dann giebt es überhaupt viel hundert Commissionen
In Kauffen und Verkauff auch Obligationen
      Wobey man öffters noch vorstellt den Advocat
      Dieweilen der Client die Armuth vor sich hat
Ein Frevler lästert doch, wann man nach Art der Dingen
Ihn theils mit Liebe sucht zur Schuldigkeit zu bringen
      Da schlägt der Mann das Weib, dort ist ein großer Schwarm
      Von Schmäußern, Kraut und Obst, dieß giebet ein Allarm
Dort injurirt die Frau, Es schmähen ihre Kinder
Der Echo wiederhallt nach diesem ruff nicht minder
      Hier drückt der Schulden Last, da gehen Waysen bloß
      Die man besorgen muß, die Aufsicht ist sehr groß
Dieß alles liegt mir ob, die Gnade wird dann schätzen
Ob man mich länger könt So dann zu rucke setzen
      O! Nein Durchläuchtigster mein Vatter, Schirm und Schutz
      Ich mache mir anjetzt getrost die Gnad zu Nutz

oben in Anmerkung 2 bemerkt ist) die zwei „Bürgermeister von der Gemeinde" und die „Vierer" oder „Viertelmeister", zusammen 6 Personen das Recht und die Pflicht, den Sitzungen des Stadtrathes anzuwohnen. Dieser kleine Ausschuß, welcher von der Bürgerschaft besonders zu diesem Zwecke gewählt wurde hieß der „kleine Rath." Die Vierer brachten die Wünsche und Beschwerden ihrer Stadtviertel durch die Bürgermeister von der Gemeinde an den Stadtrath und in ihrer Gegenwart wurde über ihr Vorbringen verhandelt und beschlossen. Da sie aber nicht eigentlich Glieder des Stadtrathes waren, so durften sie auch nicht am Rathstische sitzen; ihr Tisch befand sich vielmehr etwas abseits.

Der älteste Vierer der Gemeinde, der katholische Bürger Joh. Jacob Kuhn, der schon 1761 die Anwartschaft auf eine Rathsstelle erhalten, bisher aber nicht in eine solche eingerückt war, meldete sich bei einer Vacatur im Jahre 1765, sich berufend auf die Verdienste, die er sich seit 2 Jahren als Rentmeister erworben hätte. Der Stadtrath, zum Berichte aufgefordert, gab ihm beim Churfürsten kein gutes Zeugniß; er sei „unruhigen Kopfes und Gemüthes"; er habe bei versammeltem Stadtrathe, in Gegenwart der anderen drei Vierer: Hoffmann, Kirschbaum und Treiber, und der Bürgermeister von der Gemeinde: Lautenschläger und Ritter, den Tisch des „kleinen Raths" einen Katzentisch geheißen, worauf seine Collegen im kleinen Rathe erklärt hätten, sie könnten ihr Amt nicht mehr versehen; endlich habe er in Gegenwart des Rathsherrn Altmann von Oggersheim sich über den Stadtrath so ausgedrückt: „Seit die Chirurgen und Bader der Donner in den Stadtrath geschlagen, sei kein Glück mehr; allerdings brauche man diese Leute, da der Eine bei gelegenem Zufall verbin-

---

In Felßen Vester Treu, in Hoffnung nach verlangen
Wie ich devot geblitt die Charge zu empfangen
  Stürmt Riesen der Olimp noch bin ich kleiner Zwerg
  An gröst ein Philosoph, Auffeher von dem Berg
  Ewer churfürstlichen Durchläucht
Heydelberg, den 28. July 1764.
       Aller unterthänigst Trew
       gehorsamster Knecht
       Joh. Mart. Schweinfurth.

ben, der Andere clystiren könne." Die so angegriffenen Rathsherrn waren die Chirurgen Joh. Gg. Mayer, Val. Mutschler, Joh. Martin Gemähl und Georg Ph. Hoffmann; sie ließen einen notariellen Akt aufnehmen, um jene Beleidigung zu constatiren. Zur eigentlichen Klage kam es nicht; Kuhn vertheidigte sich mit dem Vorgeben, er habe das Wort Katzentisch in Spaß gesagt, wie es auch der Bürgermeister oft selbst thue und wie es stadtkundig sei; aber Kuhn kam erst 1772 „zur Wirklichkeit", d. h. wurde Mitglied des Stadtraths. Jedoch war er hier nicht wohl gelitten. Die anderen Glieder nahmen öfter Veranlassung, sich bei der Regierung gegen ihren Collegen Kuhn wegen verschiedener in öffentlichen Rathssitzungen bewiesener Insubordinationen zu beschweren, wogegen dieser sich immer zu verantworten weiß. 1789 machte Kuhn eine Stiftung von 20,000 fl., deren Zinsen zum Besten der Hausarmen verwendet werden sollten und dieses scheint ihm bei der Regierung Hilfe verschafft zu haben; freilich gibt der Stadrath mehrere Male an, daß jene Zinsen nicht für die Armen, sondern für Messen und Wachs aufgehen. Diesen Reibereien machte der 1795 erfolgte Tod Kuhns ein Ende.

Aus Allem diesem geht hervor, daß die Stadtrathsmitglieder auf die ganze Lebensdauer ernannt wurden und daß man bei Bewerbungen eine ruhige, mit einiger Besoldung verbundene Stellung im Auge hatte. Die Besoldung eines Rathsherrn, wie jedes der beiden Bürgermeister betrug jährlich 50 fl. mit einem Antheil Accidentien, verbunden mit der Personalfreiheit, d. h. Befreiung von allen herrschaftlichen Steuern und Lasten. Ein Besoldungsreglement war durch eine besondere Visitationskommission errichtet und hatte jenen Besoldungssatz festgesetzt; im Jahre 1741 aber legte die churf. Regierung die Bestimmung so aus, „daß einem ältern oder jüngern Bürgermeistern nebst seiner ordinaire Rathsverwandtenbesoldung ad 50 fl. jährlich aparte annoch 60 fl. zu entrichten seien." Damit fielen für sie aber die Accidentien weg, welche von da an in die Rentmeisterei flossen. Am 10. Februar 1751 erging an den Stadtrath der Befehl, die Besoldung der Rathsherren auf je 100 fl. zu erhöhen, sobald die Schulden der Stadt getilgt seien und bei der Huldigung der Stadt im Jahre 1746 versprach der Churfürst selbst, daß der hiesige Stadtrath dem zu Mannheim in Allem gleich gehalten werden solle.

Die Gesammtschuld der Stadt betrug 1745 32,000 fl.; von da an bis 1751 war das **neue Mannheimer Thor** gebaut, die Gegend darum gepflastert, der Weg vom Thor bis gen Wieblingen erhöht und neu gemacht worden, dessenungeachtet konnten einige tausend Gulden Schulden bezahlt werden und bei fortbauernder guter Verwaltung war die gänzliche Deckung der Schulden in nahe Aussicht zu nehmen. Darauf berief sich der Stadtrath und bittet am 4. Mai 1750 um Erfüllung der Zusage und der Churfürst stand nicht an, unterm 22. Mai zu beschließen, daß, in Anerkennung der guten Haushaltung des Raths jedem Gliede 25 fl. jährlich zugesetzt werden. Aber eine weitere Bitte des Stadtraths vom 6. September 1764, die Summe auf 100 fl. zu erhöhen, wurde abgeschlagen „bis die Schulden abgetragen sind." Die Gemeinde-Oeconomie wird so dargestellt: Nach der 1763 abgehörten Rentmeistereirechnung ist an baarem Geld vorräthig 13,231 fl. 43 kr. 2 Heller. Die Einnahme beträgt 16,758 fl. einschließlich des anno 1760 auf 10 Jahre verliehene ³/₄ an Umgeld, Accis- und Pforten-Geld und der Einkünfte von der Mehl- und Butter-Wage; die Ausgaben (in 10jährigem Durchschnitt von 1754 bis 1763) 11,705 fl. Für den Neubau einer Stadtregistratur, Gefängniß, Remise für Feuer- (Brenn-)Materialien werden 5000 fl., für das obere Thor 3000 fl., für das Schießthor 3000 fl., für Pflästerung der Plöckstraße 2000 fl., für Herrichtung der Chaussee nach Neckargemünd 8000 fl. und der nach Eppelheim 8000 fl. in Aussicht genommen. An die Pflege Schönau schuldet die Stadt 1000 fl.; der Aufflege oder dem gemeinschaftlichen Hospital 2506 fl.; an die Rathsbruderschaft an Bodenzins 1533 fl. Das ³/₄ Umgeld beträgt durchschnittlich jährlich 1853 fl., Weinumgeld 907 fl., Bierumgeld 23 fl., Mehlumgeld 1025 fl., Pfortengeld 489 fl., Branntweinumgeld 44 fl., die Butterwage 74 fl.

Endlich am 30. September 1773 bewilligt die Regierung „in besonderem Betracht, daß die städtischen sämmtlichen Passiva nunmehr getilgt und durch Sparsamkeit die Einkünfte sich vermehrt haben, daß sämmtliche Rathsverwandte den Mannheimern im Gehalt gleichgehalten, sohin jeglichem zu den wirklich beziehenden 75 fl. pro futuro 25 fl. zugelegt werden sollen." Dazu kam noch der Accibenzien-Antheil. Dagegen mußte ein neuerwählter Rathsherr bei seiner Verpflichtung mancherlei Gebühren bezahlen, die nicht unbedeutend waren; diese waren „nach alter Observanz": dem Stadtdirektor 11 fl. 30 kr., dem Anwaltschultheiß 11 fl. 30 kr., den übrigen 10 Rathsherrn je 11 fl. 30 kr., zusammen 115 fl.; den vier Vierern der Gemeinde je 9 fl. 45 kr., zusammen 39 fl.; dem gemeinen Bürgermeister 9 fl. 45 kr.; dem Stadtschreiber 11 fl. 30 kr.; Alles in Allem 198 fl. 15 kr.

Am Ende des 18. Jahrhunderts erhielt der Stadtrath einen Zuwachs in dem sogenannten Stadtrathsassessor. Im Jahre 1789 den 30. Juni nämlich stellte der Churfürst von München aus, nach beendigtem Brückenbau den bei demselben als Rechner angestellt gewesenen „kaiserlichen und churpfälzischen Notar" Franz Schwerd, beim Stadtrath, „wo ohnedies kein Stadtgericht besteht und außer dem Stadtdirektor und Anwaltschultheißen keine weitere Literati angestellt sind, zur Beförderung der vielen in juridicis, criminalibus, oeconomicis und politicis vorkommenden Geschäfte als Heidelberger Stadtrathsassessor mit Sitz und Stimme in dem Maaß jedoch und dermalen noch ohne ständige Besoldung an, daß er jene Commissionalien, welche außer dem stadträthlichen Concreto zu besorgen sind, und ihm von dem zeitigen Stadtdirektor oder Rathsconcreto per commissorium aufgetragen werden, getreulich und fleißig, gegen Bezug der taxmäßigen Gebühr zu verrichten habe, seinen Sitz nach dem jüngsten Rathsverwandten haben und erst bei dem Erledigungsfall eines Rathsverwandten in die zur Erledigung gekommene Besoldung ad 100 fl. eintreten solle." Noch ein Mal erwachte aus dieser Veranlassung der confessionale Hader. Schwerd war nämlich Katholik und durch ihn erhielten die Katholiken im Rath eine Stimme mehr, als herkömmlich. Sofort kamen die protestantischen Rathsherrn um Anstellung des „juris practici", Ehegerichtsadvokaten Carl August Heim für sich ein und wurde derselbe auch wirklich und zwar „auf die Art und unter den nämlichen Bedingnissen wie Schwerd, doch gleich jenem zur Zeit ohne ständige Besoldung zum Stadtassessor ex parte Protestantium vom Churfürsten ernannt, jedoch mit dem Beifügen, daß „bei etwaigem künftigen Abgang sowohl bei den Katholischen als Protestanten ein Gelehrter nicht mehr angeordnet, sondern ein anderer aus dem Bürgerstand dazu erkiesen werden möge." — Dagegen wurde von jetzt an ein ständiger Stadtrathsadvokat angestellt.

Wir wollen nun auch die Personen namhaft machen, welche die hervorragenden Stellen im Stadtrath begleiteten:

1. **Stadtschultheißen** waren: 1701 Regierungsrath Neukirch, welcher 1705 entlassen wurde; an seine Stelle trat Licentiat Leonhard Bruggen; diesem folgte 1717 Regierungsrath v. Parbon, zum ersten Male mit dem Titel „Stadtdirector." 1720 folgte Regierungsrath Kubas, 1734 David von Driesch, welcher 1743 zum Hofaubitor ernannt wurde; derselbe wird ersetzt durch den seitherigen Hofaubitor Flander. 1754 ist Stadtdirektor der Regierungsrath Schwaan, 1756 Regierungsrath Geiger, Regierungsrath Eßleben 1770, Hofgerichtsrath Sartorius 1779 und Regierungsrath Traiteur 1789.

2. **Anwaltschultheißen** waren 1697—1705 Paul Eber'nburger, Schaffner zu Kloster Neuburg, nach dessen Tod Hoftammer-Registrator J. Gg. Arnoldi, nach dessen Tod 1730 der Hofkeller oder Pflegkeller Joh. Anton Englert, nach dessen Tod 1735 der katholische Organist an der Heiliggeistkirche Joh. Niclas Heyller, nach dessen Ableben 1744 der geistige Administrationsconsulent Pezani, nach diesem 1748 der Ausfauth des Oberamts[11]) Heidelberg Wolf Bertram Hertwich, 1766 Hofgerichtsadvokat Schneck, der die Stelle 1796 unter Gutheißung der Regierung seinem Sohne, dem Administrationsfiscal Caspar Schneck übertrug.

3. Die **Bürgermeister**, so weit wir sie bis jetzt finden konnten, waren im 18. Jahrhundert folgende:

1700:	erster: Joh. Schmitt, kath.;	zweiter:	Christoph Schott, luth.
1701:	„ Christof Schott, luth.;	„	Samuel Simon, ref.
1702:	„ Sam. Simon, ref.;	„	Michael Seitz, kath.
1703:	„ Mich. Seitz, kath.;	„	Joh. Herbegen, luth.
1704:	„ Joh. Herbegen, luth.;	„	Nicol. Bernhardi, kath.
1705:	„ Nicl. Bernhardi, kath.;	„	Joh. Gg. Gabel, ref.
1706:	„ Joh. Gg. Gabel, ref.;	„	Mich. Seitz, kath.
1707:	„ Mich. Seitz, kath.;	„	Christopf Schott, luth.
1708:	„ Christof Schott, luth.;	„	Joh. Schabrock, kath.

---

[11]) Der Aus- oder Weißer-Fauth war der herrschaftliche Beamte zur Handhabung des Leibeigenschaftsrechtes.

1709: erster: Joh. Schabrock, kath.; zweiter: Peter Kling, ref.
1710:   „   Peter Kling, ref.;   „   Philipp Tholläus, kath.
1711:   „   Phil. Tholläus, kath.;   „   Martin Herbegen, luth.
1712:   „   Mart. Herbegen, luth.;   „   Nicl. Bernardi, kath.
1713:   „   Nicl. Bernardi, kath.;   „   H. Sprenger, ref.
1714:   „   H. Sprenger, ref.;   „   J. W. Kuhn, kath.
1715:   „   J. W. Kuhn, kath.   „   M. Herbegen, luth.
1716:   „   M. Herbegen, luth.   „   Tilmann Coblitz, kath.
1717:   „   Tilm. Coblitz, kath.;   „   G. Kärcher, ref.
1718:   „   G. Kärcher, ref.;   „   Joh. Schabrock, kath.
1719:   „   Joh. Schabrock, kath.   „   Chr. Schott, luth.
1720:   „   Christof Schott, luth.;   „   Ernst Coblitz, kath.
1721:   „   Ernst Coblitz, kath.;   „   Leonhard Bock, ref.
1722:   „   Leonhard Bock, ref.;   „   Nicl. Bernardi, kath.
1723:   „   Nicl. Bernardi, kath.;   „   M. Herbegen, luth.
1724:   „   M. Herbegen, luth.;   „   Ph. Tholläus, kath.
1725:   „   Ph. Tholläus, kath.;   „   Peter Kling, ref.
1726:   „   Peter Kling, ref.;   „   Tilm. Coblitz, kath.
1727:   „   Tilm. Coblitz, kath.;   „   A. Scheuffler, luth.
1728:   „   A. Scheuffler, luth.;   „   J. A. Kreßmann kath.
1729:   „   J. A. Kreßmann, kath.;   „   Nicl. Faber, ref.
1730:   „   Nicl. Faber, ref.;   „   W. Hartlieb, kath.
1731:   „   W. Hartlieb, kath.;   „   M. Herbegen, luth.
1732:   „   M. Herbegen, luth.;   „   M. Hertletscheck, k.
1733:   „   M. Hertletscheck, kath.: „   G. H. Kärcher, ref.
1734:   „   G. H. Kärcher, ref.;   „   J. Baumholber, k.
1735:   „   Joh. Baumholber, kath.;   „   A. Scheufler, luth.
1736:   „   Albr. Scheuffler, luth.; „   Mich. Fantina, kath.
1737:   „   Mich. Fantina, kath.;   „   H. Hettenbach, ref.
1738:   „   H. Hettenbach, ref.;   „   Ernst Coblitz, kath.
1739:   „   Ernst Coblitz, kath.;   „   J. G. Dieruff, Luth.
1740:   „   J. G. Dieruff, luth.;   „   J. A. Kreßmann, k.
1741:   „   J. A. Kreßmann, kath.;   „   H. Hettenbach, ref.
1742:   „   H. Hettenbach, ref.;   „   W. Hartlieb, kath.
1743:   „   Wolfgang Hartlieb, kath.; „   A. Scheuffler, luth.
1744:   „   Albr. Scheuffler, luth.; „   J. Baumholber, k.

1745: erster: Joh. Baumholber, kath.; zweiter: J. A. Gabel, ref.
1746: „   J. A. Gabel, ref.;   „   J. H. Dieruff, kath.
1747: „   J. H. Dieruff, kath.;   „   Josia Mareth, ref.
1748: „   Jos. Mareth, ref.;   „   L. Schreiber, kath.
1749: „   Leonh. Schreiber, kath.; „   J. G. Dieruff, luth.
1750: „   J. G. Dieruff, luth.;   „   Lucas Lehn, kath.
1751: „   L. Lehn, kath.;   „   M. Klingelhöfer, ref.
1752: „   M. Klingelhöfer, ref.;   „   J. Alexander, kath.
1753: „   J. Alexander, kath.;   „   J. G. Ludwig, luth.
1754: „   J. G. Ludwig, luth.;   „   Jacob Hecht, kath.
                                              Convertit.
1755: „   Jacob Hecht, kath. †   „   Gg. Hertwich, ref.
       statt dessen J. Neudorf, kath.
1756: „   G. Hertwich, ref.;   „   Jacob Neudorf, kath.
1757: „   Jacob Neudorf, kath.;   „   J. G. Dieruff, luth.
1758: „   J. G. Dieruff, luth.   „   Gg. Hertwich, kath.
1759: „   Gg. Hertwich, kath.;   „   Daniel Kiessel, ref.
1760: „   D. Kiessel, ref.;   „   C. Schlüssel, kath.
1761: „   Chr. Schlüssel, kath.;   „   N. Schürmann, luth.
1762: „   Nicl. Schürmann, luth.; „   Egidius Braun, kath.
1763: „   Eg. Braun, kath.;   „   J. G. Maier, ref.
1764: „   J. G. Maier, ref.;   „   Anton Fantina, kath.
1765: „   Anton Fantina, kath.;   „   Val. Muschler, luth.
1766: „   V. Muschler, luth.;   „   L. Schreiber, kath.
1767: „   L. Schreiber, kath.;   „   J. Peter Büchler, ref.
1768: „   J P. Büchler, ref.;   „   Jos. Alexander, kath.
1769: „   J. Alexander, kath.;   „   Nic. Schürmann, luth.
1770: „   Nicl. Schürmann, luth.; „   Chr. Schlüssel, kath.
1771: „   Chr. Schlüssel, kath.;   „   J. M. Schweinfurth, r.
1772: „   J. M. Schweinfurth, ref.;„   Peter Fantina, kath.
1773: „   Peter Fantina, kath.:   „   Val. Muschler, luth.
1774: „   Val. Muschler, luth.;   „   J. A. Heller, kath.
1775: „   J. Adam Heller, kath.;   „   Nicl. Ernst, ref.
1776: „   Nicl. Ernst, ref.;   „   Jacob Kuhn, kath.
1777: „   J. Kuhn, kath.;   „   N. Schürmann, luth.
1778: „   N. Schürmann, luth.;   „   M. Löffler, kath.

1779: erster: M. Löffler, kath.;   zweiter: David Ehrmann, ref.
1780:   „   D. Ehrmann, ref.   „   J. A. Heller, kath.
1781:   „   J. A. Heller, kath.;   „   Bal. Muschler, luth.
1782:   „   B. Muschler, luth.;   „   Heinrich Gerck, kath.
1783:   „   H. Gerck, kath.;   „   Chr. Schweickert, ref.
1784:   „   C. Schweickert, ref.;   „   C. Ph. Arnold, kath.
1785:   „   C. P. Arnold, kath.;   „   Albr. Ludwig, luth.
1786:   „   Albr. Ludwig kath.;
1790:   „   Bal. Muschler, luth.; „   Joh. Jacob Kuhn, kath.
1791:   „   Joh. Jacob Kuhn, kath.

4. Der Stadtrath zeigt im Laufe des 18. Jahrhunderts im Personal-Stand und Veränderung folgendes:

Nachdem am 31. März 1699 Mich. Seitz, katholisch und Christof Schott, lutherisch, in zwei vacante Rathsstellen eingewiesen waren, bestand der Rath für die Zeit bis zum 1. März 1700 aus folgenden Personen: Wilh. Heinr. Wildkie, 1. Bürgermeister, Johann Georg Gabel, reformirt, 2. Bürgermeister; Johann Hell, reformirt, Johann Georg Lang, reformirt, Johann Buschberger, reformirt, Samuel Simon, reformirt, Dionys Hemberger, lutherisch, Joh. Schmitt, kath., Gg. Tuchscher, kath., Küfer Joh. Jung, kath.[12]) Am 30. Mai 1701 wurden zur Vervollständigung des Raths folgende 3 neue Glieder auf dessen Vorschlag vom Churfürsten ernannt: Joh. Schabrock, kath., Joh. Peter Kling, ref. und Joh. Herbegen, luth. und es hatte der Rath vom 1. März 1701/1702 folgende Glieder: Stadtschultheiß Neukirch, erster Bürgermeister Christof Schott, luth. zweiter Samuel Simon, ref., ferner Räthe: Joh. Gg. Gabel, ref., Joh. G. Lang, ref., W. W. Wildkie, kath., Gg. Tuchscher, kath., Mich. Seitz, kath., Joh. Jung, kath., Joh. Schabrock, kath., Joh. Peter Kling, ref., Joh. Herbegen, luth., Joh. Paul Ebernburger, kath., zugleich Anwaltschultheiß. Für das folgende Jahr 1702/03 blieb das Personal unverändert, nur wurde Sam. Simon erster Bürgermeister, während Schott in den Rath als einfaches Mitglied zurücktrat und dafür Seitz zweiter Bürgermeister wurde.

---

[12]) Jung wohnte in Würzburg und wurde vom Churfürsten ohne Weiteres angenommen. Noch bemerken wir, daß der Stadtrath vom Frieden zu Ryswick an bis 1701 unvollständig war.

Für 1. März 1703/04 traten an die Stellen des verstorbenen Wildie und des abwesenden Jung, beide Katholiken, Franz Carl Ansperg und Franz Nicl. Bernhardi,[13]) auch Katholiken.

Im Juni 1734 wurde an die Stelle des verstorbenen Rathsherrn Leonh. Bock der Vierer der Gemeinde Friedr. Pleik. Gabel ernannt. Am 8. April 1737 cedirte, mit Genehmigung des Churfürsten, jedoch „ohne Consequenz" M. Herbegen seine Rathsstelle an J. Gg. Dieruff, die im selben Jahre durch den Tod des Rathsherrn und Forstmeisters Coblitz erledigte Rathsstelle erhielt der Holzschreiber Joh. Baumholder mit Beibehaltung jenes Amts. Die durch den Tod des Bürgermeisters Pleik. Gabel erledigte Rathsstelle wurde im April 1738 durch den Zuckerbäcker J. Ab. Gabel besetzt.[14])

Im Jahr 1739 bestand der Rath aus folgenden Personen: Ernst Koblitz erster, J. Gg. Dieruff zweiter Bürgermeister; Räthe: J. Ab. Kreßmann, A. Nicl. Faber, Joh. Wolfgang Hartlieb, G. H. Kärcher, Johann Baumholder, Albr. Scheuffler, Michael Fantina, Heinrich Dieruff, Joh. Ab. Gabel, Hieron. Hettenbach. Im Juni 1739 starb Faber; an seine Stelle kam der Handelsmann Josias Mareth. — Baumholder starb 1746 und Joseph Alexander kam an seinen Platz. — 1750 genehmigte die Regierung, daß H. Dieruff seine Rathsstelle an Bierbrauer Christian Schlüssel cedirt. — An die Stelle des verstorbenen Jos. Mareth kam 1753 Peter Volz, so daß 1754 der Stadtrath folgendermaßen zusammengesetzt war: Stadtdirektor Schwaan, Anwaltschultheiß Gg. Hertwich, Joh. Gg. Ludwig und Jacob Hecht, Bürgermeister; Räthe: Georg Dieruff, Adam Gabel, L. Lehn, Jos. Alexander, Goldarbeiter Math. Klingelhöfer, Leonh. Schreiber, Jac. Neudorf, Peter Volz, Chr. Schlüssel.

Die durch den Tod des Bürgermeister Jacob Hecht erledigte

---

[13]) Bernhardi war Apotheker. In seiner Bewerbung um die vacante Rathsstelle machte er geltend, daß er 1697 von Miltenberg nach Heidelberg gezogen sei, hier ein Haus mit großen Kosten erbaut und darin eine Officin hergerichtet habe.

[14]) Pleik. Gabel war an den Folgen eines „sehr gefährlichen mörderischen Stiches" gestorben, den er in Frankfurt von einem Juden erhalten hatte.

Rathsstelle erhielt 1755 Dan. Kießel und die des verstorbenen Ludwig der Handelsmann Schürmann, 1757. —

1764 bildeten den Rath: Ab. Gabel, Leonh. Schreiber, Chr. Schlüssel, Jos. Alexander, J. Braun, J. Gg. Maier, Joh. Ant. Fantina, P. Bühler, Dan Kießel, Nicl. Schürmann, J. Val. Muschler.

1773: Chr. Schmitt, Chr. Schlüssel, Nicl. Schürmann, Ant. Fantina, Val. Muschler, P. Bühler, Joh. M. Schweinfurth, J. Nicl. Ernst, J. Jal. Kube, M. Löffler, David Ehrmann (zum „Reichsapfel"), J. Ab. Heller.

Nach dem Tode des A. Fantina wird Heinrich Gerck Rathsherr, 1770—1780 für den verstorbenen Schierberg der Kupferschmied Ludwig; für den verstorbenen P. Bühler Chr. Schweickard, — 1783 für den † Chr. Schlüssel der Schatzungs- und Quartiergelderheber Jos. Haffer, 1784 für den † Schweinfurth der Ritterwirth Leonh. Metzger, 1793 für den † Zuckerbäcker Schweickard der Handelsmann Daniel Mais, — für den † Jac. Kuhn Matth. Eisenrichter.

5. Stadtschreiber sind seit 1732 Kummer, seit 1754 Fank, seit 1784 Molitor und 1788 Sartorius.

6. Stadtrathsregistrator ist 1788 Weber mit einem Gehalt von 225 fl.

B. Eine kleine Bürgerrevolution am Schlusse des 18. Jahrhunderts.

An den vorstehenden Aufsatz, welcher im Allgemeinen die städtischen Behörden bezeichnet, schließen wir unter obigem Titel einen zweiten an, welcher nicht blos geeignet ist, den Geschäftskreis jener Behörden näher zu bestimmen, sondern auch Zustände zu illustriren, welche in diesem Geschäftskreise ihren Ursprung haben.

Die große französische Revolution zu Ende des vorigen Jahrhunderts, welche ihren Rundgang in ganz Europa machte, hat auch in unserer Stadt einen Geist der Unzufriedenheit schnell zur Reife gebracht, welcher theils in den Verhältnissen gegründet war, theils extravagirte.

Am 27. October 1789 reichten im Auftrage der Bürgerschaft 46 Personen [15]) eine umfangreiche Beschwerdeschrift gegen die städtische Verwaltung unmittelbar beim Churfürsten ein. Da die meisten jener 46 Beauftragte waren, so ist anzunehmen, daß unter der ganzen Bürgerschaft die Unzufriedenheit verbreitet war.

Die Beschwerdeschrift beginnt mit einer allgemeinen Darlegung der öffentlichen und Privatverhältnisse der Bürgerschaft: „Die häusliche und städtische Wohlfahrt seie am Rand des gänzlichen Verfalles. Auf den gemeinen Einkünften haften große Schulden; eine ungeheure Steinmasse eines Thors [16]) habe ungeheure Summen verschlungen, die zudem in die Säckel räuberischer Hände kamen; die Kassen der Zünfte würden gebrandschatzt; die Magistrats- und andere Stellen gleichsam in öffentlichem Ausrufe an den Meistgebenden verkauft, die gemeinen Waldungen, die Seele der städtischen Einkünfte, verwahrlost und beraubt. Die bürgerlichen Gewerbe seien gelähmt durch Eingriffe; die Sportelsucht treibe ihr Unwesen; die Befreiung von bürgerlichen Lasten würden erschlichen, verkauft oder durch Ersteigerung solcher städtischer Stellen, mit denen diese Freiheiten verknüpft sind, erworben. Das seien Züge aus dem Gemälde des traurigen Zustandes, in welchem sich die Stadt befand, als Hofgerichtsrath Traiteur die Verwaltung ihrer Direktion [17]) übernahm; muthlos und mit stumpfem Sclavensinn sähe der Bürger dem Verfalle seiner häuslichen und bürgerlichen Glückseligkeit zu; jetzt ist es auf das Höchste gekommen."

Man sieht aus diesem Eingange, daß die Beschwerdeführer der französischen Revolution etwas abgelernt hatten. Mehr noch sieht

---

[15]) Darunter waren: A. Piton und M. Wärner, gemeine Bürgermeister. Joh. Mart. Kochenburger, Gottfried Weber, Vierer, Joh. M. Loos, Handlungszunftmeister, Joh. Albr. Pressel, Schmiedzunftmeister, Jac. Elleser, Spänhauerzunftmeister, Franz Ad. Walz, Bäckerzunftmeister, Joh. Jac. Schneider, Weberzunftmeister, Jac. Werner, Zunftmeister der Professionisten, J. Heinr. Ziegler, der Krämerzunftmeister, G. A. Braun, Deputirter der chirurgischen Innung, Joh. Jac. Guttenberger, Metzgerzunftmeister, Schaaff, Rothgerberzunftmeister, Carl Weismann, Weingärtnerzunftmeister, Joh. Hormuth, Fischerzunftmeister, Joh. Mart. Schwarz, Schifferzunftmeister, Math. Schweizer, Schneiderzunftmeister.

[16]) Das Carlsthor. [17]) d. h. Stadtdirektor wurde.

man dies an den einzelnen Punkten, welche die Beschwerdeschrift auf=
führte, und welche wir nun in diesem Aufsatze näher erörtern wollen.

Der Hofgerichtsrath und Landschreiberei=Adjunct Wrede erhielt
durch unmittelbares churfürstl. Rescript vom 30. Oktober 1789 den
Auftrag, genaue Untersuchung aller Beschwerden zu pflegen und s. Z.
Gutachten einzusenden. Wrede fing die Untersuchung am 17. No=
vember 1789 an; ein Zimmer auf dem Rathhaus wurde zu diesem
Zwecke besonders eingeräumt. Die in der Beschwerdeschrift unter=
zeichnete Deputation der Bürgerschaft mußte Bevollmächtigte wählen,
es waren: Dreikönigwirth Bassermann, die Handelsleute und Pro=
fessionisten Guttenberger, Baumüller, Happel, Riegler, Mays, Steibel,
Schemper, März, Schwarz, Braun, Hänlein, Stephan, Fries und
Hottinger. Advokat de Troge vertrat die Beschwerdeführer, was
diesem aus dem Grunde vom Churfürsten gestattet wurde, weil im
Stadtrath, gegen den die Beschwerde vorzüglich gerichtet war, drei
Rechtsgelehrte seien, Stadtdirektor Traiteur, Anwaltschultheiß Schneck
und Assessor Schwerd. Die Untersuchung dauerte bis in den April
des Jahres 1791; am 17. April wurde der Bescheid gegeben. Aber
noch über zwei Jahre wirkte die Beschwerde nach.

1. Die erste Beschwerde betraf die Erhebung des Schatzungs=
und Quartiergeldes. Die churfürstl. Hofkammer erhielt nämlich
schon seit längerer Zeit von der Stadt ein jährliches Steuer= oder
Schatzungs=Aversum von etwa 9000 fl.; diese Summe wurde jährlich
auf die schatzungspflichtigen Bürger ausgeschlagen und zu ihrer Er=
hebung ein Schatzungs=Einnehmer, Schatzungs=Schreiber und Diener
angestellt. Alle diese Beamten erhielten ihre Besoldung, der Ein=
nehmer überdies ein Zählgeld von 3 fl. vom ersten Tausend und
2 fl. von den übrigen. Nun waren aber nicht blos die adeligen
Personen mit ihrem Besitz in der Stadt schatzungsfrei, sondern diese
Freiheit war auch mit den meisten städtischen Aemtern verbunden, ja
durch die Gnade des Churfürsten wurde manchem Bürger aus ver=
schiedenen Ursachen die Schatzungsfreiheit verliehen. Auf diese Weise
war die Zahl der schatzungspflichtigen Bürger immer kleiner und die
Last der Schatzung selbst daher immer größer geworden. Die Be=
schwerde war daher vornehmlich dahin gerichtet, daß das Schatzungs=
quantum für den Einzelnen sich immer steigere, weil immer mehr be=

freie Personen erwüchsen, denen bei Erwerbung eines sonst schatzbaren Hauses in der Stadt jene Freiheit verliehen wurde. Wie klein die Zahl der schatzungspflichtigen Bürger geworden war, geht daraus hervor, daß von 100 fl. Steuercapital 12 fl. 48 kr. Steuer erhoben wurde. Die Bürger und die Beisassen, d. h. die nicht bürgerlichen Einwohner, welche zu den städtischen Lasten ein Kapital von 50 fl. mit 6 fl. zu versteuern [18]) hatten, wurden bei der herrschaftlichen Schatzung mit nur 25 fl. angelegt.

Meist gab es Ueberschüsse an Schatzungsgeldern, welche, wie man glaubte, nicht recht verwendet, sondern zu allerlei Besoldungen, Diäten, u. dgl. unnöthigerweise verausgabt würden, welche die Schatzung gar nicht berühren. Zur Richtigstellung der Schatzung war nämlich die sogenannte Schatzungscommission angeordnet, bestehend aus Deputirten der Bürger, zu denen 3 Rathsverwandte und die 4 Vierern der Gemeinde zugezogen wurden. Daß diese, die ohnehin besoldet waren und die Personalfreiheit genoßen, für ihr Geschäft als Schatzungscommissäre noch besondere Besoldungen und Diäten bezogen aus der Schatzungskasse, erschien besonders anstößig, [19]) da die bürgerlichen Deputirten auch keine Vergütung erhielten.

Ganz gleiche Bewandtniß hatte es mit dem sogenannten Quartiergeld. Die Besatzung der Stadt war bei den einzelnen Bürgern einquartirt; für jeden Soldaten wurde eine bestimmte Entschädigung geleistet. Die Gesammtsumme dieser Entschädigungen wurde auf die schatzungspflichtigen Bürger und Beisassen umgelegt, zu ihrer Erhebung ein eigener Quartierschreiber und Empfänger gehalten. Auch hier trat die Befreiung Einzelner beschwerend für die übrigen ein. Viele Bürger waren wegen ihres städtischen Amtes von der Quartierlast befreit. Dazu wurden die Ueberschüsse der Quartierkasse zur Deckung des Ausfalls der Schatzungskasse oft benutzt, woher es kam, daß die

---

[18]) Sogenannte Leib- oder Kopfschatzung.
[19]) Jeder Rathsverwandte hatte 100 fl., jeder Vierer 75 fl. Jahresbesoldung und überdieß wurden Letztere im 4. Jahre ihrer Amtsführung Beisassenschultheiße mit etwa 200 fl. Einkommen. Der Beisassenschultheiß hatte die von den Beisassen jährlich zu zahlenden Schutz- und Frohngelder zu erheben und zwei Jahre nacheinander zu verrechnen. Auch diese Stelle wechselte nach der Religionseigenschaft. 1783 war es der Lutheraner Chr. Spohr, 1784 Mart. Rochenburger.

Quartiergeldpflichtigen an der Schatzung der von der Quartierlast befreiten, also ohnehin schon begünstigten bezahlen mußten.

Die Juden hatten seit den ältesten Zeiten, ohne Zweifel wegen des ihnen gewährten Schutzes jährlich 23 fl. sogenanntes Husarengeld dem Schatzungsempfänger einzuhändigen. Von diesen 23 fl. wurde widerrechtlich seit etlichen Jahren ein Zählgeld von 27½ kr. vom Empfänger erhoben.

Dazu kamen Beschwerden gegen die bei Erhebung dieser Gelder betheiligten Personen. So wurde dem Schatzungsempfänger Weiß vorgeworfen, er habe zur Ungebühr Gelder erhoben und für sich verwendet. Der Quartier- oder Billetschreiber Lehmann wurde beschuldigt, daß er mit zwei Bürgern dahin sich verstäubigt habe, ihnen Fußsoldaten ins Quartier zu geben, diese dagegen in der Liste als Berittene aufzuführen, für jene wurden monatlich 30 kr. für diese 45 kr. aus der Quartiergeldkasse vergütet, wodurch dem Erheber ein ungerechter Gewinn zufloß; ferner habe er die Chirurgen Thiruff und Krauß in die Liste so eingetragen, daß ihnen statt der gebührenden 15 fl. Quartiergeldentschädigung 30 fl. zukamen, wobei Lehmann 2 Laubthaler Geschenk angenommen habe.

Dem Stadtrath ins Besondere wird Schuld gegeben, daß er die Hebregister unrichtig stelle, willkürlich die Beträge Einzelner erhöhe oder niederer stelle, und die Gelder beider Klassen vermische. Derselbe erwiderte: die Rechnungen werden jährlich gestellt und von der Regierung abgehört. Die Ueberschußgelder werden jeden September dem Rechnungscommissär vorgelegt. Letzten Mai (1789) sei eine Hauptcorrektur der Hebregister vorgenommen worden, da habe die dazu bestellte Schatzungs-Commission Einige um etliche Kreuzer erhöht, andere niederer genommen; das sei aber nur bei der Nahrungsschatzung der Fall. Die Grundschatzung dürfe ohne Zustimmung der churfürstl. Hofkammer nicht geändert werden. Das Geschäft jener Commission bestehe aber darin, bei der jährlich vorzunehmenden Hauptcorrektur die einzelnen Bürger abzulesen, zu schätzen und ins Register einzutragen.

Die Untersuchung führende Regierungscommission führte des Näheren aus, daß schon vor vielen Jahren durch Vertrag das Schatzungsquantum auf 9000 fl. fixirt worden sei. Dieses sei in

Folge des Abreißens der zum Brückenbau nöthigen Häuser auf 8965 fl. herabgesunken. Die Unordnung in dieser ganzen Sache rühre vom Mangel eines Lagerbuchs her. Der Bescheid der Regierung auf diese Beschwerde lautete dahin, daß die Beisassen künftighin ihre volle Steuer von 50 fl. ad 6 fl., dazu für die Naturalhandfrohnden, wenn sie diese nicht selbst leisten wollen, 2 fl., endlich auch alle auf den Kopf oder das Schatzungscapital auszuschlagenden herrschaftlichen und gemeinen Gelder, als Wachgelder, Rheinbaugelder, Oberamts- und Zentkosten zu bezahlen und am Pulverholzschälen Antheil zu nehmen haben. — Die Ueberschüsse der Schatzungskasse sollen auf Zinsen gestellt und keineswegs zu Besoldungen, Diäten u. dgl. verwendet werden. — Eine Renovation der Güter auch der Ausmärker die seither nur wenig beigezogen waren, zum Behuf der Schatzungsaufnahme soll in kürzester Frist vorgenommen werden. — Die Schatzung habe jährlich 12 fl. von 100 fl. Steuercapital zu betragen. — Die Juden sind vom Zählgeld der jährlich zu entrichtenden Husarengelder für die Zukunft zu befreien. — Der Ueberschuß der Quartiergelder soll von dem der Schatzungskasse streng getrennt, entweder auch ausgeliehen, oder zu dem in Aussicht genommenen Casernenbau verwendet werden. — Alle Vierteljahre sind künftig die Hebregister mit Zuziehung der Vierer und Zunftdeputirten nach dem Schatzungscapital der Nahrungs- und Rheinbaugelder-Regulative genau zu berechnen, jedem Pflichtigen seine Liste zuzustellen, damit dieser im Stand ist, eine Vergleichung mit dem Hebregister anzustellen. — Schatzungserheber Weiß wird verurtheilt, mehrere zur Ungebühr erhobene Gelder zu ersetzen und wird überdies entlassen. Die von seinem Vorgänger Betz zur Ungebühr erhobenen 27 fl. müssen von dessen Erben ersetzt werden. — Quartiergelderheber Lehmann wird ebenfalls zum Ersatz und zur Entlassung verurtheilt.

2. Beschwerde. Sie betraf die **Personalbefreiung**, d. h. die unter Beschwerde 1. des Weiteren ausgeführten Befreiungen von Schatzung, Quartierlast u. s. w. Die Beschwerdeführer machten geltend, daß ihre Zahl sich auf 200 belaufe, was im Verhältniß zu den 900 bis 1000 Steuerpflichtigen doch ungeheuer sei, da ja die Befreiten wie die Belasteten Handel und Gewerbe treiben. Dazu seien diese Frei-

heiten gewöhnlich erschlichen.[20]) Die Gesetze schrieben vor, die Freiheiten zu beschränken, nicht zu vermehren.

Der Stadtrath, der in dieser Sache unbetheiligt ist, stimmte der Bitte um Entziehung und Beschränkung von Personalfreiheiten bei und empfahl dieselbe dem Churfürsten zur Berücksichtigung. — Auch die Regierungskommission erkannte die Berechtigung der Beschwerde an; der Churfürst beschränkte, bez. W. zog einzelne Freiheiten ein[21]) und bestimmte, daß künftighin sparsamer mit Verleihung von Privilegien, denen jene Freiheiten anhafteten, zu verfahren sei.

3. Die dritte Beschwerde betraf die sogenannten Stadtofficiersstellen. Die Stadt hatte 2 Compagnieen Bürgersoldaten; die Vierer der Gemeinde waren zugleich Officiere der Compagnieen ihrer Stadtviertel und wurden deßhalb auch Stadtofficiere genannt. Die Beschwerde ging besonders darauf hinaus: daß die Stellen der Ober- und Unterofficiere nicht nach Rang, Ordnung und Verdienst, sondern nach Bezahlung vergeben würden. Dadurch erhielten nur die Vermöglichen, oft um hohe Preise diese Stellen. Da mit denselben die Freiheit von der Quartierlast verbunden war, so erlangten diese Reichen, die mit ihrem Gewerbe und ihren großen Häusern am stärksten in der Quartierlast lagen, einen großen Vortheil, der den ärmeren Bürgern zu einer um so größeren Last erwuchs. Jeder vom Gemeinen bis zum Unterofficier beförderte Bürgersoldat mußte 5 fl. sogenanntes Steiggeld erlegen, das dann vertrunken wurde.

Der Stadtrath gab zu, daß diese Steiggelder wegfallen müßten;

---

[20]) Namentlich sind aufgezählt: Handelsmann Käfer für seine der (mit der Freiheit begnadigten) Seidenfabrik von Rigal geleisteten schriftlichen Geschäfte; Steinsetzer Steinmann, der für seine Arbeit bezahlt werde; Uhrmacher Will und Walz unter dem Vorgeben, ihre Kunst sei eine Freikunst; alle der Universität dienenden Bürger, z. B. die Buchbinder, die doch nebenher noch bürgerliche Geschäfte treiben; Hofsattler Petri, die Hofschmiede Lösch und Krittmann; endlich die hiesigen Tuchmacher vermöge ihrer Privilegien.

[21]) Dem Käfer, Steinmann, Will und Walz werden die Freiheiten entzogen; Letztere zwei mußten sich überdies in eine Zunft aufnehmen lassen, da ihre Kunst keine Freikunst sei. Die Universitätsarbeiter blieben jedoch frei nach Artikel 12 der Universitätsprivilegien. Petri und Krittmann behalten die Freiheit auf Lebzeit. Die künftigen Hofbediensteten sollen die Freiheit nicht mehr haben. Die Tuchmacher, da sie Privilegien haben, sollen künftig frei sein.

ja er trug auf gänzliche Abschaffung der Officiersstellen an, da ihr ganzes Geschäft eigentlich nur darin bestände, beim Namensfeste des Churfürsten und bei andern Festlichkeiten „vor dem Rathhaus zu paradieren." Doch stellte der Stadtrath die von der Beschwerde vorgegebene Besetzungsart in Abrede.

Die Regierungscommission konnte sich nicht ganz dem Antrag des Stadtraths anschließen; bei Besetzung der Stellen durch den Stadtrath sei auf das Verdienst und den Rang der Anzustellenden Rücksicht zu nehmen; ganz könne man die Officiers nicht abschaffen, da sie durch die Unterofficiere die Wachtliste führen, die Bürgerschaft auf die Wachen zu laden, zu Feierlichkeiten zu berufen, überhaupt das Commando zu führen hätten. Dagegen müßten die kostspieligen Uniformen abgeschafft und diese denen der Gemeinen ähnlich werden; nur ein goldenes Epaulette und der bordirte Kragen solle, wie beim Militär, auch die Stadtoffiziere auszeichnen; dadurch könnten auch Aermere zu diesen Stellen gelangen. Die Steiggelder aber wurden gänzlich verboten.

4. Die Freicompagnie nahm die 4. Beschwerde in Anspruch. Außer den 2 Stadtcompagnien bestand schon seit langer Zeit eine dritte, die sogenannte Freicompagnie, in welche stiftungsgemäß nur solche Bürger aufgenommen werden sollten, welche 20 Jahre lang in einer der activen Compagnien gedient und die bürgerlichen Lasten getragen haben oder durch körperliche Gebrechen dazu qualificirt sind. Es war dies demnach eine Art Invaliden-Compagnie. Das Hauptgeschäft derselben bestand darin, die gewöhnlichen bürgerlichen Wachen zu versehen, wenn andere hierzu berufene Bürger aus irgend einem Grunde verhindert waren, der Wachtpflicht persönlich zu genügen. Für diesen Dienst wurden die Freisoldaten bezahlt und zwar von denen, deren Stelle sie vertraten. Nach und nach war es Gebrauch geworden, daß kein Bürger mehr persönlich die Wache bezog, daß also die Freicompagnie ausschließlich den Wachtdienst versah.

Die Beschwerde ging dahin, daß bei der Aufnahme in die Freicompagnie willkürlich verfahren würde, daß insbesondere ganz junge Bürger Aufnahme fänden, wodurch die Absicht der Anstalt, ältere Bürger zu erleichtern, vereitelt wurde. — Zudem wurden bei den Dienstleistungen der Freicompagnie mehrere Unterschleife getrieben:

a. Der Wachtmeisterlieutnant, welcher die Bürger zur Wache aufzubieten hatte, zu der täglich nur 12 Mann nöthig waren, bot deren immer mehr, gewöhnlich die doppelte Zahl, 24, auf. Diese 24 Aufgebotenen, welche meist nicht kamen und ihrem Ersatzmann für den Tag 12 Kreuzer zu zahlen hatten, zahlen aber alle und da nur 12 Soldaten von der Freicompagnie die Wache bezogen und ihr Taggeld erhielten, so lag es auf der Hand, daß der Wachtmeisterleutenant und die Wachtmeister die Tagegelder der übrigen 12 Aufgebotenen in ihren Beutel fließen ließen.[72]) — b. Zur Meßzeit mußten die Wachten von den Bürgern bezahlt werden, da doch die fremden Krämer auf Kosten der einheimischen Vortheil durch die Messe zögen — c. Auf den Wachtstuben wurde viel Holz verbraucht, 170 Mäße, welche die Stadtkasse belasteten. Dem Lauerbeständer Hoffmann, der das städtische Holz zu verwalten und auf die Wachten den Bedarf zu liefern hatte, wurde Schuld gegeben, daß er sich dabei habe Unterschleife zu Schulden kommen lassen. Hoffmann, zur Rechenschaft gezogen, gestand nach manchen Ausflüchten, der verstorbene Stadtdirektor Sartorius habe, unter dem Titel des Bedarfs für die Wachen, von dem 2. Jahre seines Dienstantritts an bis zu seinem Tode jährlich 15—16 Karch Holz unentgeltlich aus dem Lauer bezogen.

---

[72]) So geschah es gerade während der Untersuchung dieser Beschwerde am 1. August 1790. Es wurden 24 Bürger geladen; nach Verabredung stellten sich dieses Mal alle 24 Mann persönlich ein, wodurch die Beschwerde als gegründet anerkannt werden mußte. Der Leutenant Becker schob die Schuld auf den Wachtmeister Voß, der sich damit entschuldigte, daß die 24 Bürger auf 2 Tage bestellt gewesen seien, es sei vergessen worden, dies dem Einzelnen mitzutheilen. Die Beschwerdeführer verlangten in Folge hievon die Bestrafung Beider, die Entziehung ihrer Personalfreiheit, machten überhaupt den Vorschlag, die Bürger mit den Wachen, besonders zur Zeit der Messe zu verschonen: die auswärtigen Krämer, welche die Messe bezögen und manchen Vortheil genössen, sollten das Wachgeld hiefür bezahlen; die Stelle des Leutenants und Wachtmeisters seien überhaupt unnöthig, da ihre Dienste durch die Hauptleute und Corporäle gegen die Tagesgebühr von 24 Kreuzer versehen werden könnten; ebenso sei der Reiteradjutant, als unnöthig bei der Wache, abzuschaffen. Dadurch würden viele Personalfreiheiten eingehen, die Bürgerschaft erleichtert und die Hoßkammer mit der Stadtkasse geschont, von denen jede dem Leutenant 50 fl, dem Wachtmeister 37 fl. bezahlen mußte.

Die Regierungscommission ertheilte hierauf dem Stadtrath einen Verweis wegen ungerechtfertigter Aufnahme in die Freicompagnie und ward zur strengen Einhaltung des Statuts angehalten, besonders auch darin, daß er die Aufnahme unentgeltlich besorge. Ebenso erhielt Wachtmeister Voß einen Verweis, während Leutenant Becker freigesprochen wurde. Ferner wurde angeordnet, daß die Wachtbefreiungen beschränkt wurden und die Krämer zur Messezeit die Wachtkosten bezahlen. Lauerbeständer Hoffmann wurde verurtheilt, die dem Stadtdirektor 16 Jahre lang aus dem Lauer gelieferten 15 Karch Holz jährlich — in Geld der Stadtkasse zu ersetzen. — Die Angelegenheit der Personalfreiheit für die Officiersstellen und der Wachtfreiheit war schon mit der 3. Beschwerde erledigt worden. Die Wachtrequisitenrechnungen mußten von jetzt an jährlich, wie die andern Gemeinberechnungen gestellt und abgehört werden.[28]

5. Die fünfte Beschwerde betraf die Stellen der „gemeinen Bürgermeister." Den Vorsitz im sogenannten „kleinen Rath" führten von jeher die zwei Bürgermeister von der Gemeinde. Der erste bezog aus der Stadtkasse eine Jahresbesoldung von 25 fl. 59 kr., der zweite 4 fl. 59 kr. und zwar dafür, daß sie den alle Vierteljahre vorzunehmenden Aufschlüssen der Mehlwagekasse anwohnten. Außerdem hatten sie den Rathssitzungen anzuwohnen, wo sie mit den Vierern das Beste der Bürgerschaft wahrten; ferner wurden sie zur

---

[28]) Nach einem urkundlichen Verzeichniß bestand das Stadtmilitär aus folgender Mannschaft, 1791:

a. **Freicompagnie**: Hauptmann Beß, Leutenant Schmidt, Fähnrich Reuber, Sergeants Hillspach und Eisenrechter, Schreiber Riegler, Feldscheer Kempff, Freicorporal Valender, Fourier Walz, Tambour Bauer und Stein. 2 Pioniere, 20 Corporale, 55 Gemeine, zusammen 90 Mann.

b. **Zweite Compagnie** (eigentliches Bürgermilitär): Hauptmann Werner, Leutenant Schemper, Fähnrich Fahrbach, Sergeants Bobel und Nicolai, Musterschreiber Fischer, Feldscheere Seeheim und Sebastian, Freicorporal Jung, Fourierschützen Hoffmeister und Walz, 2 Tambours, 25 Corporäle, 212 Gemeine, zusammen 251 Mann.

c. **Dritte Compagnie**: Hauptmann Schaaff, Leutenant Rommel, Fähnrich Cramer, 2 Sergeants, 1 Musterschreiber, Feldscheere Lingmann und Lorent, 1 Freicorporal, 2 Fourierschützen, 2 Tambours, 20 Corporäle, 213 Gemeine, zusammen 246 Mann. Summe 71 Corporäle und 480 Gemeine.

Abhör der städtischen Schatzungs- und Quartiergeld-Rechnung beigezogen. Der erste gemeine Bürgermeister hatte die Frohnden zu gebieten und zu überwachen und endlich hatte der zweite die Obliegenheit, den Kuh- und Schweinhirten anzustellen, für jedes Stück Rindvieh 16 kr., für jedes Schwein 8 kr. jährlich zu erheben und damit die Hirten zu besolden. Jährlich wurde 3 Mal sämmtliches Vieh der Stadt gezählt, wofür jener die Gebühren mit 16 fl. aus seiner Kasse zu entrichten hatte. Ueberdies aber mußte er bei seiner Annahme 65 fl. Sporteln an den Stadtrath bezahlen. — Die Stellen der beiden gemeinen Bürgermeister gingen in der Bürgerschaft um; nach Abfluß eines Jahres trat der erste zurück, der zweite rückte an seine Stelle, die vier Viertelmeister brachten nun für die Stelle des zweiten einen Bürger in Vorschlag, den der Stadtrath dann einsetzte. Beide gemeine Bürgermeister genossen auf 3 Jahre die Personalfreiheit, waren aber sonst ohne ständige Besoldung.

Die Beschwerde machte geltend, daß diese Aemter unnöthig seien, da ihre Obliegenheiten von den Vierern allein besorgt werden könnten und ohne dieses zur Wahrung der Interessen der Bürgerschaft, sowie zur Abhör der Rechnungen Deputirte der Zünfte als Commission beigezogen würden.

Da der Stadtrath auch dieser Ansicht war, so verordnete die Regierungscommission: Nach der Generalordnung sei ein besonderer Rentmeister angestellt, die Bestellung der Hirten sei Privatsache der Viehbesitzer; das Zählen des Viehes, sowie die Geschäfte wegen des Fröhnens sollen von den Vierern besorgt werden und da hiernach die gemeinen Bürgermeisterämter überflüssig waren, so wurden sie aufgehoben.

6. Die Magistrats- und Viertelmeisterstellen waren der Inhalt der sechsten Beschwerde. Wie die Besetzung derselben geschah, wurde im vorhergehenden Aufsatze weitläufig auseinandergesetzt. Die Beschwerde hatte bei derselben fünf Punkte im Auge: a. die Magistratsstellen seien zu einer käuflichen Waare geworden; selbst von Juden seien solche an den Meistbietenden verhandelt worden;[24] die

---

[24] Der Jude Judas Carlebach sollte dem Prinzcarlwirth Koch die Anwartschaft auf die erste vacant werdende lutherische Rathsstelle öffentlich feilgeboten und Letzterer sie gekauft haben. Die Untersuchung wies den Ungrund dieser Beschuldigung nach.

Stellen sollten von den Zünften durch die Wahl besetzt werden, damit Leute dazu gelangten, welche die Bedürfnisse der Bürger kennen. — Der Stadtrath hatte gegen diesen letzteren Vorschlag nichts einzuwenden, wies jedoch den Verdacht eines Verkaufs von Stellen mit Entrüstung zurück. Auch die Untersuchungscommission machte den liberalen Grundsatz geltend, daß eine Besetzung der Rathsstelle durch die Regierung ungeeignet sei; eine Wahl durch die Bürger sei entschieden vorzuziehen. Diese kennten ihre Leute am Besten und hätten zu den von ihnen Gewählten auch immer das Vertrauen, daß das Wohl der Bürger von ihnen am Besten besorgt werde. Die Regierung, um eine Vermittelung herzustellen, ordnete hierauf an, daß die Bürgerschaft zu jeder vacanten Stelle 4 Subjekte dem Stadtrath bezeichne, der von diesen zwei der Regierung vorschlage, die dann Einen ernenne. — b. Von den Bürgermeistern wurden Wirthschaften betrieben (gegen das Verbot) wodurch „derjenige vor dem bürgermeisterlichen Stuhl Recht erhält, der unter die besten Kunden der bürgermeisterlichen Weinschenke gehört." Die Beschwerdeführer verlangten, daß in diesem Falle immer entweder das Amt oder die Wirthschaft niedergelegt würde.²⁵) Die Regierung wies den Stadtrath strenge an, das Amten der Bürgermeister in ihren Wirthschaften nicht zu dulden, vielmehr sollen diese ihre Amtsgeschäfte auf dem Rathhause verrichten und zu diesem Zwecke Morgens von 9—12, Mittags von 2—5 Uhr sich hier aufhalten. — c. Das Bürgermeisteramt werde oft verhandelt, in der Weise, daß derjenige, den es der Reihe nach träfe, dasselbe einem andern käuflich überlasse, wodurch der Käufer verleitet werde, durch unrechte Handhabung des Amts die Kaufsumme bei der Bürgerschaft wieder auszupressen.²⁶) Die Regierung sah sich genö-

---

²⁵) Diese Beschwerde bezog sich auf die Rathsherrn Sieben, Ernst, Ehrmann, Meller und Metzger, die nacheinander neben dem Bürgermeisteramt zugleich Wirthschaften hatten. Diese so Angegriffenen machten geltend, daß dann auch jedes andere Gewerbe, das ein Bürgermeister treibe, niedergelegt werden müßte, dafür aber würde sich jeder bedanken, denn das Amt trage nicht so viel ein, daß man eine Familie ernähren könnte; es müßten jedoch Vermögliche zu diesem Amte genommen werden, weil jeder, der es bekleidet, 3000 fl. Kaution zu stellen habe.

²⁶) Anwaltschultheiß Schneck hatte, so oft das Amt des Bürgermeisters an ihn kam, es Andern verkauft. Das Gleiche hatten auch andere Stadträthe gethan.

thigt, solchen Verkauf für die Zukunft zu untersagen; wer das Amt nicht übernehmen wolle, habe es dem nächstfolgenden gratis zu übergeben. — d. Die Rathsherrn besuchten nur selten die Sitzungen, genössen jedoch ihre Besoldungen und Freiheiten; dadurch leide die Verwaltung, die Polizei und die Gerechtigkeit Noth. Die Regierung ordnete, da der Stadtrath die Thatsache selbst zugestand, an, daß der Nichterscheinende je 30 kr. Strafe zu erlegen hätte. Da bei dieser Gelegenheit auch der Verrath des Dienstgeheimnisses zur Sprache kam, so wurde festgesetzt, daß dieses Vergehen erstmals mit 20 Reichsthalern, dann mit Suspension, das dritte mal mit Entlassung gestraft werde. — e. Bisher waren im großen Rathszimmer die Vierer der Gemeinde oder Gemeindevorsteher an der Thüre des Saales an einem kleinen Tisch, weit vom Rathstisch entfernt, so daß sie die Verhandlungen des Rathes über die städtischen Angelegenheiten nicht hören konnten; zudem mußten sie um 11 Uhr sich entfernen; sie verlangten deßhalb Sitz am — ohnehin großen — Rathstisch und Verbleiben bis zum Schlusse der Verhandlungen. Die Regierung ordnete an, daß der kleine Tisch der Vierer an den Rathstisch angestoßen werde und räumte jenen ein, so lange der Sitzung anzuwohnen, als die Deconomiesachen der Gemeinde verhandelt würden.

7. Ueber die städtischen Einnahmen und Ausgaben wurde eine Hauptbeschwerde geführt. Letztere wurde dadurch besonders gehässig gemacht, weil die Vierer der Gemeinde nicht mehr wie früher, zu den Sitzungen des Stadtraths zugelassen wurden, wenn dieser über städtische Deconomiesachen berieth. Nur die zwei Bürgermeister von der Gemeinde waren noch beigesessen und diese hatten wegen des häufigen Wechsels der Personen keine rechte Sachkunde. Der Stadtrath hatte gegen dieses Begehren nichts einzuwenden und so wurde der Beizug der Vierer angeordnet. Im Allgemeinen führte die Beschwerde an: Stadtdirektor Geiger hatte bei seinem Dienstantritt 60,000 fl. städtische Schulden angetroffen, und, ungeachtet des Baues der Registratur mit Aufwand von 18,000 u. a. m., bis auf 6000 fl. getilgt. Der auf ihn folgende Stadtdirektor Eßleben hatte nicht blos diese Schuld bezahlt, sondern bei seinem Tode eine Baarsumme von 30,000 fl. hinterlassen. Der letzt verstorbene Stadtdirektor Sartorius dagegen hinterließ eine Schuldenlast von 96,000 fl.,

ungeachtet unter ihm sich die städtischen Gefälle, wie z. B. durch die Brücke, den Holzlauer, Markt, Accis und besonders durch den Wald sich sehr vermehrt hatten. So hatte jetzt Stadtdirektor Traiteur diese kolossale Summe zu tilgen. Abgesehen von dieser ihm von seinem Vorgänger überlieferten unliebsamen Arbeit mußte Traiteur in Folge eines Privatvertrags der Wittwe des Sartorius jährlich 1200 fl. bezahlen, da er doch selbst nur 400 fl. von der Stadt, 16 Malter Korn und 1 Fuder Wein von der Hofkammer erhielt.²⁷)

Die städtischen Baulichkeiten im Besondern gaben der Bürgerschaft wegen der großen Summen, die sie verschlangen, Anlaß zu den bittersten Klagen. Dieserhalb ordnete auch die Regierung sofort an, daß, ehe ein Neubau vorgenommen oder eine Reparatur ausgeführt werde, vorher über jede Veränderung ein Oeconomierath abzuhalten sei, dem die Vierer und Zunftdeputirte anwohnen sollten und daß mit diesen eine Besichtigung vorzunehmen sei. Die Arbeiten sollen dann, wenn sie genehmigt, öffentlich versteigert, für jede Verwendung über 50 fl. die Regierungsgenehmigung eingeholt, sonst aber durch den städtischen Baumeister unmittelbar, jedoch auch nur nach Besichtigung durch die Vierer und Zunftdeputirte, der Bau in die Hand genommen werden. Für alle diese Verrichtungen durften aber keine besondere Gebühren erhoben werden.²⁸)

---

²⁷) Traiteur dankte der Bürgerschaft für ihre wohlwollende Gesinnung. Er habe nach dem Tode des Sartorius sich um die Stelle beworben, mit ihm Hofger. Rath Wedekind; dieser habe der Wittwe des Sartorius fl. 1200 für den Fall versprochen, daß er die Stelle erhalte, so sei ihm also nichts andres übrig geblieben, als dasselbe zu thun. Er bittet nun, da er diese Summe, selbst wenn er die Taxen und Gebühren dazu rechne, aus seiner Besoldung nicht bestreiten könne, selbst um Abnahme dieser Last. Wiewohl sich auch die Untersuchungskommission hiefür verwendet, so wurde die Bitte vom Churfürsten doch als auf einem Privatvertrag beruhend, abgeschlagen.

²⁸) Der Stadtrath hatte zur Erläuterung der Angelegenheit folgendes Geschichtliche angeführt: Die Baukommission, bestehend aus dem Stadtdirektor, einigen Rathsgliedern, dem Stadtbaumeister und dem Stadtrechner hat nur bis 1778 existirt und ist an den Beizug der Vierer nicht gebunden gewesen. Seit 1781 besorgten der Stadtdirector mit dem Baumeister Alles allein, ohne ein Rathsglied zuzuziehen. Stadtrath und Stadtdirector wünschten jetzt selbst die Beigabe von Bürgern, da es nach der letzteren Uebung die übrigens von der Regierung angeordnet war, bei den vielen Baulichkeiten unmöglich wäre, daß zwei Personen damit fertig würden.

Im Einzelnen nun wurden folgende Thatsachen geltend gemacht:

a. Der Abbruch und die Versetzung des **Pulverthurms**[29]) habe 7000 fl. gekostet. Da von der Beschwerde kein Antrag in diesem Betreff gestellt war, so beruhte sie.

b. Die auf der **Brücke errichtete Bildsäule** habe 8000 fl. gekostet, die aus der Stadtkasse entnommen wurden; „man hat unserm gnädigsten Fürsten (Carl Theodor) auf die Trümmer unserer Wohlfahrt Monumente der Pracht errichtet; Er, der in den Herzen unser aller die schönsten Monumente hat." Trotz dieses Complimentes wurde diese Sache vom Churfürsten übel vermerkt und die Beschwerdeführer wurden zur Ruhe verwiesen.

c. Das **Carlsthor**, „eine abenteuerliche Steinmasse" habe ungeheure Summen verschlungen, deren Verwendung gar nicht begriffen werden könne; es seien deßhalb Unterschleife wohl zu vermuthen. Es wird die Einsicht der Stadtrechnungen von den Jahren 1770 bis 1785, in welchen der Bau ausgeführt wurde, sowie Pläne und Ueberschläge verlangt und vom Stadtrath gerne gewährt. Daraus geht hervor, daß ein Herr von Pigage Plan und Ueberschlag gefertigt hat und zwar den Plan aus drei andern Plänen zusammen, welche der Stadtrath zu theuer befunden hatte. Der gesammte Bau kostete die runde Summe von 100,000 fl., allerdings ein um so höherer Betrag, als die Brücke über den Neckar nur 120,000 fl. gekostet hatte. Wegen der Unterschleife, die vermuthet wurden, wendete sich die Beschwerde gegen Stadtbaumeister **Heller**, Stadtrentmeister **Miller**, Stadtdirektor **Sartorius**, Stadtbauknecht **Beringer**, Metzger **Keibel** und den Stadtrath;[30]) jedoch in fast allen Stücken ganz grundlos.

---

[29]) Der **Pulverthurm** stand beim obern Thor, war schon 1748 so baufällig geworden, daß der Stadtrath um Entfernung bat, weil in Kriegszeiten der Feind selbst Pulver hineinthun, anzünden und dadurch die Stadt gefährden könnte, was früher nicht zu befürchten gewesen sei, da hier keine Häuser gestanden hätten. Damals benutzte der Stadtrath die Gelegenheit vorzustellen, daß über den Stadtzwinger eine neue Straße in das Kaltethal angelegt werden solle, wohin man, obschon hier schöne Gebäude stünden, nur auf Umwegen durch die Stadt und über den Kornmarkt kommen könne.

[30]) Dem Stadtbaumeister **Heller** wurde schuldgegeben, er habe für die Quadersteine per Schuh 12 Krz. angewiesen, während der Accord blos 8 Krz.

8) Ueber den Hexenthurm war bezüglich des Eigenthumsrechts zwischen der Regierung und dem Stadtrath ein langer Streit geführt

gestatte; 1774 habe er den Steinbruch seines Mündels, des Juristen Schreiber in Bestand genommen und die andern Steinlieferanten abgeschafft; später wieder einzelne zugelassen gegen Abtrag von 1 kr. die Ruthe an Heller. Ja, die Steinhauer Jac. Haas und Beffinger haben die Steine zu den Löwen und Wappen geliefert, den Schuh zu 12 kr.; davon mußten für jeden Schuh 4 kr. an Heller gegeben werden. Ferner habe Heller die auf Kosten der Stadt beim Thorbau beschäftigten Steinhauergesellen in seinen Steinbruch gestellt und so sich viel Geld gemacht. Für die Bauaufsicht habe er täglich 1 fl., zusammen 1526 fl. erhalten (aus der Stadtkasse), ohne zur Aufsicht berechtigt gewesen zu sein. Die Commission beschloß, diese Beschwerden beruhen zu lassen, da die Arbeiten nach derer Fertigung eingesehen und als gut und dem Accord gemäß erfunden worden seien, und da sich keine der genannten Unterschleife beweisen lassen. — Gegen Stadtrentmeister Miller wurde geltend gemacht, daß er sich von den Steinhauern bei Auszahlung ihres Lohnes habe ein „Geschenk" bezahlen, daß er von den zum Thorbau bestimmten Platten genommen und damit seinen Hausgang habe platten lassen. Auch diese Beschwerden wurden als unerwiesen zurückgewiesen. — Dem † Stadtdirector Sartorius wird ebenso grundlos schuldgegeben, er habe mit Baumeister Schweinfurtt und Schieferdecker Tillmann Unterschleife getrieben. — Das Gleiche gilt von den Beschwerden gegen Stadtbauknecht Beringer, dem Aehnliches schuldgegeben wird. — Metzger Keidel wurde beschuldigt, er habe einen nicht unbedeutenden Bau an seinem eigenen Hause mit Arbeitern, welche von der Stadt für den Thorbau bezahlt worden wären, vollführen lassen. Keidel weist die Grundlosigkeit durch Quittungen nach. — Dem Stadtrath endlich wurde vorgeworfen, er habe dem † Stadtbaumeister Schweinfurth 913 fl. Diäten für den Thorbau angewiesen, wiewohl dieser 200 fl. Besoldung habe. Die Terrassemauer und die Thorfundamente seien an Heller für 14 fl. 20 kr. die Ruthe veraccordirt gewesen; durch öffentliche Versteigerung hätte je 1 fl. für die Ruthe erspart werden können; zuletzt gar habe der Stadtrath 15 fl. 20 kr. für die Ruthe angewiesen. Die Bauhütten, für 600 fl. hergestellt, seien nicht zum Besten der Stadtkasse verwerthet worden; es sei zum Bau für 1400 fl. Holz gekauft worden, da doch die Stadt aus ihrem Wald das Holz lieferte. Für 1392 fl. Geschirr sei angeschafft worden und jetzt kaum der achte Theil mehr vorhanden. Die Beilagen zu den Rechnungen wiesen nach, daß Heller zum Bau für 20,385 fl. Steine lieferte in den Jahren 1775—1783 und in eben dieser Zeit hatte er 1526 fl. Diäten erhalten. Für Nägel, Eisen u. dgl. wurden 6527 fl. bezahlt. — Der Stadtrath rechtfertigte sich damit, daß er schriftlich vorwies, daß von Pigage unmittelbar vom Churfürsten mit der Direction des Bau's und mit Schließung der Accorde beauftragt gewesen sei. Die andern Beschwerden gegen den Stadtrath wurden theils als

worden; schon 1725 wollte ihn der Churfürst abbrechen und seine Materialien zum Neubau des Mannheimer Thores verwenden lassen, wogegen sich der Stadtrath verwahrte. Churfürst Carl Philipp ließ ihn um diese Zeit der geistlichen Administration „zum Archiv und Aufhebung der besten Sachen einräumen," mit der Bedingung „bis die Stadt dessen zu Gefängnissen unentbehrlich benöthigt sei," in welchem Fall er ihr wieder zugestellt werden müßte. Diese ließ diesen „auf dem Graben neben der Administrations-Kanzlei stehenden Hexenthurm" zur Zierde der Stadt herstellen. 1744 hatte es die Stadt so weit gebracht, daß die Administration ihr einen jährlichen Pachtzins bezahlen mußte. 1789 nun wurde mit der Administration ein Vertrag geschlossen, wonach die Stadt den Thurm an Letztere abtrat und ihr überdies 3000 fl. bezahlte, angeblich wegen einer von ihr an die Stadt gemachten Capitalforderung; die Bürgerschaft und die Mehrzahl des Rathes hatten gegen die Abtretung „des höchsten Thurmes" protestirt und beim Churfürsten Beschwerde eingelegt.[31])

9) Eine weitere Beschwerde verlangte die Einziehung „derer von vier hiesigen Bürgern in Neuenheim bekleidenden Gerichtsverwandten Stellen", hauptsächlich, weil diese Gerichtsverwandten die Personalfreiheit genießen, die Sitzungen in Neuenheim nicht besuchten und doch Diäten und Sporteln bezögen, im Ganzen aber der Stadt gar keinen Nutzen brächten. Der Stadtrath brachte vor, die vier Stellen in Neuenheim beruhen auf besonderm Privilegium der Stadt und könnten deßhalb nicht aufgehoben werden; dagegen sei er für Aufhebung der Personalfreiheit. Die derzeitigen vier Gerichtsleute: Hirschwirth Joh Ammann, Handelsmann Joh. Paul Cavallo, Joh. Chr. Andres und Franz Carl Hafner legten ihre durch den Churfürsten verliehene Freibriefe vor.[34]) Die Regierungscommission legte hier-

---

unbegründet, theils, weil die Sache schon zu lange her sei, abgewiesen. — Die kupfernen Kanonen oder Wasserableitungen lieferte Kupferschmied Ludwig um 550 fl. — Im Uebrigen wurde dem Stadtrath eine bessere Aufmerksamkeit bei Anweisungen auf die Stadtkasse anbefohlen.

[31]) Die Akten weisen den Ausgang dieser Angelegenheit nicht nach; es heißt nur, daß dieser Vertrag mit der Administration untersucht und später darüber geurtheilt werden sollte.

[34]) Dazu einen Erlaß der Regierung vom 14. Mai 1767, durch den dem Stadtrath ein Verweis ertheilt wird, weil er jenen Vier Einquartierung zugetheilt

auf den Sachverhalt näher dar. Die Gerichtsbarkeit und Markung der Stadt geht von der Seite, wo sie der Neckar begrenzt, nur bis an den Schlagbaum am Ende der Neckarbrücke. Die Weinberge über dem Neckar, die Heidelberger Bürgern gehören, sind deßhalb unter der Gerichtsbarkeit des Oberamts und in der Markung von Neuenheim. Alle Klagen, Pfändungen, Grenzstreite, Vorwürfe über Feldbienstbarkeiten, Kauf und Verkauf werden vom Gericht in Neuenheim besorgt. Da nun die meisten beßfallsigen Gerichtshandlungen die von Heidelberger Bürgern besessenen Güter betrafen, so wurde in uralten Zeiten, deren Anfang nicht mehr bestimmt werden kann, der Stadt das Privilegium ertheilt, vier Bürger zum Gericht in Neuenheim zu schicken welche dieses Gericht selbst in Vorschlag bringt und die dann vom Oberamt angenommen und verpflichtet werden. Sie haben nun alle Rechte, wie die Stadträthe, dagegen die Pflicht, den Gerichtssitzungen in Neuenheim regelmäßig anzuwohnen und das Interesse der Stadtbürger, die überm Neckar begütert sind, zu wahren. Es waren zwischen dem Oberamt und dem Stadtrathe viele Zwistigkeiten vorgefallen wegen Besetzung dieser Stellen, bis am 14. März 1747 die Sache dahin entschieden wurde, daß die Stadt zwar das Vorschlagsrecht, das Oberamt aber das Besetzungsrecht habe, wofür die Stadt die Personalfreiheit gewähren mußte. — Nach dieser Darlegung wurde dann auch die ganze Beschwerde abgewiesen, jedoch den Gerichtsleuten der fleißige Besuch der Sitzungen in Neuenheim zur Pflicht gemacht.

10) Die Bürger beschwerten sich, daß die **Stadtrentmeisterei**, die doch ein bürgerliches Amt sei, durch keinen Bürger besetzt sei, was billiger Weise verlangt werden könnte.[33] Da aber der Churfürst das Ernennungsrecht hatte, so mußte die Angelegenheit auf sich beruhen.

---

hatte und in dem befohlen wird, Vergütung zu leisten, „da nach uralt hergebrachter Observanz" die Vier „den Rathsverwandten der Stadt gleich zu halten seien."

[33] Registrator Miller verwaltete diese Stelle, auf Befehl des Churfürsten seit 1783. Miller übergab aber die Registratur seinem Schwiegersohn Weber und diesem wird vorgeworfen, daß er seine Stelle dazu benutzte, alle Vormundschafts- und Zunft-Rechnungen als ein Monopol an sich zu reißen, wodurch ihm eine Quelle des Sportelbezugs geöffnet sei, die den Bürger drücke. Eine beßfallsige Bitte Webers an den Churfürsten war von diesem 1789 abgelehnt worden.

11. Aus der Stadtkasse wurden viele Besoldungen und Gnadengehalte bezahlt, welche den Beschwerdeführern überflüssig und drückend schienen.³⁴) Sämmtliche Beschwerdepunkte wurden jedoch als ungegründet abgewiesen.

12. Die Stadttaxatorstelle war einem Juden, Carlebach, anvertraut; die Juden, meinte die Beschwerde, seien stets zu Unterschleifen geneigt, weil sie von bürgerlichen Gewerben ausgeschlossen seien und doch größere Abgaben zu tragen hätten; bei Versteigerungen verständen sie es, die Waaren oft um einen geringen Werth an sich zu bringen. Auch diese Beschwerde wurde abgewiesen; jedoch angeordnet, daß nach Carlebachs Tod und für alle Zukunft nur Christen zu dieser Stelle genommen werden sollen; dem Carlebach selbst wurde ein Christ als Adjunct beigeordnet.

13. Da bei Aufnahmen von Inventarien und dergleichen Geschäften theils von den Stadträthen, theils von den von ihnen Beauftragten Gebühren unbefugt erhoben und deßwegen Beschwerde geführt wurde, so untersagte dieses die Regierung aufs strengste und übergab dem Stadtrath 20 Exemplare der Taxordnung, um sie auch den Zünften mitzutheilen.³⁵)

14. Gegen die Erhebung des Rheinbaugeldes, das die Heidelberger bezahlten, obschon sie nicht am Rheine wohnen, wurde Beschwerde erhoben, während die Rheinstädte nichts für die durch den großen Eisgang von 1784 nöthig gewordenen Neckarbauten beigetragen hatten. Da es sich herausstellte, daß dieses Geld nur erhoben wurde, um die städtischen Schulden zu bezahlen, so hatte man nichts dagegen, es bis zur Erreichung dieses Zweckes fort entrichten zu lassen.

15. Die Heidelberger mußten Chausséegeld bezahlen für Benützung der Rohrbacher Straße, obschon die Straße aus städtischen Mitteln hergestellt wurde und zu ihrer Unterhaltung jährlich 1600 fl. aus diesen

---

³⁴) Diese sind: eine Pension an die Töchter des † Rentmeisters Lehne ad 100 fl.; an die Wittwe des † Stadtdirektors Eßleben 300 fl., dem Geh. Rath Klein für Abhör der städtischen Rechnungen nebst Diäten seit 4—5 Jahren 100 fl.; dem Stadtbaumeister Heller 200 fl. Sonst ging diese letztere Stelle beim Stadtrath um, und jeder sie Bekleidende erhielt 36 fl.

³⁵) Eine besonders hohe Taxe wurde von dem Obereinnehmer wegen Anwohnung bei Abhör der Zunftrechnungen bezogen; früher 1, jetzt 10 fl.

Mitteln gereicht wurden. Diese, sowie die weitere Beschwerde, daß für die zum Chausseébau verwendeten Privatgüter keine Vergütung bezahlt worden sei, wurde zur weiteren Verhandlung der Hofkammer und der Chaussee-Commission der Ersteren überwiesen.

16. Eine Gesellschaft hatte seit einiger Zeit den **Salzverkauf** als ein Monopol zu gewinnen gewußt. Die Bürger beschwerten sich, daß dadurch der Salzpreis aufs Höchste gestiegen sei, während das Salz immer schlechter werde: sie wären durch das Monopol an schlechte Waare und hohen Preis gebunden. Da aber die Ertheilung des Monopols vom Churfürsten ausgegangen war, so wurde die Bitte um Aufhebung desselben abgeschlagen, dagegen der Stadtrath angewiesen, mit der Gesellschaft über billigeres und besseres Salz zu verhandeln.

17. Die **Maulbeerbaumpflanzungen**, vom Churfürsten Carl Theodor nur in der besten Absicht für die Emporbringung der Industrie, angeordnet [36]) gab, wie in der ganzen Pfalz, so auch in Heidelberg zu bittern Klagen Anlaß. Die Stadt mußte auf unmittelbaren churf. Befehl jährlich 457 Stück Maulbeerbäume kaufen und auf ihre Allmente pflanzen und das schon seit 20 Jahren. Von 10,000 Stück waren 1790 kaum 2000 übrig, sie wollten nicht gedeihen. Dadurch kam die Stadtkasse allerdings in Nachtheil, da das Stück 12—15 Kreuzer kostete und außerdem ein Personal für Pflanzen und Beaufsichtigen gehalten werden mußte. Außerdem mußte jeder Bürger bei seiner Annahme drei Bäume kaufen und pflanzen. Der zur Beaufsichtigung der gesammten Pflanzungen in der Stadtmark angeordnete „Obmann" erhält 40 fl. aus der Stadtkasse; aus den Stadtwaldungen mußten die Stickel unentgeltlich geliefert werden; Längs der Schwetzinger Straße waren die an sie anstoßenden Güter von Heidelbergern mit solchen Bäumen bepflanzt, wodurch die Güter selbst natürlich Schaden litten. — Allein die Aufhebung dieser Last war vom Churfürsten vorerst nicht zu erlangen.

18. Der Artikel 15 der von Carl Theodor der Stadt im Jahre 1746 verliehenen Privilegien versprach derselben die Herstellung einer **Caserne**; der Artikel lautet: Gleichwie wir unsere getreue Bürgerschaft in dem

---

[36]) Wir werden diesem Thema einen neuen Aufsatz widmen.

Quartiers-Last, so viel es nur immer thunlich, erleichtert sehen mögten, also seynd wir gnädigst nicht ohngeneigt, den in allhiesigem Marstall befindlichen sogenannten alten langen Bau zu räumlichen Casernen einrichten und fertigen zu lassen, in der gnädigsten Zuversicht jedoch, daß, gleichwie die Bürgerschaft von Anwesenheit einer Garnison eine Verbesserung in ihrer Nahrung und Nutzen verspühret, selbige dahero anvorderist zum ergiebigen Beitrag der Bau-Kosten, der innern Quartiers-Nothwendigkeiten sich einverstehen werde." Diese Zusage war bis jetzt noch nicht erfüllt. Die Einquartierungslast drückte die Bürgerschaft sehr. Die hierauf geltend gemachte Beschwerde [37]) veranlaßte längere Verhandlungen, die sich bis in den Anfang des gegenwärtigen Jahrhunderts hinzogen. Auf ein churf. Rescript vom 17. April 1792 trat eine Commission zusammen, bestehend von Seite der Hofkammer aus Hofkammerrath Greichs; des Militärs: Ingenieur-Oberstleutnant von Handel; der Regierung: Reg.-Rath von Reichart, um über den Bau, seine Größe und den Ort seiner Aufführung zu berathen. Die Commission hält eine Caserne, die mindestens 1200 Mann und 600 Pferde fasse, für nöthig und da der Stadtrath hiezu den alten langen Bau im Marstall, wo ein unbebauter Flügel sei, vorschlug, so wurde der Militär-Commissär zur Besichtigung abgeordnet. Der Stadtrath hatte drei Pläne fertigen lassen, von denen zwei von dem Administrations-Werkmeister Schäffer herrührten. Die Bürgerschaft und in ihrem Namen die Beschwerdeführer verlangten die Herrichtung des großen Seminars oder des Dominiklosters zu einer Caserne und zwar unterm 21.

---

[37]) Es dürfte interessant sein, gegenwärtig, da wieder eine Casernenfrage ventilirt wird, die Gründe zu hören, welche für eine Kaserne und gegen die Einquartierung vorgebracht wurden; es waren: „Bessere Mannszucht, weniger Verführung der Kinder, Mägde und Weiber, weniger Aergernisse durch Flüche, unschickliche Entblößungen und Zotenreißen, weniger Entwendungen, Verminderung der ansteckenden Krankheiten; in der Stadt sind wegen angewachsener Bevölkerung keine 150 Soldatenwohnungen aufzufinden; dazu gebe die Stadt für einen Casernenbau 3000 fl., der Hof aus der Militärkasse einen Beitrag; die Hofkammer will einen Speicher auf der Kaserne errichten lassen, wodurch auch diese beigezogen werden könne; außer dem gebe die Stadt ein nahmhaftes zur Unterhaltung der Kaserne; Holz ist aus dem Stadtwald und die andern Materialien zu Wasser und zu Land leicht beizuschaffen.

Dezember 1797 „bei eingetretenem Frieden", da der seit 1792 dazwischen gekommene Krieg die Prüfung und Ausführung des Vorhabens verhindert hatte. Im Laufe des Krieges waren das große Seminar und das Dominikanerkloster zu Lazarethen für das österreichische Militär ³⁸) hergerichtet worden und man glaubte, es bedürfe nur geringer Veränderungen, um eine Caserne aus dem einen oder anderen der Gebäude herzustellen. Besonders empfahl man das **große Seminar,** ³⁹) das ja doch nicht wieder hergestellt werden konnte. Während des Kriegs hatte die Geistlichkeit im **kleinen Seminar** ⁴⁰) gewohnt, das auch hinreichend groß war. Jenes, das große, wurde darum so sehr empfohlen, weil es ein Viereck bilde, mit Gittern und Thoren ringsum verschlossen und dreistöckig sei, eine Menge Zimmer, dazu breite Gänge habe und der darin liegende Garten zu einem Exercierplatze benützt werden könnte; dazu könnte die daran stoßende Kirche als Garnisonskirche verwendet werden. Die Dominikaner bestanden nur aus 5—6 Geistlichen und es war die Wiederherstellung des Klosters ⁴¹) für diese Wenige doch zu kostspielig, weßhalb auch dieses für eine Caserne in Vorschlag kam. — Rector und die Professoren der Universität machten zwar unterm 29. Dezember 1797 geltend: Die Verwandlung des Jesuiten-Collegs in eine Caserne bringe große Nachtheile, da den Studenten ein guter Platz für Wohnungen geraubt würde; seitdem das Carolinum in Abgang gekommen sei, habe die Zahl der Studenten abgenommen, die Bürger verlangten zu viel Hausmiethe, 40—50 fl. für ein Zimmer, weßhalb dasselbe für Kostgänger erhalten werden sollte; die Jesuitenkirche tauge besser für ein academisches Bethaus als für eine Garnisonskirche; endlich verderben die Soldaten in der Nähe der Universität die nöthige Stille. Der Churfürst möge überhaupt ein väterliches Einsehen mit der Universität haben und sie, nöthigenfalls aus dem noch unbeschädigt geblie-

---

³⁸) Es diente das große Seminar 5 Jahre lang als Lazareth für 2000 Mann Kranke und Verwundete.

³⁹) Das Jesuiten-Collegium in der Kettengasse.

⁴⁰) Auch Karl'sches Convict genannt, das jetzige akademische Krankenhaus.

⁴¹) Auf dem Platz des Dominikanerklosters steht die Anatomie.

benen Jesuitenfond biesseitiger Pfalz unterstützen, „damit die Universität gerettet werde." Dessenungeachtet wurde das große Seminar oder das Jesuitencolleg am Schlusse des Jahrhunderts als Caserne für das in Heidelberg liegende pfälzische Militär gewählt und hergestellt. ⁴²)

19. Ueber den schlechten Haushalt im Stadtwalde kamen mehrere Beschwerden zur Verhandlung. Vorerst machten die Beschwerdeführer geltend, daß der Holzmangel groß, der Holzpreis unerschwinglich sei; Diejenigen, welche den Wald zu beaufsichtigen hätten, beuteten ihn eigennützig aus; die Stadtvorstände selbst hätten sich Holzbesoldungen ⁴³) zugeeignet; wie diese Besoldungen entstanden seien, wäre unbekannt. Zu allen Holzfällungen seien früher die Bürgermeister und Vierer der Gemeinde zugezogen worden, jetzt existire ein gegentheiliges Regierungsverbot. Eine systematische Beforstung sei deßhalb schon unmöglich, weil nicht einmal die Morgenzahl der Waldungen bekannt ist. In den gesammten städtischen Waldungen, welche zu Gaiberg und Rohrbach gehören, würden jährlich 600 Klafter Holz gehauen, ohne das Schälholz für die Gerber; damit sollte man einen Holzvorrath sammeln, einen Preis festsetzen und im Winter hergeben; so würde man nicht genöthigt, den Schiffern zu bezahlen, was sie für ihr beigeführtes Holz verlangen. So sei im Winter 1789/90 der Karch Holz auf 8—9 fl. gekommen, die geringsten Wellen 3—4 fl. das Hundert. Auch müßte der Viehtrieb in dem Wald abgestellt werden. Viele Walddistricte seien in der letzten Zeit ausgerottet, zu Ackerfeld umgeschaffen, und in Erbpacht

---

⁴²) Vgl. Wundt, Beschreibung von Heidelberg Seite 187.

⁴³) Stadtdirector Sartorius von 1778—1788 jährlich 10 Klafter, Rentmeister Miller 6 Klafter und 400 Wellen, Stadtforstmeister Arnold 8 Klafter nebst Abholz. Die Erben des Sartorius und Miller mußten Ersatz leisten; Forstmeister Arnold aber durfte seine 8 Klafter fortbeziehen, mit Ausnahme des Abholzes. — Dem Holzlauerbeständer, Schuhmacher Lauf wurde Schuld gegeben, er habe im Lauer eine Wirthschaft, was zur Völlerei bei Schiffern und Holzhändlern führe und wodurch Unterschleife gefördert würden; da aber die Haltung einer Wirthschaft dem Lauf als Bürger nicht verboten werden konnte, so wurde die Beschwerde einfach abgewiesen. Der Stadtrath machte dabei die Bemerkung, es sei ganz gleich, ob der Schiffer oder Holzhändler im Lauer selbst oder im neben daran liegenden „Horn" sich „einen Rausch trinke".

gegeben worden, ohne daß die Gemeinde wäre befragt worden"⁴⁴) — Der Stadtrath wehrte sich gegen diese harte Beschuldigungen, indem er geltend machte, daß er immer die beste Ordnung gehalten und nach der Angabe der Forstbehörde gehandelt habe; es seien immer zu allen Holzgeschäften der herrschaftliche und städtische Forstmeister, je ein Rathsherr, Vierer und Gemeindebürgermeister beigezogen worden; der Förster von Rohrbach oder Gaiberg habe immer ein Verzeichniß des zu fällenden Holzes ausgestellt, welches nach erfolgter Regierungsgenehmigung dem Stadtrath zum Vollzug überwiesen worden sei. Die obengenannte „Holzcommission" maß dann den District aus, ließ die Versteigerung bekannt machen und vollziehen, welche letztere dann wieder von der Regierung genehmigt wurde. Man habe aber eine viel zu hohe Meinung von der Größe des Stadtwaldes; er betrage nicht, wie die Beschwerde angebe 30,000, sondern nur 8—10,000 Morgen. — Die Regierung ordnete hierauf an, daß für den größten Theil der empfangenen Holzbesoldungen Ersatz geleistet und die Verabreichung in Zukunft abgestellt werden mußte. Beim Zuzug der Commission zu allen Holzgeschäften habe es künftighin zu verbleiben, doch sollen die Personen jährlich wechseln und die taxmäßige Gebühr beziehen. Die Ausrottungen und Umwandlungen zu Ackerfeld wurden untersagt; die Rottstücke mußten in Zukunft mit Gehölz besamt werden. Die Waldschützen erhalten von da an 25 fl. jährliche Besoldung nebst dem Fanggeld für Frevler.

Ein Stein des Anstoßes war hiebei auch der Wald der sogenannten Rathsbruderschaft. Diese war eine seit uralter Zeit bestehende Stiftung, von der die ältesten Urkunden beim Stadtbrand zu Grunde gegangen sind und zur Zeit der Beschwerde nur noch

---

⁴⁴) So besäße Gg. Schneider ein Stück an der städtischen Grenze gegen Neckargemünd, den sogen. Schneckenbuckel; Prinzcarlwirth Scherer von dort habe sein Eigenthum in den städtischen Wald hinein ausgedehnt; auf dem Busenbronner — oder Kohlhof seien seither nur zwei Beständer gewesen, jetzt 13, so sehr viel Wald habe man hier ausgestockt. Dazu sei zur Versteigerung der Allmente in der Gegend vor dem obern Thor bis an den Wolfsbrunnen, vom Klingenthor bis an den Seegarten keine Regierungsgenehmigung eingeholt und auch die Versteigerung nicht öffentlich bekannt gemacht worden.

wenige Akten und Jahresrechnungen vom 18. Jahrhundert vorhanden waren. Zu dieser Bruderschaft gehörte der gesammte Rath, nämlich der Stadtdirector, die 12 Rathsherrn, der Stadtschreiber, Registrator und die vier Viertelmeister. Jeder von diesen hatte bei seinem Eintritt einen Ducaten oder 5 fl. zu erlegen. Der älteste der Bruderschaft ist jeweils Brudermeister und Rechner, wofür er jährlich 14 fl. bezahlt. Die Einkünfte der Bruderschaft sind: 1) 6 fl. 37 kr. 4 Heller ständige Bodenzinse, die auf verschiedenen hiesigen und Schlierbacher Häusern nach uralten Kaufsbriefen mit dem Ausdruck haften: „zur hiesigen Rathsbruderschaft mit jährlichem beständigen Bodenzins." 2) Jährliche Zinsen von etwa 700 fl. Capital. 3) Die Beitraggelder der Bürger, von denen Jeder bei seiner Aufnahme als Bürger 10 Kreuzer zu erlegen hatte. 4) Etwa 21 Morgen Kastanienwald, dessen Fruchtertrag jährlich unter die Glieder der Bruderschaft so vertheilt wurde, daß die Vierer nur halb so viel Kastanien erhielten, als die Uebrigen; seit vielen Jahren aber wurde dieser Wald in Zeitpacht gegeben und die Zinsen vertheilt. — Dieses Verhältniß war ohne Zweifel aus dem Gedächtniß der Bürgerschaft geschwunden, denn die Beschwerde derselben gab vor: „der Stadtrath maße sich einen besondern District Wald an, unter dem Namen Bruderschaftswald oder Kastanienwald, unter dem Vorwand, daß der Rath eine Bruderschaft sei." — Daß die Regierung den Rath in seinem alten Herkommen schützte, bedarf wohl nur der Erwähnung.

20. Die Beschwerdeführer machten weiter geltend, die Bürgerschaft habe früher das Recht des Verkaufs bei allem auf dem Lauer aufgestellten Gehölz von Morgens 8—11 Uhr vor den Auswärtigen gehabt; dieses Recht sei seit einigen Jahren außer Uebung. Als hierauf der Stadtrath entgegnete, er wisse von einem solchen Verkaufsrecht nichts, so beriefen sich die Beschwerdeführer auf eine landesherrliche Verordnung vom 13. März 1719, deren § 2 das Recht feststellt. Der Stadtrath erwiederte, damals als diese Holzordnung erlassen worden sei, sei auch ferner zum Besten der Stadt verordnet gewesen, daß jeder Holzhändler drei Tage hier Markt halten müßte und durchaus nicht an der Stadt vorbeifahren durfte. „Diese und andere Privilegien seien mit der Residenz nach Mannheim gezogen." — Die Beschwerde wurde abgewiesen.

21. Das Weinumgeld, das in früheren Zeiten 15 fl. für das Fuder betrug, ist neuerdings auf 18 fl. erhöht worden; dieses sowie der Umstand, daß die Bürger ein sogenanntes Pfortengeld bezahlen mußten, erhöhte die Abgaben der Bürger in diesem Betreff um die Hälfte des Zolles, den die Fremden zu bezahlen hatten. Es war dieses eine Anordnung des Hofkammerraths. Die Beschwerde führte aus, daß, da der Wirth diese Abgaben auf den Wein schlage, nothwendigerweise das Publikum benachtheiligt werde. Die Regierung änderte aber deßhalb an der Abgabe und dem Pfortengeld nichts.

22. So lange der Heidelberger Fruchtmarkt bestand, war es Verordnung, daß die städtischen Müller und Bäcker, ob sie in den Mühlen, in der Stadt oder auf der Schriesheimer Zent, z. B. in Ziegelhausen und Handschuhsheim gemahlen haben, den Fruchtaccis in der Stadt lösen mußten. Weil die Stadt einen großen Antheil an dem Accisertrag hatte, so war der Umstand, daß die Müller und Bäcker seit etwa einem Jahre da wo sie mahlen den Accis bezahlen mußten, für die Stadtkasse etwas bedenklich; denn ihr entging durch diese Anordnung der Hofkammer das, was die Churfürsten seit undenklichen Zeiten der Stadt als Privilegium verliehen hatten. Der Stadtrath erkannte diese Beschwerde für ganz billig; die Müller seien gezwungen auswärts zu mahlen, weil ihre Mühlen durch die letzten Eisgänge ganz unbrauchbar geworden waren. Die Regierung ordnete auch die alte Uebung wieder an.

23. Der schmale Streif Landes vor dem obern Thor gen Schlierbach zu, beim Hausacker, hatte seit den ältesten Zeiten dazu gedient, daß die Metzger die von ihnen gekauften Schlachtschafe hier waiden lassen durften. Der Stadtrath hatte nun in letzter Zeit diesen Distrikt urbar gemacht, wodurch die Schafwaide verloren ging. Die Beschwerde tadelte die Urbarmachung nicht, verlangte aber einen andern Platz für den genannten Zweck. Der Vorschlag des Stadtraths, die „Wingertsgasse", ein städtisches Allmentstück, hierzu zu verwenden, wurde von der Regierung genehmigt.

24. Seit 1784 war für die Richtigstellung der Gewichte ein eigenes Münzwardein-Amt zu Mannheim gegründet worden. Dieses Amt begleitete der Münzwardein Eberle; bei seiner Bestallung

am 28. Mai 1784 wurde ihm zur Pflicht gemacht, gegen bestimmte Gebühren alle Gewichte des Landes, besonders der drei Hauptstädte Heidelberg, Mannheim und Frankenthal, von Zeit zu Zeit „abzuziehen." ⁴⁵) Außerdem mußte eine Rathsdeputation bestehend aus drei Rathsherren und zwei Polizeidienern verordnungsgemäß zu bestimmter Zeit die Gewichte visitiren, wofür jeder Gewichtbesitzer 4 kr. erlegen mußte. Diese letztere Anordnung schien um so nothwendiger, als dem Münzwardein bei seiner Visitation, die er auf dem Rathhause vornahm, nur solche Gewichte an denen nichts fehlte, aufs Rathhaus gebracht, die Fehlerhaften, zu Leichten zurückbehalten und im Gewerb benützt worden sein mögen. Gegen die zweifachen Kosten richtete sich die Beschwerde und die Regierung verordnete in Folge davon, daß nur für diejenigen Gewichte an den Münzwardein die Gebühr zu bezahlen sei, die fehlerhaft sind; im Uebrigen blieb die Einrichtung bestehen.

25. **Vom Mehlwaggeld** bezüglich der Früchte und des Mehls zur Hausconsumtion waren die Bürger durch die Stadt-Privilegien befreit; erst seit 1770 führte der Mehlwagbeständer Porzel es ein, daß auch von den Bürgern, wie von den Fremden dieses Geld erhoben würde. Da die Bürgerschaft das Privilegium für sich hatte, so konnte die Regierung nur zu ihrer Gunst entscheiden.

26. Die **mancherlei Beeinträchtigung der bürgerlichen Gewerbe** bildete eine der Hauptbeschwerden. Von vielen Nichtbürgern, welche also die bürgerlichen Lasten nicht zu tragen hatten, wurden bürgerliche Gewerbe betrieben. Hierher wurden gerechnet 1. Solche, die mit Wein flaschenweise handeln, nämlich Professor von Obercamp, ⁴⁶) die Hofkammerräthe Schieß ⁴⁷) und Heym, ⁴⁸) der Koch

---

⁴⁵) Für ein großes Gewicht mußte fl. 1, für ein kleines 30 kr. bezahlt werden, auch wenn nichts fehlte.

⁴⁶) Obercamp gestand den Handel mit Wein zu, jedoch habe er rothen Wein nur verkauft, um darin Chinarinde aufzulösen, den Champagner zu fl. 1. 37 kr., den Burgunder zu 48 kr. die Flasche.

⁴⁷) Schieß bekannte, mit Bacharacher Wein in Fässern und Flaschen gehandelt zu haben ohne zu wissen, daß dies verboten sei.

⁴⁸) Heym sagte, er gebe nur den bei ihm wohnenden Studenten, das sei nicht verboten.

Canbé;⁴⁹) Zitronenhändler Baber;⁵⁰) die fremden Handelsleute, die auch außer der Meßzeit italienische Früchte in der Stadt feilbieten, Busjaeger und Milleret.⁵¹) 2. Die **Frankenthaler Wollenfabrik**,⁵²) die seit sechzehn Jahren sämmtliche Monturstücke der Kanzleidiener der geistl. Administration, des Kirchen- und Stadtraths, des Oberamts, Ehegerichts und Consistoriums liefere, die ihrerseits ihre Tücher von der Aachener Fabrik bezog, wodurch viel Geld außer Land kam. 3. Die **Wachsfabrik** des Ernst, welche auch Unschlittlichter und Seife zur Beeinträchtigung der Seifensieder fertigte, und dazu überdies vom Zoll durch Privilegien frei war; da diese Fabrik alles Unschlitt bei den hiesigen Metzgern kaufte und zwar den Zentner zu 108 Pfund, dem Publikum aber den Zentner Lichter zu 104 Pfund verkaufte, während die Seifensieder 108 Pfund geben mußten, dieselbe auch an keine Taxe gebunden sei, dazu Personalfreiheit für ihre Arbeiter, Accisfreiheit und Freiheit von Umgeld für 3 Fuder Wein hatte, so befand sie sich allerdings im Vortheil. Ferner wurde der Fabrik Schuld gegeben, sie mische jährlich 3000 Pfund Unschlitt in das Wachs, wodurch das Publikum betrogen wurde und endlich, der Tochtermann des Ernst, Namens Penner handle nebenbei mit Tabak, Käs u. s. w., ohne darauf verschätzt zu sein. 4. Das Hausiren auf dem Lande mit Messern, Siegellack u. dgl. 5. Die Anlage von 3 bis 4 Lederfabriken⁵³) in der Gegend war für die Rothgerber eine Beeinträchtigung und 6. klagten sämmtliche Zünfte über Nichthandhabung ihrer Privilegien. 7. Das Hausiren der Juden.⁵⁴) — Der

---

⁴⁹) Canbé wendete ein, er habe nur Ein Mal den Versuch gemacht, französische Weine zu verkaufen, habe aber wenig abgesetzt und dadurch viel verloren, weßhalb er den Handel eingestellt habe.

⁵⁰) Baader (und Saamweber), Tyroler.

⁵¹) Belde, aus Mittenwald an der Isar, waren in Heidelberg zünftig und hatte jeder von ihnen als Ausländer fl. 50, für seine Frau fl. 25, für seine Kinder je fl. 5 an die Handelszunft bezahlt.

⁵²) Der Fabrikant hieß Speyerer und hatte ein Privilegium auf 25 Jahre.

⁵³) Diese waren vorzüglich die Fabriken des Beck auf dem Haarlaß und des Koch in Wiesloch. Die Beschwerde bittet um Verbot des Rindenverkaufs im Neckarthal.

⁵⁴) Die Beschwerde verlangte Reducirung der Juden in Heidelberg auf drei Familien, wie es die Rescripte des Churfürsten vom 21. März 1698 und 5. März

Bescheid auf diese Beschwerden lautete: ad 1. Den Herren von Obercamp, Schieß, und Heym wird der Weinhandel untersagt, was er auch für einen Namen habe. Da Zitronen keine Spezereien seien, so wurde die Klage gegen Baber verworfen. Dem Busjaeger und Milleret wurde aufgegeben, binnen Jahresfrist ihre Wohnung und ihr Waarenlager in Heidelberg aufzuschlagen. Bezüglich des Punktes 2 wird die Beschwerde abgewiesen. Zu 3 dem Penner wird sein Handel untersagt; sonst wird die Klage gegen die Wachsfabrik abgewiesen. 4. Das Hausiren der Christen und Juden ist verboten. 5. Die Klage der Rothgerber wird verworfen. 6. Auf Verminderung der Judenfamilien ist Bedacht zu nehmen.

An diese Beschwerde wegen Beeinträchtigung der bürgerlichen Gewerbe schloß sich die gegen die sogenannten Pfaffenkeller an. Durch das Universitätsstatut vom 2. Dezember 1588 ward bestimmt: „letzlich ihnen und einem jeden Professoren kraft angezogenen Privilegii zuzulassen, jährlichs zwey Fuder Weins ohne Geld auszuschanken"; durch die Statuten vom 14. October 1786 wurde dieses Privilegium bestätigt: „§. 18. Wir belassen es bei der jedem professori ordinario zustehenden Befugniß eines sogenannten Pfaffenschanks, das ist, zwischen Ostern und Pfingsten zwei Fuder Wein ohne Abgab verzapfen zu mögen, worüber der Universität in corpore aber ein unbeschränktes Recht zukommt, und diese Befugniß kann auch an andere abgegeben werden." — Die Beschwerde weiß nichts von letzterer Bestimmung; sie gibt vor: die Pfaffenkeller würden an Bürger verkauft, das sei verboten. Das ganze Institut sei eine Benachtheiligung der Wirthszunft, da „viele Weingäste dieses oder jenes Wirthes sich verlieren". Zudem seien diese Keller die Pflanzschulen für die beständigen und eigentlichen Wirthe, durch deren Vermehrung die jetzt schon Vorhandenen benachtheiligt werden. Es würden von diesen Kellern Weine verkauft, „die kaum dieses Namens würdig sind". Wenn sie aber nicht an Andre übertragen werden

---

1699 vorschrieben; ferner war am 20. Februar 1745 verordnet worden, daß der in 9 Personen bestehenden Judenschaft der Landesschutz bestätigt und ein Schutzbrief ausgefertigt sei, dagegen ist denen, die keine Schutzbriefe und kein Vermögen haben, das Schutzgeld zu zahlen, der Aufenthalt gekündigt und die Zahl der Judenfamilien nicht über 3 zu erhöhen.

könnten, so wären sie unschädlich, da die Professoren selbst sie nicht halten könnten. Daher die Bitte: diese Uebertragung zu verbieten. — Die Regierung schlägt jedoch die Bitte ab.

27. Wie sehr es die Absicht des Churfürsten sei, führt die Beschwerde aus, das Emporkommen der Stadt zu fördern, das beweist, daß derselbe zu dem schon verliehenen Fruchtmarkt einen Viehmarkt zugesagt habe, dessen Einführung aber vom Stadtrath gehindert werde. Dieser machte dagegen geltend, daß er selbst höchsten Orts um einen Viehmarkt gebeten, aber bis jetzt keine Antwort erhalten habe; er selbst werde die Bitte wieder in Erinnerung bringen.

28. Der Vertheuerung des Brots, meinte die Beschwerde sowie der Erhöhung der Fruchtpreise müßte dadurch vorgebeugt werden, daß 1. nicht bloß alle Monate nur ein Mal, und zwar am Schluß des Monats die Brottaxe gemacht werde, da die Becker absichtlich am letzten Monatsmarkte hohe Fruchtpreise bezahlten, um eine hohe Brottaxe zu erzielen; — sondern jede Woche. 2. Die Fruchtpreise sollten nicht bloß den Beckern, sondern auch von der Fruchtmarktcommission dem Stadtrath angezeigt werden 3. Die jede Woche regulirte Fruchttaxe soll sofort den Bürgern eröffnet werden. 4. Das Gewicht von Schwarz- und Weißbrot soll am Rathhaus angeschlagen werden; der Bäcker soll eine richtige Wage haben und das Brot dem Verkäufer auf Verlangen vorwiegen. Diese sämmtlichen Anträge wurden genehmigt.

29. Seit dem durch den Eisgang von 1784 die Neckarbrücke weggerissen worden ist, wurde vom Stadtrath angeordnet, daß kein Fischer oder Schiffer mehr hiesige Bürger oder Einwohner über den Neckar führen dürfe, was allein dem Brückenbeständer Jakob Baumann zugestanden wurde. Dagegen beschwerten sich die Fischer und Schiffer, da ihnen das diesfallsige Recht bis 1784 zustand. Der Stadtrath erwiderte hierauf, daß seit den ältesten Zeiten Brückenverordnungen das Ueberfahren eine Stunde ober und unter der Brücke verboten haben; doch habe man erlaubt, daß die Fischer solche Leute, die vom Brückengeld befreit waren, überführten. Damit sich aber Niemand wegen Unbequemlichkeit zur Zeit des Brückenbaues habe beschweren können, so wurde dem Brückenbeständer auferlegt,

ein Jahr am Magazin und eines am magern Hof zu halten. — Hiernach wurde die Beschwerde als unbegründet abgewiesen.

30. Die Erhebung und Verwendung der Fruchtmarktgelder betraf die letzte Beschwerde, die übrigens von den Vorbringern selbst zurückgenommen wurde. Die seitherige Uebung, wonach der Fruchtmarktaufseher von jedem Malter Frucht, das auf dem Markt verkauft wird, für sich und die Mitterer 2 Kreuzer erhob, wurde dahin abgeändert, daß diese Gelder an die Stadtkasse abgeliefert werden, aus der dann dem Marktpersonal die tarmäßige Taggebühr bezahlt werden solle.[55])

„Nur durch gründliche Abhilfe dieser Beschwerden kann dem gänzlichen Zusammensturz des städtischen gemeinen Wesens, der bürgerlichen Thätigkeit und Nahrung, der Gewerbe und des Handels, der Sicherheit des Lebens und Eigenthums vorgebeugt werden". So hatte die Beschwerdeschrift vom 27. Oktober 1789 geschlossen. Die meisten Beschwerden waren schon am 17. April 1791 verbeschieden[56]); wenige zogen sich noch einige Jahre hinaus.

Kosten der Verhandlungen: Die der Beschwerdeführer ad fl. 720. 32 kr. wurden auf fl. 425. 22 kr. reducirt; die der Commission betrugen fl. 730. 1 kr., wovon dem Commissarius Wrede fl. 363. 45 kr., dem Actuar fl. 305. 43 kr., dem Commissionsboten fl. 60. 33 kr. gebührten. Die Gesammtkosten betrugen also fl. 1155. 43 kr. Hieran hatten zu zahlen: der Schatzungsempfänger Weiß fl. 24. 3 kr., Quartierschreiber Lehmann fl. 18. 42 kr., sämmtliche Rathsverwandte fl. 1. 12 kr., Stadtschreiber Sartorius, Collector Sieben und die übrigen Rathsverwandten fl. 7. 26 kr.; die übrigen fl. 1104. 25 kr. mußte die Stadtkasse zahlen.

Aber auch nach ergangenem Bescheid vom 17. April 1792 hörten weder die Beschwerden auf, noch löste sich die Deputation der Beschwerdeführer auf. Eine am 22. Mai 1793 abgefaßte und an den Churfürsten abgesandte Beschwerde, daß immer nur zwei Deputirte zu den Verhandlungen

---

[55]) Fruchtmarktaufseher war in dieser Zeit: Schleicher. Die Beaufsichtigung der Mitterer lag dem Collector Sieben ob, welchem dafür für jeden Wochen-Fruchtmarkt 48 kr. zuflossen.

[56]) Wir haben die Bescheide, um Weitläufigkeiten zu vermeiden, jedes Mal den Beschwerden angefügt.

berufen würden, die auch nach ergangenem Generalbescheid noch schwebten, z. B.. die über die Casernenfrage, benützte der Stadtrath, um seinem Herzen Luft zu schaffen, und den Churfürsten von der wahren Sachlage und von der Gefahr der jetzt noch bestehenden Deputation und deren täglich wachsenden Anmaßungen zu unterrichten: die ganze Beschwerdeführung sei ein Ausfluß des *französischen Revolutionsgeistes*. Nachdem die Untersuchung beendet sei, baue die Deputation, aus 23 Bürgern bestehend, noch fort; sie bilde eine Art von Revolutionstribunal, führe das Wort bei den Zunftversammlungen, versammle sich nach Belieben, schmiede allerlei Pläne gegen Regierungs- und Stadtrathsverordnungen. Darnach müsse der gemeine Mann glauben, Alles hänge von der Deputation ab und daher komme es, daß die Leute erst bei ihr sich Raths erholen und sich bei ihr über den Stadtrath beklagen, wodurch dessen Stellung lächerlich werde. Die ganze Sache sei eine Nachahmung des französischen Revolutionssystems. Der Stadtrath trägt hierauf auf Aufhebung der Deputation, Verbot ihrer Zusammenkünfte und darauf an, daß die Zunftmeister aufs Neue bestätigt werden; aus diesen seien sodann zwei Deputirte zu wählen, welche wie einst die zwei Bürgermeister von der Gemeine bei Verwaltung der städtischen Einkünfte und dgl. mitzurathen wenn auch nicht mit zu entscheiden hätten.

Hierauf beschloß nun der Churfürst am 2. Juli 1793 die Auflösung der Deputation, [57]) da die Beschwerde erledigt war; ihre Ver-

---

[57]) Sie bestand aus den Deputirten der Handlungszunft: Wilh. Bassermann und J. N. Würtzbach, Professionistenzunft: Baumüller und Kühler, Schuhmacher. Grau und Schneider, Schneider. Schott und Morel, Seuer z. Weikart und Hemberger, Fischer z. Hirschel und Fries, Schiffer z. Rammel und Dörzenbach, Bauern z. Jac. Treiber, Metzger z. Ernst nnd Hirt, Spanhauer z. Weber und Landfried, Rothgerber z. Heinlein und Simon, Weingärtner z. Molz und Lösch, Mehlhändler- und Müller z. Remer und Leiz, Barbier z. Knapp, Weber z. Ropp und Unholz. Diese wählten aus sich acht Vertreter, welche den Berathungen über die städtische Deconomie anwohnten, ebenso der Schatzungscommission; sie wurden beeidigt am gewöhnlichen öffentlichen Schwörtage, waren also bis zur Regelung der Beschwerdeangelegenheiten die gesetzlichen Vertreter der Gemeinde. — Schon unterm 14. Januar 1791 hatte der Churfürst gestattet, daß die Beschwerdeführer in der unter ihnen errichteten Lesegesellschaft zusammenkommen dürften, welche Erlaubniß ihnen jedoch schon am 19. Mai desselben Jahrs entzogen wurde

sammlungen wurden verboten und die Zunftmeister auf's Neue bestätigt. Dagegen mußten von nun an, nach dem Vorbilde Mannheims, von der ganzen Bürgerschaft 6 Deputirte gewählt werden, von jeder Religion zwei, welche dann die Regierung zu bestätigen hatte. Diesen Bürgerausschuß hatte aber der Stadtrath zu allen städtischen Oekonomiegeschäften mit berathender Stimme beizuziehen.

Hiegegen beschwerten sich die Deputirten und brachten es wenigstens dahin, daß für das laufende Jahr jene von der Regierung beliebten sechs Deputirten aus ihrer Mitte gewählt werden mußten.[58]

XXIV.
Zur Toponomastik und Topographie Bergheims und des Gäusberges.
(Als Nachtrag zu XVIII.)

Die oben S. 99 besprochene Bezeichnung „Alt-Bergen" wird zuerst von Freher aufgeführt, der schon 1565 geboren ist, und 1614 starb (die Lebensbeschreibung desselben steht in Schreiber's Vaterländischen Blättern vom Jahr 1812. S. 161 ff.). — Seine origines palatinae erschienen zum ersten Male 1599[1]) und hierin bereits wird cap. VII gesagt: Bergeheim, Bercheim etc. hodie „Alt-Bergen". Denselben Namen wiederholt Freher in cap. X, worüber auch Dumbeck „geographia pagorum" p. 151 und 169 zu vergleichen ist, der die Urkunden über unsere Gegenden treffend zusammenstellte.

Was nun den Namen Bergheim, der im Volksmund wie gewöhnlich zu „Bergen" abgeschliffen ist, betrifft, so kann es keinem Zweifel unterliegen, daß derselbe der Lage an den Bergen seinen Ursprung verdankt und mithin dem Worte „Berg" (im Mittelalter berc geschrieben) entnommen ist, nicht minder wie die heutige Schloß-

---

[58]) Die ganze Darstellung der „kleinen Bürgerrevolution" beruht auf 74 Aktenfascikeln des Großh. Generallandesarchivs zu Carlsruhe. 14. 35. 343 329. 346—375. 419—426. 430—464.

[1]) Die zweite Auflage erschien 1612—13; die dritte nach Freher's Tod 1686; eine vierte wurde 1748 von Reinhard ausgegeben.

bergstraße, welche „der Berg" genannt wird, oder die Bergstraße und die zahllosen Bergheime, deren urkundliche Schreibungen Förstemann in seinem für Sammler urkundlicher Ortsnamen unentbehrlichen „Namenbuche" II, p. 240 ff. zusammenstellt. — Mit dem Worte „Burg" hat Bergheim gar nichts zu schaffen; die Analogie mit Labenburg, das vom Volke „Labenberg" genannt wird, ist durchaus nicht stichhaltig, denn in letzterem ist das „Berg" blos eine Pfälzische Aussprache für das umgelautete „Bürg". So heißt z. B. die Stelle wo bei Neckarburken ein römisches Kastell stand, noch jetzt die „Bürg" vulgo „die Berg oder Berk". Dies nur beiläufig, um die radikale Verschiedenheit des im Pfälzer Mund²) durch Umlautung von Burg in Bürg entstandenen Labenberg im Gegensatz zu der organischen Stammsilbe „Berg" in Bergheim zu zeigen.

Was die Entstehung des Namens Labenburg betrifft, so läßt sich dieselbe urkundlich aufs Genauste verfolgen, aus dem keltisch-römischen Lopodunum wurde nämlich von den Franken Lobodun — Lobeden — endlich Lobdenburc und durch die gewöhnliche Vokalisirung des b in u seit dem 11. Jahrhundert Louden- schließlich Laudenburg, welche Bezeichnung das ganze Mittelalter hindurch verblieb und erst in neuster Zeit im Pfälzer Volksmunde in Labenburg (resp. — berg) abgeflacht wurde. Der Vorgang ist ganz derselbe wie z. B. in dem Worte „Baum" (im Mittelalter boum) den der Pfälzer in „Baam" zusammenzieht.

Einen gänzlich verschiedenen Ursprung hat der Name des Dorfes Laudenbach an der Bergstraße, welches früher Lütenbach hieß und bei dem der Diphtong au deßhalb auch nie im Volksmunde zu aa gedehnt wird, was nur dort der Fall ist, wo im Mittelhochdeutschen ou stand, wie eben z. B. in Loudenburg.

Was ferner den Ortsnamen Gowinberg anbelangt, so stammt er ganz einfach von dem Worte Gau ab, das altdeutsch gouwi, gouwe, göu hieß. (So kommt z. B. auch bei Zwiefalten in Württemberg urkundlich ein Gouwiberc vor). Das Wort lautet heute in Pfälzer Mundart „Gäu" und ist besonders gebräuchlich in der Redensart

---

²) Auf gleiche Weise wird hier aus einem Türken ein „Derk", aus einer Birke „eine Berke", Hirsch zu „Hersch" u. s. w.; es ist dies eine allbekannte Umwandlung des i und ü zu e bei folgendem r, was in allen fränkischen Dialekten stattfindet.

„aufs Gäu gehn" für über Land oder Feld gehen; eine andere Form dieses Wortes hat sich in dem gleichfalls pfälzischen Ausdruck „es goowettelt" erhalten, d. h. es ist Wetter wie auf dem Gau, d. h. dem Lande (es schneit und regnet durcheinander); es ist dies derselbe Vorgang nach dem aus „blau, grau, Pfau" pfälzisch „bloo, groo, Poo" wird. Höchst wahrscheinlich hat auch der in der Gemarkung des Dorfes Gäuberg, beim Lingenthaler Hof gelegene Goosberg sich unter dieser dialektischen Form versteckt, und hat das Dorf von ihm den Namen; er ist wohl derselbe, der 1369 genannt wird: „Zu Angellachen [d. h. Gau-Angelloch] unter dem Geüberg". — Siehe Wibber I, S. 386. —

Der Name des Dorfes Gäuberg ist formell aber noch in höherem Grade derselbe wie der des bekannten Gaysberges bei Heidelberg, dessen Etymologie nur durch verkehrte Schreibart verwischt wird, die bis zu dem sinnwidrigen „Geisberg" fortschritt, wofür auf gleiche Weise Gäusberg herzustellen ist, wie Gäuberg statt Gayberg.[3])

Eine andere Frage dagegen ist die, was für eine Oertlichkeit unter den urkundlichen Bezeichnungen Gowinberch und Gouinberg (die am Richtigsten beide Gouwinberc zu schreiben wären) zu verstehen ist? Die bisherige Annahme war nach Frehers Vorgang (welcher cap. VII sagt: Gowinberch, locus in Bergeheimero marca, hodie Göwberg) es sei das Dorf Gäuberg gemeint (wie auch Wibber I, S. 376 noch richtig statt des jetzt gebräuchlichen Gayberg schreibt, sich dabei auf eine Urkunde von 1369 stützend, worin das Dorf Geüberg genannt wird). Ihm folgten die Topographen Lamey in den Actis Acad. Palat. I, S. 229 und Dumbeck in seinem oben erwähnten Werke S. 163, welche annahmen, es sei wenigstens in der einen der beiden maßgebenden Urkunden des Lorscher codex die im Archiv S. 74 unter Nr. 22 [nicht 21 wie verdruckt ist] angeführt ist, unter Gowinberch das Dorf zu verstehen. Mit Recht dagegen

---

[3]) In ähnlicher Weise wird der Name des Dorfes Bäuerthal bei Wiesloch entstellt, welches jetzt Baierthal geschrieben wird, obwohl es urkundlich Bûridal lautet, was ganz derselbe Name ist wie Bûrifelden im Odenwald, woraus später Bauer — Bäuerfelden wurde, endlich durch gänzliche Abschwächung unter Betonung des zweiten Worttheiles Berfelben, durch die Schrift verunstaltet in Beerfelden, wie niemals gesprochen wird.

macht S. 80 des Archivs geltend, daß die in beiden Urkunden unter Nr. 22 und 23 erwähnten Weinberge und der Umstand, daß sie beidemale in die Bergheimer Gemarkung verlegt werden (die doch kaum auch noch das Dorf Gäuberg umfaßte), darauf hinwiesen, daß in beiden Fällen der Gäusberg gemeint sei, und zwar die gegen das Rheinthal gelegenen Abhänge desselben, wo allein Weinbau möglich und bis heutigen Tags ununterbrochen fortgetrieben worden ist. Ganz dieselbe Oertlichkeit ist wahrscheinlich auch in einer Nachricht vom Jahr 1369 verstanden, wo es heißt „Ein halber Morgen Wingerts an dem Geißberg zu (gräuzt) an den Wald, obwendig Jütten Senderin". — Wie man nun diese Frau Jutta Sender in der Badenia II, S. 419 mit dem Jettenbühl in Verbindung bringen kann, wie doch nach der bestimmten Versicherung des Leodius blos der Schloßberg ehemals genannt worden sein soll, der als auf der Nordseite gelegen, gewiß niemals mit Wein angepflanzt war⁎) — dies ist kaum abzusehen, wenn schon wir zugeben, daß alle die Fabeln über eine Wahrsagerin Jetta, die Leodius nicht einmal selbst gehört, sondern in einem alten Manuscript gelesen haben will, erst durch den Namen Jettenbühl hervorgerufen wurden, den man personifizierte, bei welcher Manipulation man aber übersah, daß ein altdeutscher Personalname Jetta gar nicht existirt; ob aber eine fränkische Herzogin Namens Jutta (letzteres ein häufig vorkommender Name) auf jene sagenhafte Benennung des untern Schloßhügels einen Einfluß hatte, mag füglich dahingestellt bleiben.

Aus der Schreibung „Geißberg" in der oben erwähnten, von

⁎) Es dürfte vielleicht von Interesse sein, bei dieser Gelegenheit auf eine an diesem Orte ehemals verbreitete Pflanze aufmerksam zu machen, die man gegen die jetzt so sehr um sich greifende Hundswuth anwandte. Es hatte nämlich, — so berichtet Landau in seiner Geschichte der Jagd (Kassel 1849) S. 98 — ein hessischer Landgraf von Kassel seine Jagdhunde an jener Krankheit eingebüßt und wandte sich deßhalb anno 1591 an den Pfalzgrafen [also wohl an Johann Kasimir] ihm ein am Heidelberger Schloßberg wachsendes Gegenmittel — spatula foetida — zu schicken, um es in Hessen anzupflanzen. Landau meint, dies wäre „Wandlauskraut" — was ein Druckfehler ist für sogenanntes Waldlauskraut — pedicularis silvatica, die in Pollich's „flora Palatina" II. p. 148 zwar aufgeführt ist, jedoch ohne Erwähnung dieses ehemaligen Standortes.

Mone, Zeitschrift XI, S. 43 ff. edirten Urkunde von 1369 [5]) geht übrigens hervor, wie alt der Irrthum ist, der Name käme von den Geißen, worauf man allerdings zuerst verfallen mußte, als man die alte Bedeutung des Wortes und seinen wahrscheinlichen Bezug auf die Angelegenheiten des Gau's nicht mehr verstand. Auch später übersetzt Melissus bei Freher orig. Pal. I, cap. IX: „Contiguus quidem mons, valle amoenissima ad sinistram distinctus, vulgo Gaisberg vocatur, id est caprarum mons". Hieraus geht zugleich ziemlich sicher hervor, daß Melissus von Heidelberg ausgehend den äußersten Gipfel der Bergkette meint, den wirklichen vordern Gäusberg, nicht den sogenannten „kleinen Geißberg", den Freher cap. IV mons caprarius nennt, dabei den Vorhügel des Königstuhls verstehend, worauf das alte Schloß (die jetzige Molkenkur) stand. Auf diesen ist der genannte Name aber offenbar erst übertragen, und derselbe in der Folge als „kleiner", von dem eigentlichen, als großem Gäusberg unterschieden worden.

Dieser Unterschied ist schon in Kayser's Chronik S. 19—21 durchgeführt, ebenso auf dem, dem Werke beigefügten alten Stadtplane ersichtlich, wo dem größeren Berge der Name beigeschrieben ist [6]).

---

[5]) In derselben Urkunde wird auch das Dorf „Geüberg" — also mit derselben Schreibung wie in der andern oben erwähnten gleichzeitigen Urkunde genannt. —

[6]) Kaum einer Widerlegung bedarf, was der, jedweder Kenntnisse deutscher Sprachgeschichte baare Dumbeck auf Seite 59—60 seines Werkes beibringt, der Jettenbühl und Gäusberg seien lokal und sprachlich identisch! Der Umstand, daß dieser letztere schon zur fränkischen (Karolinger) Zeit Gouwinberc hieß, zu welcher Zeit das Wort „Geiß" (Ziege) schon geiz oder gaiz lautete, beweist hinlänglich, daß der Name nicht von dem letzteren Worte abstamme, denn sonst müßte der Berg damals Geizberg geheißen haben. Dies ist aber weder der Fall, noch würde der Name Jettenbühl, der zudem erst im 16. Jahrhundert vorkommt, damit die geringste Verwandtschaft haben. — Auch dem Friesenberg wird von Dumbeck ein viel zu weiter Begriff beigelegt; so heißt bekanntermaßen nur der östlich vom Schloßhügel bis zum Karlsthor hin sich erstreckende wilde Abhang, von dem schon Melissus richtig bemerkt, er habe seinen Namen von seiner rauhen, kalten Lage („rigoris mons"); derselbe kommt nämlich von dem Worte „friesen", der älteren Form von „frieren", — und die Bezeichnung „kaltes Thal", welches die Wand des Friesenbergs bildet, ist nur eine Uebersetzung von Friesenthal. — Die Vermengung aller dieser Bergnamen ist umso auffallender als

Hinsichtlich der Lage des alten Bergheim möchte noch die nachträgliche Bemerkung am Platze sein daß die Mühle nicht das einzige Ueberbleibsel des Ortes ist, sondern daß auch ungefähr 200 Schritte unterhalb derselben ein Hohlweg unter dem Namen „Kirchgasse" an den Neckar hinunterzieht, neben welchem auf steilem Hochufer ein mit einer alten Mauer eingeschlossener Garten liegt, der unter dem Namen „Kirchhöfel" bekannt ist, und an dem angebaut, noch die Trümmer einer alten Kapelle oder auch nur eines Beinhäuschens zu erkennen sind, woran das Bruchstück eines altrömischen Grabsteines eingemauert ist, den ein gewisser Paternus seinem Vater setzen ließ. Die Erwerbung desselben für das Heidelberger Stadtarchiv wäre gewiß eine dankenswerthe Aufgabe, umsomehr als sich bereits ein anderer römischer Grabstein aus dem Gebiete Bergheims in der Heidelberger Bibliothek befindet. Dieser letztere wurde schon früher zwischen der Speierer Landstraße (die früherhin in der Nähe des sogenannten Speierer Brunnen noch römisches Pflaster zeigte) und dem alten Rohrbacher Vicinalwege in der Nähe der heutigen Gasfabrik ausgegraben. Es ist dieser Feldweg ebenfalls eine altrömische Straße welche die Mannheimer Chaussée durchschneidend, kurz oberhalb der Mühle als sogenannte Ländengasse in den Neckar ausmündet. Hier zieht sich die bekannte Furt durch den Fluß bis an's jenseitige Neuenheimer Ufer, wo ein korrespondirender Feldweg unter dem, gleichfalls an die einstige Fähre erinnernden Namen „Furchgasse" den römischen Straßenzug fortsetzte. x.

auf den älteren Ansichten von Heidelberg allen diesen Höhen der Name gewöhnlich beigeschrieben ist; so steht z. B. der Name Geißberg nicht allein auf dem erwähnten, auch in Kayser's Chronik übergegangenen Merianischen Plane, sondern bereits auf der ältesten aller vorhandenen Abbildungen, in Münster's Cosmographie aus der Mitte des 16. Jahrhunderts. — Bei dieser Gelegenheit wollen wir übrigens nachträglich erwähnen, daß Weinberge in der angeführten Urkunde von 1369 als am Ziegelried vorkommend genannt werden. — Es war dies aber eine ehemalige Ziegelei in der Nähe der Molkenkur. — Vergl. Leonhards Heidelberger Fremdenbuch S. 175. So könnten auch die der Jutta Senber gehörigen, „gegen den Geißberg zu" gelegenen Reben an dem westlichen Gehänge der Sternschanze beim Judenkirchhof gelegen gewesen sein, also in der Klinge — [der Ausdruck Klingenthal — oder = Teich ist eine Tautologie].

XXV.

Zur Topographie der Hexenzusammenkünfte und die Tell-sage in der Pfalz (als Nachtrag zu XIX).

1) Es wurde die Vermutung aufgestellt, die Versammlungsorte der Hexen "Angelgrube und Kurnau" seien einerseits im Gebiete des Angelbachs (deren es übrigens zwei gibt, die je von Gau-[7]) und Walbangelloch herabfließend, sich bei Wiesloch in die Leimbach ergießen) — andererseits in der Umgegend von Osterburken zu suchen, wo allerdings die Kürnach, der durch das dortige Wiesenthal fließende Bach dieser Ansicht Vorschub leistet.

Wenn wir nun die Bedeutung dieses Namens untersuchen, so finden wir, daß Kurnau oder Kürnau nichts weiter bedeutet als Mühlau, denn Kurn oder Kürne heißt im Mittelhochdeutschen (der Sprache des Mittelalters) einfach "die Mühle." Hiervon konnten aber gar viele Oertlichkeiten genannt sein, und müssen wir gestehen, es scheint, daß ein Versammlungsort der Hexen von Heidelberg näher bei diesem Orte, wohl in der Gemarkung selbst, zu suchen sein möchte.[8])

---

[7]) Gau-Angelloch bei Gäuberg gelegen, nahm diese Vorsilbe blos zur Unterscheidung an; — Gau bedeutet einfach "Feld" — im Gegensatz zu Wald.

[8]) Für Osterburken könnte indessen wieder der Umstand sprechen, daß in dem Thale gegen Abelsheim zu, eine jetzt versiegte Quelle unter dem Namen "der heilige Brunnen" zu Tage trat, von der uns an Ort und Stelle eine Menge Sagen von Wassernixen berichtet wurden, die hier ehemals hausen sollten. Unter andern kursirt über diesen Brunnen in Osterburken ganz dieselbe Geschichte, die ohne nähere Ortsangabe in Chezy's Handbuch für Reisende nach Heidelberg" S. 145 unter dem Titel: "die drei Jungfrauen aus dem See" erzählt wird. — Meerfräulein seien des Abends in die Spinnstuben gekommen, um

2) Im Anschluß an die S. 101 des Archivs vorkommende Erwähnung des 1487 zum ersten Male herausgegebenen malleus maleficarum dürfte es von Interesse sein, auf einen soeben erschienenen Aufsatz des Professors Rochholz aufmerksam zu machen: „Tell als Zauberschütze" in Pfeiffer's Germania 1868 S. 39 ff.

Derselbe verbreitet sich ausführlich unter Mitwirkung des bekannten Pfälzer Historikers — Pfarrer Lehmann — über die durch jenen Hexenhammer erzählte Geschichte eines Freischützen Namens Punker, der aus Rorbach, wormatiensis dioecesis gebürtig gewesen sein soll. Hierunter verstand schon Mone in den Schriften des badischen Altertumsvereines, Band I (1846) S. 250 Rohrbach bei Heidelberg, was allerdings das Wahrscheinlichste ist, indem dies in kirchlicher Beziehung zum Wormser Sprengel in territorialer Hinsicht zur Pfalz gehörte und Punker sich im Gefolge des Pfalzgrafen Ludwig des Bärtigen (gestorben 1436) befand. (Dennoch wäre aber auch Rohrbach bei Sinsheim zu erwähnen gewesen, welches zwar

---

10 Uhr, jedoch immer wieder verschwunden, eine habe sich aber einmal verspätet, worauf sie niemals wieder gekommen seien und habe man am nächsten Morgen eine Blutlache auf den heiligen Brunnen schwimmend angetroffen.

In dem erwähnten „Handbuche" ist zwar aus dem Brunnen ein See geworden, was daher seine Erklärung findet, daß der niederst gelegene Theil des Wiesenthals der sich an der Kürnach hinzieht, noch jetzt die Seewiesen heißt, auch ist Osterburken selbst, gegen einen angeblich ehemals daselbst befindlichen See auf der Westseite durch den sogenannten Seedamm geschützt, dessen Namen, sowie die im ganzen Thale sich findende Torfschichte ebenfalls darauf hinweisen.

Wahrscheinlich war zur Römerzeit eine Ueberschwemmung des Wiesenthals zum Schutze des Römerkastells organisirt, welches eben jetzt durch den Mannheimer Altertumsverein blosgelegt wird. Es lag dasselbe westlich von Osterburken am Bergabhange; noch weiterhin in dem Thale gegen Adelsheim zu entsprang der genannte heilige Brunnen, dessen von den Römern herrührende steinerne Fassung unter dem Wiesenboden noch vorhanden ist. Gerade über ihm liegen die noch erkennbaren Reste eines römischen Vorwerkes, unter dem Namen „die Heidenkirche" bekannt, an einer Erhebung des Weges, von wo eine freie Aussicht über das Thal möglich ist. —

Die erwähnten Sagen nun hängen wahrscheinlich viel eher mit dem Aufenthalt der Römer in dieser Gegend zusammen, als daß sie einen Bezug hätten auf mittelalterliche Hexenzusammenkünfte. Wir haben dieselben daher hier auch nur beiläufig erwähnt. —

reichsritterlicher Besitz war, woselbst aber auch kurpfälzische Leibeigene wohnten; S. Widder II., S. 144f. und 152. — Acta Ac. Pal. VI, p. 93. In kirchlicher Hinsicht gehörte darnach Rohrbach bei Sinsheim ehemals zwar zum Wormser, später indessen zum Speierer Sprengel. (Ein drittes Rohrbach — bei Eppingen — kann hier gar nicht in Betracht kommen, denn es gehörte in weltlicher wie geistlicher Beziehung zu Speier). Hinsichtlich des Freischützen Punker selbst, glauben wir übrigens hinzufügen zu dürfen, daß sein Name ein für seinen Stand allgemein gebräuchlicher gewesen zu sein scheint. Es soll nämlich nach einer Sage auch der Schwedenkönig im dreißigjährigen Kriege durch die Freikugel eines dafür dem Teufel verschriebenen Scharfschützen Namens Punker gefallen sein, der aber zum Lohne dafür unmittelbar nach vollbrachter That auch seinerseits den Tod gefunden habe. — Es dürfte hiernach wenig nützen, in den alten Rohrbacher Ortsbüchern Nachforschungen nach einem solchen Namen anzustellen. — Die mit der Tellsage auffällig übereinstimmende Geschichte des Punker'schen Freischusses zu besprechen, ist hier nicht der Ort. Dieselbe ist, wie gesagt, von Rochholz aufs Eingehendste beschrieben und kann im Originale auch im Hexenhammer selbst nachgelesen werden, von welchem auf der Heidelberger Bibliothek 3 Ausgaben vorhanden sind: zwei Nürnberger Originalausgaben von anno 1494 und 1519 (sie stehn auf Schrank 305 sub nr. 170 und 170a) und eine von Bassaeus 1582 zu Frankfurt veranstaltete Ausgabe (Schrank 169, nr. 51), in welcher die Punkersche Geschichte B. I S. 368 ff. steht. (In einer Randbemerkung gibt Bassaeus hier irrthümlich Eberhard im Bart für den im Text genannten bärtigen Rheinfürsten aus, was durch Rochholz in der Germania Seite 50 verbessert wird. — Die Entstehungsgeschichte des Hexenhammers gibt Rochholz ebendas. S. 46 f.) —

X.

XXVI.

Zu Adam Neusers und Johannes Sylvanus Verfolgungsgeschichte.

Der thesaurus picturarum [1]) erzählt diese Verfolgungsgeschichte unter dem Titel: „historia Adami Neuseri et Johannis Sylvani" in folgender Weise: Nachdem Ottheinrich und Friedrich III. das Pabstthum in der Pfalz abgeschafft, wendeten sich etliche der arianischen Lehre [2]) zu, besonders Neuser, Pfarrer zu hl. Geist und Sylvan, Inspector in Labenburg, welche Beide Anhang hatten. Sie widersetzten sich der Einführung der strengen calvinischen Kirchenzucht. Sie suchten mit den gleich gesinnten Unitariern in Siebenbürgen Verbindungen anzuknüpfen; ja man beschuldigte sie, die Pfalz an die Türkei zu verrathen und sich dabei auf Siebenbürgen, Polen u. s. w. zu stützen, wo der Arianismus im Schwange ging. Als 1570 der Fürst von Siebenbürgen seine Gesandten auf den Reichstag zu Speier schickte, so benützten Neuser und Sylvan dessen Anwesenheit zur Unterhandlung und überreichten ihm ein Schreiben an den Sultan. Der Fürst aber ließ das Schreiben an den Kaiser überliefern, der es dann an den Churfürsten Friedrich III. gelangen ließ. [3]) Friedrich gab von Speier aus, wo er sich auf dem Reichstag befand, an den Fauth und

---

[1]) Volumen I. Nr. 20.

[2]) Was unter dieser Lehre zu verstehen sei, geht aus dem Schluß dieser Erzählung hervor; im Allgemeinen war der Arianismus die Leugnung der Gottgleichheit Christi.

[3]) Häußer Gesch. der Pfalz Band II. Seite 47 kennt diese Art, wie das Schreiben an den Churfürsten gelangte, noch nicht. Das Schreiben selbst findet sich bei Struve K. Gesch. S. 229—234. Häußer a. a. O. und Vierordt Gesch. der Reformation in Baden II. 476 ff. haben einige abweichende Einzelheiten.

die Amtleute in Heidelberg Befehl, Beide zu verhaften. Sylvan wurde auf Margarethentag (Samstag) 1570 zu Labenburg verhaftet und nach Heidelberg geführt.

„Als er aber dahier nahe zur Neckarbrücken kommen undt allda einen Studenten, der Ihm bekant gewesen, ansichtig worden, hat er denselben in Lateinischer Sprach gebetten, Neusero sein Sylvani gefengnüß ahnzukünden undt denselben zu warnen, welches auch der Student unverzüglich verrichtet." Neuser hat sich alsbald den Bart abgeschoren, sich in Landsknechtskleider verstellt, ist aber doch zu Amberg verhaftet, von da nach Heidelberg gebracht worden, wo er bis Juni 1571 saß. Die Abwesenheit Friedrichs III. beim Gespräch mit den Wiedertäufern in Frankenthal benützten seine Freunde („wozu noch eine vornehme Person: D. H. H. F. z. H. geholfen") und befreiten Neuser, der in die Türkei entkam und zu Constantinopel in einem Roßstall Anstellung fand um 3—4 Asper Taglohn. Er starb hier in bejammernswerthem Zustand.

„Sylvanus aber, ungeachtet er seinen Arianismus erkannt, bekannt und auch widerrufen gehabt, ist uff zuvor bei underschiedlichen in- undt ausländischen fürnemen Theologen undt anderen gelärten leuthen uff Universiteten undt sonst gepflogenen genießsamen Rath, von wegen obangeregter Verrätherei, insonderheit ganz greulicher erschröcklicher Lesterungen, die nit zu gedenken, viel weniger zu melden seint, wider den Herrn Christum und Seine ewige Gottheit den 23. Decembris Anno 1572 zu Heydelberg offentlich vor Recht gestellt undt als ein Gotteslesterer undt Verräter peinlich angeclagt, auch mit seinen eigenen lester undt anderen Schriften, die er mit eigenen Handen geschrieben gehabt, genugsamlich überzeuget, und daß wegen selbigen tags nach dem Morgenessen zwischen 12 und 1 Uhr daselbst zu Heydelberg uff offenem Marck vor dem Rath haus uff einem Sande, so den vorigen tag dahin gefüret gewesen, vermöge des Jhenigen Urtheils, welches Churfürst Friedrich desselben morgens selbs gefassen undt mit eigener Handt uffs Papyr gebracht gehabt, in angesicht Seiner zween Jungen Söhne, die man Jhnen zur gedechtnus undt Exempel zu Jhme in den Kreiß gestellt gehabt, mit dem Schwert vom leben zum tode gerichtet worden; wie dann dem Adamo, da er nit entkommen, auch widerfaren were."

„Es ist aber Sylvanus christlich gestorben und hat kurz vor seinem Tode auf dem Richtplatz dem Kirchendiener Herrn Johann Reden, der Ihme zuzusprechen zugeordnet gewesen undt dessen er sonderlich vor andern begert gehabt, bekennet, das er glaube, daß der Herr Jesus Christus der Eingeboren Sohn Gottes von Ewigkeit undt in einer unzertrennten Person zugleich warer ewiger Gott, dem Vatter, am Wesen, Macht undt Herrlichkeit durchaus gleich undt auch ein rechter natürlicher Mensch sei, undt uff solche Bekänntnus gestorben."

Dieser Erzählung beigefügt ist ein Aquarellbild, die Enthauptung Sylvans darstellend. Den Hintergrund bildet der untere Stock des Rathhauses mit zwei Thoren und über diesen ein in gothischem Stile gehaltener Altan, der am ganzen Bau sich hinzieht. Im Vordergrund kniet Sylvan in schwarzem Talar, mit langem Schnurr-, Knebel- und Backenbart, die Augen verbunden, die Hände mit einem Stricke zusammengebunden und unter der Brust gefaltet; hinter ihm der Scharfrichter mit gezücktem Schwert, dessen Scheide er anhat. Der Scharfrichter ist ohne Kopfbedeckung, bekleidet mit rothem Wamms, kurzen violetten Hosen und rothen Strümpfen.

XXVII.

Zur Geschichte des Schlosses, im Besondern des Friedrichsbaues.

Anno 1601. Nachdem allhie zu Heydelberg in der Hofcapellen eine große dicke starke Eisene Stang entzwei gebrochen, und die Capel mit dem Newen Baw daruff sich dermassen gesenkt, das man sich des Einfallens undt bannenhero entstehender großer gefar besorgen müssen, zum theil weil derselb oberbaw gar zu schwer undt dan zum theil auch das fundament zu schwach undt ungenügsam versehen gewesen, wie ingleichen die große dicke balcken, so tragen und heben sollen, meistentheils verfaulet gewesen, hat man anfangs eine zeit lang berathschlagt, wie der sachen zu thun, alba gleichwol widerwertige meinungen sich gefunden, etlicher bie es nit für so gar geferlich unbt abzubrechen nöttig gehalten unbt benn anbern, bie es für eine hohe unbt bie eußerste Notturft geacht, gestalten es sich bann hernacher im abbrechen mehr als gennugsam unbt das es hohe Zeit damit gewesen, augenscheinlich befunden. Ist berowegen für gut angesehen worden, das Ire Churf. Gn. mit ber Hofhaltung bis das obgemelt Gebew abgebrochen unbt wiederumb aufzubawen angefangen, ghen Alzei inß Gaw verrücken unbt allda sich verhalten solte, Auch bie anstellung gemacht gewesen, bas uff ben 31. Martii solche Translation der Hofhaltung eigentlich vorgenomen werden solle.

Weil aber der Alte Graf von Erpach, den Ire Gn. auch barunder befragen lassen, solche Translation, umb Erparung Unkostens unbt anbern Ursachen unbt bebenden mher widerrathen unbt bafür gehalten, ba Ire Churf. Gn. alhir zugegen, Es beibe mitt dem Abbrechen unbt wideraufbawen fertiger naher ghen unbt ein großes erspart werden würde, ist sie bis uff ben 17. Aprilis hernacher eingestellt worden. (Am 17. April brach der Churfürst mit Gemahlin, bem jungen Herrn, sämmtlichen Fräulein und bem größten Theil ber Hofhaltung auf und zog nach Alzei.) Umb bieselb Zeit hatt aus Irer Churf. Gn. Befelch der Stabtrath alhie Eine Mauer hinder bem Schloß her, burch bas hinderste Theil der Pfled bis gegen ben trutzkayser zu, zu Erweiterung der Stabt Heybelberg, uffzuführen angefangen, baburch etlichen von Iren Häußern und Gärten in gemelter Pfled gelegen, ein merklicher abgang geschehen ist, zu welcher Mauern bann alle Churf. Räth, Canzlei, unbt Universitet Verwante, Ein jeber nach seinem Wolgefallen contribuirt unbt gesteuert haben. (Am 20. August zog die Hofhaltung von Alzei weg und kam am 21. nach Heidelberg zurück; der Churfürst und ber meiste Abel schon etliche Tage vorher.)

Nachbem aber bas hieuorgemelte Alte gebew im churf. Hauß abgebrochen unbt bas fundament zum Newen gegraben gewesen, haben Ire Ch. Gn. Mittwuchs ben 3. Junii hernacher selbs persönlich zugegen ben Grundstein legen lassen, in Beisein der Eltern unbt Jungen Graven von Erbach, wie auch der beiden Graven Otten unbt Philipsen

---

*) Diese Nachricht findet sich auch im thesaur. pictur. Palat. II. Nro. 20.

von Solms, Claus Heinrichs von Eberbach, Jhrer Churf. Gn. Cantzlers, Görg Conrad von Helmstabt, b. Z. Churf. Marschalks (deren jeder mit einem eisernen Hammer einen streich uf ben Stein gethun) beineben sonst noch etlicher anderer Herren, vieler vom Abel undt Hofbiener mher.

Derselb Stein ist gewesen 4 Schuh lang, 4 Schuh hoch undt 3 Schuh breit undt oben barein gehawen ein kasten uff ein Schuh tief, in welchen von bem Churfürsten undt ben genanten Herren gesetzt undt gelegt worden seint zwei cristallinene Gläser, eins mit weissem, undt bas anber mit Rotem Wein, Item ein Hand vol korn, Ein Handt vol Weitzen ober Spelzen, Ein Handt vol Gersten undt ein Handt vol Habern, mit einer beigelegten verzeichnus was ber Wein undt jebe beroselbigen frücht bamals golten. Es haben auch ferner Jre Churf. Gn. Jr Biltnuß in Golt, so erst benselben 3. Junii New gemacht gewesen, bahineingelegt sampt einem zinnen Täfelin, barein gegraben ist eine Schrift mit Jrer Churf. Gn. Name, Rheime „Regiere mich Herr nach Deinem Wort" undt ber Jarzal.

Oben uf benselben Stein ist gelegt worden noch ein anber Stein, 9 Schuh lang undt 7 Schuh breit, ber ihn bebecket undt gleichsam zugeschlossen hatt. Enblich ist ber gantze Stein mit einanber mit bicken Eisenen stangen und gerembsten kreitzen verfasset unb vergittert, fürters baruff gemauert undt also bamitt berselb Newbaw ufgeführt worden.

Nota. Krantz ber Stebler ist auch einer gewesen von benen, bie ben Grunbstein haben legen helffen. So hat auch bieser Stebler Junker Wolff Crantz von Geispitzheim neben ben obgemelten Graven, Cantzler, Marschalk undt anberen, so bei legung bes Grundsteins zugegen gewesen, jeber zur gebechtniß einer solchen Einen Ducaten gelegt zu bem Jhenigen so wie oben erzelt, ber Churfürst barzu thun lassen. So hat auch ir jeber mit Einer hölzenen Klippsel undt mit einem eisenen Hammer, brei streich uf ben vielgebachten Stein gethun.

Eigentlicher Abriß undt ware Contrefaictur des nechst hieuor angeregten Newen Baws im Schloß zu Heybelberg, welcher Anno 1604 im frühling Auswenbig unber bas Loch gebracht undt unlängst hernacher bas Loch in solcher Form als hierin verzeichnet, baruf gesetzt: wie auch von tag zu tag der Inbaw zum schönsten zierlichsten köstlichsten undt herrlichsten verfertigt, bis er entlich nach ungeferlich anderthalb Jaren allerbing ausgemacht worden ist. (Das hierzu gehörige Aquarellbild ist genau und schön.)

XXVIII.

Eine Schlägerei. 1601. [5]

Anno 1601 Dominica quarta trinitatis, den 28. Junii hatt sich Abents zwischen 8 undt 9 Uhren alhie zu Heidelberg ein Schlaghandel begeben zwischen etlichen Studenten vom Abell aus Polen undt anderen, Mit Hansen Seucritz, der Churf. Pfaltz. Trabanten Haubtmann, in Melchior Beckers, des großen Schneiders auf dem Neuenmarckt [6] behausung, bei welchem Schneider dieselben Studenten ihre habitation undt wohnung gehabt, Alba sie dann den gemelten Haubtmann ohne einigen Inen selbigenmals dazu gegebenen ursach, sondern aus zuuor wider Ihn gefaßten unwillen, mit Maulstreichen, Gläser vol Wein ins Gesicht werffen, Abgürten seiner Wher undt Dolchen, sambt vielen schmeworten, vast übel tractirt, auch als der damals gewessene Schultheus Reinhardt Backofen vonn Cölnn, Nachdem Jhnen solches vorkommen, etliche deroselben Studenten Ambts halbenn darüber in Hafft genommen, die andere Studenten hin undt her in der Stadt, da sie es erfarenn, Rumorisch worden, mit gewerter Hanndt dem Schultheußen vor sinn Hauß gelauffen, die verhaffte Studiosos mit gewalt wieder loszugeben begert undt aber er Schultheus sich dessen geweigert, Ihn, sein Weib und Khinder zum eußersten geschendet unnd geschmehet, Auch sonsten sich gewaltig uffrürisch unnd unruwig erwiesen habenn. Erst volgenden Montags solcher Hanndel an die churf. hohen Rhäte inn die Cantzley bericht unnd von denselben bescheiden worden, das die verhaffte Studenten

---

[5]) Thesaur. pict. Vol. II. Nro. 29.
[6]) Vor dem Rathhaus. Der alte Markt war in der Kettengasse.

dem Rectori Universitatis, welcher damals gewesenn Lupoldus Esthius Medicinae Doctor unnd Professor, in seine Gewarsam geliefert worden, Unnd derselb zugleich auch uff die andere schulbige inquiriren unnd sie ebenmeßig einziehen sollte. Allda zugleich auch ein Churf. Mandat offentlich angeschlagen worden, das bei hoher straff hinfüro khein studiosus mehr, wer auch der sein, abents nach 10 Uhren sich auff der gassen betretten lassen solle, neben beßgleichen anderem mehr, so demselbigen einverleibt gewesen, welches Mandat aber ermelter Rector alsbalden vonn den studiosis, die Jhnn beßwegen mit ihren Wheren heuffig zu Hauß gelauffen, genöttiget, wider abnemen müssen.

Als nuhn solches der Churfürst, welcher dieselbige wuch von Alzen, da seine Churf. Gn. damals Hoff gehalten, hierauff khommen war, inn erfarung gebracht, ist er daruber hefftig erzürnet unnd hat den großen Schneider, in dessen Haus der Lermen sich erhaben, auch er den Studenten beigestanden, oder in zum wenigsten nicht abgeweret, stracks gefenglich einziehen, auch ihn ghen Hoff in's Kärchell⁷) spannen lassen hette, da er nicht durch einen Hofnarren erbetten worden were, wie auch Jre Churf. Gn. zugleich einen starcken Unwillen uff die Studenten und Universitet geworffen, unnd gegen beroselben sich etlicher ungnädiger reden vernemen lassen haben, Inmittelst sein die verhaffte Studenten zum Theil in carcere universitatis gehalten worden, etliche andere aber aus dem Arrest entwichen, die man hernacher sub poena relegationis wieder citirt unnd volgendts den 10. Septembris Jrer Vier so mehrgemelten Tumults fürnembste uhrheber gewesen, ad tempus relegirt, Auch under denselben drey, die den Haubtmann geschlagen und geschmehet gehabt, Jhnen einen Widerruff zu thun, Unnd dan noch einer, ein schlechter geringer Baccalaureus, welcher Jhnen das Wehr abgegürttet unnd genommen gehabt, 50 Thaler straff zu erlegenn condemnirt wordenn, die übrigen aber, die wir oben erzelt, dem Schultheußen vor das Haus gelauffenn, deren eener ober 16 gewessen, so man in erfarung gebracht, hatt jeder 10 und under denselben einer vom Abell 15 Reichsthaler pro mulcta erlegen, Auch dem Haubtmann seinne Costen unnd Schaden erstatten müssen, Unndt seint also damit den 19. Septembris uff Jre

---

⁷) Ueber das „Kärchell" siehe den nächsten Aufsatz.

vonn sich gegebene unberschriebene unnb verfiegelte Reuers wider erlebigt worden. Daraus aber hernacher dieses eruolgt, das die fürnembste unnb meiste Studenten vonn hinnen mitt großem unwillen weg gezogenn, Unnd andere so sich alhero begebenn wöllen, auch abwenbig gemacht habenn, dahero dann die löbliche uralte churf. Univerfität alhie, welche vonn den vorigen Pfalzgrauen Churfürsten, jeder Zeitt für ein sonderliches Kleinot unnb Zier der Churf. Pfalz hoch geachtet, Auch von Ihnen Ihrem besten vermogen nach befürdert unberhalten unnd gehannthabt, sehr geschwecht worden ist unnd einen großen Riß bekommen hatt. Wie auch fürters der Kirchen Schall sambt der Kirchen unnb andern gemeinen Schulen in Veracht unnd abnemen gerathen, Alles zum anfang beß entlichen völligen unbergangs der waren reinen Christlichen Religion in Churf. Pfalz, vonwegen unserer vielfeltigen, überheufften, täglich wachsenden, zunemenben Sünden, ubermachten sicherheitt, Unnd gantz erschrecklicher unbanckbarkeit. Gott erbarme unnd beffere es gnebiglich. Amen.

XXIX.

Das Kaerchel.

Anno MDXCVI ist das Kärchle [8]) im Schloßgraben zu Heidelberg, darinn die Mishanbler, so das Leben nicht verwürckt, gespannet unnbt durch iren Treiber zu Stein unnbt Sandt füren unnbt dergleichen arbeit gehalten, angestellt worden. Darinnen also ein jeder die nach seinem verbrechen Ihme ufgesetzte Zeitt bei geringer kost büssen müssen. Es seint auch etwa Faule Betler die nitt schaffen mögen, darinn gesetzt worden.

---

[8]) Thesaur. pictur. Vol. II. Nro. 18. Der Nachricht ist ein sehr schönes Bild eines solchen Delinquenten, der einen Karren schiebt, in Aquarell beigegeben.

XXX.

Mordverſuch auf Friedrich IV.

1603.⁹)

Anno 1603 den 12. Septembris mitten im Herbſt hatt Pfaltz=
graff Friedrich der IIII. eine Haſenjacht bei Rorbach nicht weitt
vonn Heidelberg gelegenn, angeſtellt, Alba Hans Eyſengreinn
ein Gemeinsmann baſelbſten, ſo die gantze Zeitt ſeines Lebens ein
gottloſer verruchter Menſch geweſen, mit fluchen, ſchweren unnd ſonſt
aller üppigkheit, der ſich auch dem Theuffel ergeben, Mit ſeinem Blubt
aus der Naſen, ſeiner eigenen anzeig nach mitt ſeinem Hannbtzeichen,
einer Reben Hepen, weil er nicht ſchreiben khan, verpflichtet, unnd
denſelben für ſeinen guten freundt helt unnd rhümet, zugefahren
unnd hat anfenglich mit einer ſeher ſcharpffen Plauten ¹⁰) die er erſt
drey tag zuuor zu Heidelberg new khaufft gehabt, die im Feldt uff=
geſpannte Leine oder Seiler unnd Tücher entzwey gehautt, er wölle
dem Fritzen eins anmachenn unnd Ihn lehren über ſeinen Acker
reitten, Wie er dann lang zuuor ſeiner ſelbs eigenen bekhendtnus
nach Ihm fürgeſetzt gehabt Ihre Churf. Gn. umbzubringen, mit ver=
meldenn, das der Theuffel Ihn geheiſſen, er Eyſengreinn auch es
ihm dem Sathan alſo ins werkh zu richten verſprochen, Auch noch
inn der Geſengnüs ſich verlauten laſſen, das er recht daran gethan
hatte unnd es auch noch thuen wolte, da er wiber lebig würde unnd
dergleichen viel mehr zu verſtehen gegeben, darzue mitt gantz be=
dechtlichen verſtendigen reden, wiewol er dabeuor etwa im Haubt
verruckt geweſenn iſt.

Daruff hat er Ihre Churf. Gn. Im Feldt verwarttet, Als Sie
ſelbigenn tags zwiſchen 3 unnd 4 uhren gegen abenndt mitt Ihren
Cammer Junkern unnd etlichen anderen bienern daher khommen unnd

---

⁹) Theſaur. pictur. Vol. II. Nro. 32.
¹⁰) Eine Art Faſchinenmeſſer.

uber sein Eysengreinns Rübenacher geritten, Ihre Churf. Gn. allein mitt wenig Knechten, die Junckern aber unnd andere Diener etwas ferner vonn Ihrer Churf. Gn. uff einer seitten, hatt er gefragt, wo der Churfürst reitte Unnbt Zillart, einer aus den Cammer Junckern seines Eysengreins vorhabens unwissendt ihm Ihre Churf. Gn. gezeigt, ist er stracks uff dieselb ganntz trutzig unnd grimmig zugelauffen, mitt bedecktem Haubt Sie butzent gerechtfertiget, was Sie ihme uber seinen Acker zu reitten unnd daß sein zu uerderben hetten, da er doch dem Kheyser schatzung geben, unnd Ihren Churf. Gn. alle beschwerungen leisten müste, Auch Ihre Churf. Gn. mitt fluchen unnd vielen schändlichen üppigen worten für einen solchen Herren gescholten, der seine Underthanen verderbe, das Lanndt beschwere, viel unnütz verthue unnd verschenke unnd also damitt Ihrer Churf. Gn. Pferdt an den Zaum gefallenn, dasselb vest gehalten, zu Ihrer Churf. Gn. gesagt Nuhn steig eilendts vom Pferdt herab unnd gib eß mir, oder du must vor meinen Augen sterben, Auch also balbt an seine Plauth gegriffen, dieselb außgezogenn unnd damitt einen streich uff Ihre Churf. Gn. gethan Alba bann Ihre Churf. Gn. nach ihm geschossen, aber sein verfehlt haben.

Daruff ist des Falckhners Conesky Knecht, Görg M. aus dem Würtenberger Lanndt bürtig ein starcker redlicher, bapferer Kerle, so nechst hinder dem Churfürsten geritten herfür gerückt, Ihm Eysengrein in den Streich gefallen unnd denselben vom Churfürsten abgewendet, welcher uff ihn Görgen gangen, Ihm ein große wunnde in seinen Hutt unnd in den lincken Arm gehawen unnd da der Hutt nicht etwas dick gewesen, auch sonnderlich die beibe darub, auch er Görg also ein gros Haar gehabt hette, Ihm der streich durch den Khopff ganngen oder da er bem Churfürsten gerathen were er Ihr Churf. Gn. über ben schlaf her zu tobt gehawen hette, Wie wol Ihre Churf. Gn. auch etwas am lincken Arm unnd an einem finger verwundet worden seindt.

Nach biesem ist der gemelt Görg alsbaldten von seinem Pferdt abgestiegen, hatt den Eysengrein mit gewalbt vonn Ihrer Churf. Gn. gerissen unnd zu bobenn geschlagen. Als er nuhn gelegen, seindt die Junckern unnd andere biener, so sich zuuor nicht wagen wöllen oder bürffen, alle herzugerennbt, haben in ihn Eysengrein hawen unnbt stechen wöllen, welches Jhnen der Churfürst geweret unnb es vilgemelten Görgen befohlen, Jhnn zu binden, wie er dann auch gethan unnb Jhn zwischen zwey Pferdt gespannet unnb gehn Heidelberg in Selten lehr [11]) füren hat lassen.

Alda er volgents in der Hoff Cantzley Examinirt wordenn, auch uber Alles, so er gefragt wordenn, gar richtigen verständigen bescheid geben hatt, Unnd nachdem er ein Zeitlang in gefengnüs gehalten, endtlich also abgeschafft worden, das er alhie nicht mehr ans liecht ober zu schein khommen ist.

Das dieser Erzählung beigefügte Bild stellt den Eysengrein dar, wie er eben dem Churfürsten in die Zügel fällt; neben daran ist dargestellt, wie ihn Görg niederschlägt.

XXXI.

Herzog Carl III. von Lothringen in Heidelberg.

1603.

Im Jahre 1603 zog Carl III., der alte Herzog von Lothringen, nach München, um hier seinen Tochtermann Max zu besuchen, besuchte auf seiner Rückkehr Stuttgart und Heidelberg. [12])

Vonn dannen (Stuttgart) hatt er sich nach Heidelberg begebenn, Alda seinen Herren Vettern den Churf. Pfalzgraven Friedrich IV. auch anzusprechen, Ist also Mitwochs den 26. Oktobris abendts gegen fünnff uhren, als es schon zimlich tunckel gewesenn, mit ungeferlich in allem 200 Pferdenn in beleittung des Herzogen vom Würtenberg jüngsten Söhn einer, daselbst zu Heidelberg einkhommen.

Alda bann Höchstgedachte Ihre Churf. Gn. Pfalzgraff Friedrich Jhme mit 360 zum stadtlichsten außgerüsten unnd zum schönsten geziertenn unnd geschmucktenn Pferden sambt vielen Grafen, Herren

---

[11]) „Seltenleer" ein Ausdruck für das „selten leere" Gefängniß.
[12]) Thesaur. pictur. Vol. II. Nro. 33.

unnd einer großen anzahl vom Abel Ihrer Churf. Gn. hierzu beschriebener Lehenleute etliche stunden zuuor gantz ansehlich, herrlich unnd Manestetisch entgegen geritten unnd haben Ihn im freien selbt zwischen Rorbach unnd Heidelberg uff einem Platz, dahin den tag zuuor 20 stück selbt Geschütz gefürt unnd 1500 Schützen aus dem Außschuß verordnet gewesen, mit freuden schüßen unnd grosser Ehrerbiettung empfangen unnd nachdem beide Herren einander, vonn ihren Pferden abgestiegen, mit tiefer Reuerentz gegrüßet gehabt, Ihnn ghen Heidelberg eingeleitet unnd zu Hoff in ein fürstlich statlich zugerüst gemach einlosiert, Auch die gantze Zeitt uber Er alba gewesen, mitt schönen Schawessen unnd mancherley köstlichen Trachten unnd Getrenndh über fürstlich tractiren unnd niemants als nur Grafen unnd Herren Ihme zu Tafell dienen unnd uffwartten, wie auch sonderlich nach den morgen Malzeitten Rhübelstechen, Jachtenn, Metzlerstechen, fechtschuelen, unnd andere Kurzweil haltten unnd anstellen, Ja befollen das man niemandts einigen mangel lassen, sonderlich menniglich, auch seinem mit gebrachten gesindt genung unnd was sie begeren wilrdenn, von essen und trincken Wein oder Bier, geben und unweigerlich reichen sollte, gestalt dann auch nichts gespart unnd täglich 200 tisch im Schlos gespeiset worden.

Also das vielgedachter Hertzog selbsten unnd alle seine fürneme Leuthe so er bey sich gehabt es gerhümet unnd außtrücklich gesagt habenn, das sie in Teutschland an kheinem Orth unnd bey kheinem Herren da Sie hinkhommen, so statlich, herrlich ehrlich unnd freundlich empfangen tractirt unnd gehaltten worden sein als zu Heidelberg.

Tem mutwilligen, unnützen losen gemeinen gesündt aber, so er mit gebracht, ist der Wein zu sauer unnd das Brodt zu schwartz gewesenn, derowegen sie es under die Tisch geworffen unnd über die tractation gekhlagt habenn.

Wie es nuhn an dem gewesenn, das Er von Heidelberg wieder weichen wöllen, hat er begert, kürtze des wegs halben, Ihme durch die Newenstadt unnd Kheißerslauthern seine Reiß nacher Haus zu nemen, welches Ihme aber aus bedencklichen Uhrsachen höfflich abgeschlagen unnd verweigert worden.

Ist berowegen Montags den 31. Oktobris morgens umb 8 uhren zu Heidelberg uffgebrochen, nacher Werſaw gezogen, baſelbſt zu morgenn geſſen unnb abendts ghen Ubenheim zum Biſchof vonn Speyr khommen.

Der Herzog hatte auf ſeiner Reiſe einen eigenen Provoſen und Henker mit einem eiſernen Galgen bei ſich, den man von einander legen konnte, daran er diejenigen ſeiner Diener, die geſtohlen u. dgl. hatten, heimlich henken, wegwerfen oder in die Erde verſcharren ließ. So geſchah es in Stuttgart an 2 Dienern, die am Hof Silber geſtohlen hatten.

Der Erzählung beigefügt iſt ein Holzſchnitt, den Herzog Carl vorſtellend.

XXXII.

Vorzeichen.

Der Thesaurus picturarum erzählt ſolche Vorzeichen, welche für fürſtliche Perſonen und ihre Geſchicke als vorbedeutend angeſehen wurden:

1) Ehe Kaiſer Maximilian II. zu Heidelberg war, fiel deſſen Bild in Churfürſt Friedrichs Gemach von ſelbſt von der Wand, worauf dieſer ſagte: „Wie machſt du es, Kaiſer, wilt du nicht mehr da pleiben?" Kurz vor Friedrichs Tod ſind zwei ſtarke hölzerne Säulen im neuen Schloß in des Churfürſten Gemach von ſelbſt umgefallen; worauf Kaiſer und Churfürſt bald geſtorben. 1610. [13]

2) Am 29. Auguſt 1591 iſt über dem Schloß eine zweiſpitzige feurige Ruthe geſtanden; ferner iſt ein Tabulet im großen Thurm eingefallen; auch haben Sturmwetter am 5. Juli 1591 im Wieblinger Forſt große ſtarke Bäume zerſpalten, entwurzelt und weggeführt. Ferner biß der Löwe die Löwin todt; erſterer ſtarb ſelbſt bald darauf. Schon 1589 war eine „unerhörte verborgene und ganz

---

[13] Thes. pict. V. 1. Nro. 29.

ungewöhnliche Krankheit der armen Waisenkinder zu Handschuchsheim und derselben inwohnenden paroxismis unnachläſſiges Dräuen mit den Fingern." — Bald darauf starben Johann Casimir und Herzog Christian von Sachsen.[14])

XXXIII.

Das Turnier zu Heidelberg.

1482.

A.

Nach Rüxner's Turnierbuch[15]) wurde das 30. Turnier in Heidelberg gehalten im Jahre 1481, veranstaltet von der Ritterschaft vom Rheinstrom. Die Beschreibung dieses Turniers lautet, der Hauptsache nach, wie folgt:

Der durchlauchtigst Fürst und Herr Philips Pfalzgraue bei Rein u. s. w. hat in seiner gnaden stat Heydelberg der löblichen

---

[14]) Thes. pict. V. II. Nr. 11.

[15]) Der vollständige Titel des Buchs heißt: Anfang, Ursprung und Herkommen des Turniers in deutschen Landen. Wie viel Turnier bis auf den letzten in Worms; auch wie und an welchen Orten sie gehalten und durch welche Fürsten, Grafen, Herren, Ritter und vom Adel sie jederzeit besucht worden sind. Mit Kaiserlicher Freiheit in sechs Jahren nit nachzudrucken. 1532. — Carl V. ertheilte nach abgedruckter Urkunde dem Hieronimus Bobler, ein Buch „von dem ehrlichen und löblichen Ritterspiel des Turniers, seinen Anfang und Herkommen" u. s. w. allein zu drucken (Privilegium) auf 6 Jahre gegen Strafe bei Nachdruck. Dieses Buch, das im Nachlaß des Erzbischofs Johann von Magdeburg, eines Pfalzgrafen bei Rhein sich vorfand, hat Georg Birner (genannt Hierusalem) Herold, dasselbe dem Pfalzgrafen Johann bei Rhein, des genannten Erzbischofs Johann Bruders Enkel, zum Geschenk gemacht, nachdem er es vervollständigt hatte. — Das Turnier fand 1482, nicht 1481 statt, wie weiter unten bemerkt werden wird. Am Anfang der Beschreibung des Turniers steht der Wappen der Stadt Heidelberg: Der pfälzer Löwe. Die Beschreibung ist mit weiteren 3 Holzschnitten geziert, die jedoch sich auch bei der Beschreibung der andern Turniere befinden.

gesellschafft des Esels ¹⁶) eyn Thurnir gehalten und wie sölichs uff gemeltem Thurnir gehalten worden ist, volgt alles in geschrifften hernach.

---

¹⁶) Ueber diese Gesellschaft theilt Geh. Hofrath Dr. Bähr in Heidelberg in den „Schriften der Alterthums- und Geschichtsvereine zu Baden und Donaueschingen. 3 Jahrgang. II. Bandes 1. Heft. Carlsruhe 1848, Folgendes mit: Im Sommer 1843 wurde zu Waldhilsbach bei Heidelberg ein kleiner, aus reinem Gold gearbeiteter Esel gefunden, an dem ein Ring angebracht war, aus dem man sah, daß das Ganze als Decoration getragen worden war. Am Ringe steht die Inschrift: S. N. Cr. Gau. 1612 d. h. Societas Nobilium Craichgau oder Abelige (Ritter- und Turnier-) Gesellschaft des Esels, welche im Craichgau ihren Sitz hatte. Der Eigenthümer dieser Decoration hat sie erst 1612, dem Jahre der Wahl und Krönung des Kaisers Matthias in Frankfurt machen lassen. Ueber die Entstehung dieser, sowie anderer Gesellschaften bemerkt Bähr: Bei den Wirren der deutschen Zustände in der Zeit nach den Hohenstaufen verbanden sich Städte, wie Fürsten und Ritter zu Gesellschaften zur Erhaltung des Landfriedens und zum Schutz ihrer Mitglieder; sie übten sich in Ritter- und Turnierspielen auf den ernstlichen Kampf ein und es entstand unter den einzelnen Gesellschaften ein edler Wettstreit. Wie jeder Ritter, so hatte jede Gesellschaft ihr Abzeichen, welches der Gesellschaft den Namen gab. Diese Verbindungen gaben zu der später in die einzelnen Kreise getheilten Reichsritterschaft die Veranlassung; aus ihnen ging, zuerst in Schwaben und Franken, dann auch am Rhein (1496) die Reichsritterschaft der 3 Kreise (schwäbischen, fränkischen und rheinischen) hervor, und es ward damit der Grund zu einem ritterschaftlichen Staatskörper im deutschen Reiche gelegt, der bis zum Untergang des Reiches fortdauerte. Gegenseitiger Schutz und Wahrung gemeinsamer Rechte waren demnach der Zweck dieser adeligen Vereinigungen, die auch in der Kreiseintheilung noch fortbestanden. Die Gesellschaften fanden sich bei den Turnieren und Waffenspielen ein in vollem Glanz der Rüstung und mit den alten Abzeichen versehen, pflegten auch zu solchen ritterlichen Spielen sich gegenseitig einzuladen in feierlicher, herkömmlicher Weise. Die Ritterschaft des schwäbischen Kreises hatte 4 Abtheilungen: die vom Hegau, vom Kocher, von der Donau und vom Neckar; 1545 kam dazu der Canton Craichgau, der bis dahin zum rheinischen Kreis gehörte. — Es gab zwei Gesellschaften zum Esel: in Franken „die Gesellschaft im obern Esel"; im Craichgau „im undern Esel." Letztere war eine der bedeutendsten und angesehensten. Den Esel hatte sich die Gesellschaft wohl gewählt im Hinblick auf seine symbolische Bedeutung: Arbeitsamkeit, Häuslichkeit, Gottesfurcht. Mit ihrem Abzeichen erschien die Gesellschaft bei den Turnieren. 1482 und 1485 gab sie glänzende Turniere in Heidelberg; wir besitzen noch die damals von dieser Gesellschaft erlassene Turnierordnung in Lünig: deutsches Reichsarchiv XII. S. 2 ff. — Die andern Gesellschaften hatten andere Namen, wie „im Einhorn, im Wind u. s. w." siehe oben.

Diesen Thurnir haben die Ritterschafft, der löblichen geselschafft des Esel benen in den vier landen zugeschrieben, als ihren Herren und gutten freunden, den auch nach ordnung im Reich beruffen und verkünden lassen, das männigklich, so bemelten Thurnir besuchen wölt, möcht uff negst Suntag nach sant Bartholomeustag zu Heydelberg an der Herberg erscheinen, da wölt man des Montags ufftragen, des Dienstags beschawen und sich bereitten, und danach uff den Mittwochen den Thurnier halten, dänck ausgeben und was zu solchen eren gehört.

Diese nach geschrieben Fürsten, Grauen, Herre, Ritter und vom Abel haben gemelten Thurnir besucht und seindt selbst geritten: Philips Pfaltzgraue bei Rein, Churfürst, Albrecht, Marggraue zu Baden, Heinrich Graue zu Bitsch, Heinrich Graue zu Lupffen, Philips Graue zu Hanaw, Krafft Graue zu Hohenloy, Bernhard Graue zu Ebersteyn.

Die löblich gesellschafft des Esels: Erbinger von Rotensteyn, Künig der gesellschafft des Esels, Herr Engelhard von Neitperg, Bleyker Landschab von Steinach, Hans von Rotensteyn, Herr Götz von Alletzheym, Hans vom Hirschhorn, Reinhard vom Schaueburg, Hans und Wilhelm von Neitperg, Martin und Hans von Sickingen, Schweicker von Sickingen, Hans, Herr Matheisser Süne von Helmstat, Hans von Helmstat zu Grunbach, Philips von Gemmingen, Georg und Karius von Venningen, Hartmann von Hentschuchsheym, Michel von Erlicheym, Michel Rüb von Büdicheym, Eberhard von Neitperg, Ludwig von Sickingen, Schweiker von Schawenburg, Georg Göler zu Rauensperg, Diether und Ott von Gemmingen, Hans von Venningen, Dam von Hentschuchsheym, Georg von Erlicheym, Conrad von Franckensteyn.

Hertzog Georg von Bayern bracht mit im von Bayern: zusammen 61 Grafen, Freiherrn, Ritter u. s. w. [17])

---

[17]) Sie heißen: Sebast. Graf zu Ortenberg, Wilh. Graf zu Kirchberg, Sigmund Graf zu Lupfen, Wolfgang Graf zu Oting, Philipp Graf zu Kirchberg. Conrad Freiherr zu Heydeck, Siegmund von Froberg, Freiherr zu Hag, Marquard von Schellenberg, Hans Staufer von Sünching, Ludwig von Paulsdorf, Caspar von Bestenberg, Wilh. von Wolfstein, Christofel von Kamer, Ulrich von Breitenstein, Egolf von Rietheim, Wolfg. von Waldeck, Hans von Bodmann, Gilg

Die der durchlauchtig Fürst, Herzog Ott von Bayern mit im bracht 32 Grafen und Ritter. [18]

Die der durchl. Fürst und Herr, Herr Friedrich Marggraue zu Brandenburg mit im bracht 67 an der Zahl. [19]

---

[18] Marschall von Obernderf, Hans von Frauenhoven, Georg von Preissing, Conz von Rietheim, Georg Nothaft zu Wernberg, Einer von Ellerbach, Ulrich von Rietheim, Heymeran Nothaft, Erasmus von Seiboltsdorf, Ein Auer von Brenberg, am Schulwatz, Jägermeister des Stifts Freising, Georg von Claussee, Ludw. von Sandicel, Leonhard von Gumpenberg, Stephan von Haßlang, Hans Herr zum Degenberg, Hans vom Wolfstein, Poppelin vom Stein, Ludwig von Hasperg, Hans von Freundsberg, Andre von Schwarzenstein, Georg von Buchberg, Hans von Bienzenau, Georg von Frauenberg, Veit von Rechberg, Heinz von Schaumberg, Hans von Rechberg, Lorenz von Bibra, einer von Villabach, Stephan von Schaumburg, Seitz von Oting, Lorenz von Westerstetten, Moritz Sandiceller, Heinrich von Paulsdorf, Hans von Claussee, Achaz von Nußberg, Georg von Gumpenberg, Heinr. von Paulsweil, Wolfgang von Weichs, Georg von Hohenrein, Hans von Haßlang, Eitel von Erolzheim, Hans von Honeneck, alle Ritter.

[18] Sie heißen: Balthasar Graf zu Schwarzburg, Albrecht Staufer, Tristrant Zänger, Lamprecht von Seckendorf, genannt Rheinhofer, Alexander vom Wildenstein, Ott von Rorbach, Conz von Helmstatt, Niclas Pflug, Reinwart von Asperg, Wolf Druchseß von Bummersfelden, Wolfg. Rabensteiner zum Loch, Friedr. von Barsberg, Darius von Hesperg, Hans Zänger, Jobst von Egloffstein, Karius von Oting, Georg von Mistelbach, Ludwig von Eib, Jobst Zänger, Georg von Waldau, Sebastian von Waldau, Christofel Mürcher, Hans Hornstetter, Anselm von Eichelzheim, Hans Marschall von Biberbach, Dietz von Thüngen, Thoman Rüd von Kollenberg, Marschalch, Burkard von Rorbach, Georg von Satzenhowen, Fritz von Redwitz, Caspar Pflug.

[19] Es sind: Hans Graf zu Zollern, Mang Marschall von Hohenriechen, Wilhelm von Stadion, Eberhard von Grumbach, Alex. Marschall von Pappenheim, Hans Druchseß von Wethausen, Leonh. Marschall von Hohenriechen, Fritz von Wichsenstein, genannt Blankenfelsen, Hans von Stadion, Michel von Freiburg, Veit von Walerod, Veit von Rotenhan, einer von Frödenberg, Sebastian von Auffeß, Ludwig von Seinsheim, Heinz von Wenkheim, Ott von der Kern, Georg Weichser, Christofel Schenk zu Geinre, Opel von Seckendorf, Neidhard von Wolfmarhausen, Welwart von Frauenstein, Caspar von Zelitz, Burkard von Stadion, Burkard von Ellerbach, Heinz von Zebitz, Georg von Reitzenstein, Hans von Seckendorf, Georg vom Egloffstein, Wilh. von Leberburg, Ludwig von Lutten, Dam von Reitzenstein, Moritz von Egloffstein, Georg von Grunbach, Martin vom Egloffstein, Heinz von Leineck, Bernhard Fuchs, Ruprecht von Streitberg, Heinz von Leonrod, Karius Zobel von Gibelstadt, Dietz Druchseß zu Wethausen, Ludwig von Ellrichshausen, Phil. von Wolmarshausen, Stephan von Wolmarshausen, Sixt von

Hernach volgt die löblich geselschafft, in der Kron, 4 Ritter. ²⁰)

Hernach volgt die löbliche geselschafft, im Fisch und Falcken, 30 Ritter. ²¹)

Die löbliche geselschafft im Eynhorn, 68 Ritter. ²²)

Seckendorf, einer von Erolzheim, Erasmus Schechinger, Hans Fuchs, Albrecht Fortsch von Dürnau, Erkinger von Seinsheim, Heintz von Rockendorf, Fritz von Seckendorf, Hans von Giltling, Hans von Gundelsheim, Michel von Ehenheim, Erkinger von Rechberg, Contz von Wißenthau, Contz Burger, Veit von Zebitz, Christof von Hausen, Friedr. von Reitzenstein, Hermann von Sachsenheim, Michel Groß zu Drockau, Abam Thumm von Neuburg, Christof Groß zu Drockau, einer von Wilhelmsdorf, einer von Rebwitz, Friedr. von Seinsheim, Egloff von Seckendorf, Peter Esel, Contz von Grunbach, Jobst von Hutten, Utz von Knöring, Berniger von Luchaw, Melchior von Seckendorf, einer von Sternberg, Hans von Seckendorf.

²⁰) Es sind: Sigmund von Freiburg, Mang von Hasperg, Diebolt von Hasperg, Clauß von Stadion.

²¹) Es sind: Hans und Jacob, Grafen zu Mörtz und Sarwerden, Hans Jacob zu Bobmann, Herm. von Epting, Ludwig von Epting, Bernh. von Reinach, Diether Humel von Staufenberg, Heinz von Zullehard, Hans von Entzberg, Rudolf Pfau von Rietperg, Dietrich Reich von Reichenstein, Wilh. Böcklein aus dem Entringer Thal, Dietr. von Blumeneck, Hans von Landenberg, Caspar von Landenberg, alle Ritter, Friedrich und Falk von Weitingen, Beringer von Landenberg, Erasmus von Weier, Hans von Laubenberg, Lotter von Bernfels, Jacob von Epting, ein Schenk von Winterstetten, Jacob von Windeck, Heinrich von Randeck, Arnold von Rotberg, Hartmann von Andelau, Albr. von Klingenberg, Hans von Reischach, Hans Friedr. vom Hauß.

²²) Sie heißen: Erasmus von Rosenberg, König der Gesellschaft, Michel Graf zu Wertheim, Wilhelm Orbel genannt von Tottenheim, Friedr. von Eich, Georg von Waldenfels, Georg von Felberg, Georg von Schaumberg, Heintz vom End, Hans von Rosenberg, Contz Marschall von der Schneid, Veit von Schaumburg, Kilian von Schaumberg, Heintz von Gutenberg, Martin von Rebwitz, Martin und Philipp von Guttenberg, Contz von Rosenberg, Diether Külbe, Wolf von Lottenheim, Wendel von Rindern, Hans Georg von Absperg, Christofel Marschall von Rauneck, Daniel von Rauneck, Contz von Rabenstein, Balth. vom Stein, Ernfried von Seldeneck, Clauß Zobel, Christofel von Sparneck, Hieron. von Liechtenberg, Hans von Hetzperg, Val. von Bibra, Michel von Schaumburg, Wolf und Heinrich von Luthau, Friedr. von Rosenberg, Carius von Vestenberg, Heinr. von Walerod, Heinr. von Wülfersdorf, Wilh. von Bibra, Burk. von Wolfmarshausen, Phil. von Rindern, Contz von Bibra, Contz von Rothenhan, Paul von Absperg, Hieron. von Rosenberg, Titz und Contz von Künsperg, Arnold von Hesperg, Peter von Rebwitz,

Hernach volgt die löblich geselschafft im Bracken und Krantz, 17 Ritter.²³)

Die löblich geselschafft im Leybpracken²⁴), 20 Ritter.

Hernach volgt die löblich geselschafft im Wolff, 25 Ritter.²⁵)

Hernach volgt die löblich geselschafft im Wind, 9 Ritter.²⁶)

Hernach volgt die löblich geselschafft des Steynbocks, 19 Ritter.²⁷)

Phil. Zobel, Georg von Rosenberg, Andr. von Heßperg, Ernst von Wollmarshausen, Diether und Georg von Raueneck, Arnold und Contz von Rosenberg, Götz von Wolmarsdorf, Georg von Velberg, Heintz von Klingenberg, Caspar vom Stein, Ott von Liechtenstein, Eberhard von Münster, Wolf Gotzmann, Reinh. von Assigheim, Hans von Auffeß, Gotschali von Nürnberg, Jobst von Luchau.

²³) Bracken — Hammel, ein Leitbracken — Leithammel. Es sind die Ritter im Bracken und Kranz: Hans Spedt, Wolf von Westerstetten, Erkinger von Trüchtingen, genannt Mittelburger, Heintz von Schilling, Hans und zwei andere von Spedt, einer von Welwart, Conrad, Bernhard, Marquard, Conrad und ein weiterer vom Stein, Wolf von Vernau, Wolf von Dachenhausen, einer von Dürrwang, einer von Westerstetten, ein Schilling.

²⁴) Ludw. Graf zu Helffenstein, Hans von Ahelfingen, Hans Hoffwardt, Simon und Hans von Liebenstein, Georg von Neuhausen, Hans und Georg von Suntheim, Bernh. von Schaumburg, Werner Rothaft, Anton Röber, Burk. Sturmfeder, Georg von Rechberg, Reinh. von Sachsenheim, ein Ochs, einer von Kolzau, ein Vogt von Salzburg, Peter von Hürnheim, Anselm von Yberg, ein Ochs.

²⁵) Phil. von Dalberg, König der Gesellschaft, der junge Rheingraf, Friedr. von Falberg, Hans von Flersheim, Hans von Spanheim, Rud. Bayer von Bopparten, Phil. Beutzer von Engelheim, Eberh. Frei von Großbolzheim, Brendel von Löwenstein, Stephan von Jeseltheim, Heinr. Bayer von Bopparten, Phil. von der Leyen, Jacob von Ratzumhaus, Hans von Landsberg, Mynas und Hans vom Stein, Jacob von Fleckenstein, Adam Wolf von Spanheim, Wolf von Spanheim, Friedr. von Jeseltheim, Phil. von Altenthann, Philipp und Hans von Oberkirch, Jacob Kranich.

²⁶) Johann von Eltz, Georg von der Leyen, Peter und Contz von Eltz, Heinrich Schenk von Winterstetten, Heinr. von Pirmont, Damm von Palland, Hans von Hohenstein, Johann von Bientzfeld.

²⁷) Hans von Kronenberg, König der Gesellschaft, Heinr. Graf zu Nassau, Herr zu Beilstein, Ott Graf zu Solms, Berthram und Wilh. von Nesselrod, Berchtold von Blettenberg, Joh. Greiffenclau, Phil. Rüd von Koleberg, Rapold von Blettenberg, Hans von Uben, Joh. von Hohenstein, Erasmus Schenk Freiherr zu Erpach, Friedr. von Modersbach, Phil. von Breitbach, Phil. Blinck, Joh. von Breitenstein, Phil. Wolfskele, Heinr. Brümser, Frank von Kronberg.

Die ersten beisitzer: 11 Grafen und Ritter. [28])
Die andern beisitzer: 6 Personen. [29])

Wen die von den vier landen, zum theylen geben haben: 36 Ritter, nämlich die vom **Rhein** 11 [30]); die von **Franken** 9 [31]); die von **Bayern** 8 [32]); die von **Schwaben** 8 [33]). Jeder dieser Ritter hatte eine bestimmte Abtheilung von Rittern unter sich, deren Anführer er war.

Zu diesem Thurnir wurden volgend Vier zu blat getragen d. h. waren oberste Ritter und Schiedsrichter der vier Lande (für dieses Turnier): Mang Marschalck zu Hohenrichen von der Schwaben wegen; Berthram von Neßelrod, Herr zu Erenstein, des Herzogthums zu dem Berg Erbmarschalck, von der Rheinländer wegen; Mans von Seckendorff von der Franken wegen; Wolffgang von Walbeck von der Bayern wegen.

Welche uff den Suntag nach mittag gerendt und gestochen haben, als man an die Herberg kame.

Uff den tag haben Graue Sigmund von Gleichen und Stephan von Schaumburg gerendt, da ist der Graue gefallen.

---

[28]) Graf Phil. zu Hanau, Jacob und Bernhard Beger, Gottfried von Stockheim, Phil. von Büches, Peter Echter, Gottfr. von Cleen, Heinr. von Karben, Specht von Bubenheim, ein Junger von Dorfelden, Hans Jud vom Stein.

[29]) Heinrich und Oßwald Graschlack, Wolf von Barsperg, Heinr. von Baden, Albr. von Ereberg, Hans von Weiler.

[30]) Die vom Reine: Bleicker Landschab, Hofmeister, Hans von Kronberg, Jacob von Fleckstein, Damm von Pallandt, Georg von der Leyer, Erkinger von Rotenstein, König, Berthram von Nesselrod, Phil. Kömmerer von Falberg, Phil. Wolfskele zu Volkenburg, Phil. Rüd von Koleberg, Joh. von Elz der jüngere.

[31]) Die von Franken: Erasm. von Rosenberg, Gg. von Schaumberg, Ott von Liechtenstein, Neithard von Wolmarshausen, Eberhard von Grunbach, Hans Fuchs, Veit von Walerob, Dietz von Thüngen, Hans von Seckendorf.

[32]) Die von Bayern: Alex. von Wildenstein, Albr. Staufen von Sünchingen, Heinr, Ebron von Wildenberg, Georg Nothaft von Wernberg, Wolf von Waldeck, Hans von Wolfstein, Friedr. von Bausperg, Georg von Fraunberg.

[33]) Die von Schwaben: Mang Marschall zu Pappenheim, Hans Jacob von Bodmann, Sigmund von Freiburg, Burkard von Stanion, Wilh. von Rechberg, Ulr. von Westersletten, Marquard vom Stein, Diethr. Spedt.

Uff den tag, hat Friedrich von Dalberg mit eym vom Steyn gerendt, seindt bede gefallen.

Uff den Montag darnach randt meyn Gnebigster Herr Pfaltzgraue Philips und Hertzog Georg mit eynander, trafen wol und seind bede gefallen.

Uff den tag, hat Graue Balthazar von Schwartzburg und Wolff von Barßperg gerendt und seindt bede gefallen.

Uff den tag haben auch Hans von Drat und Heintz von Schaumburg gerendt und seindt bede besessen.

Helmtheylung. Uff den tag, haben die von den vier landen die Helm getheylt ³⁴) und etlich Helm zum Thurnir gelassen. Dabei mußten 19 Ritter „ihr Beibringen thun, ehe sie zugelassen wurden" d. h. sie mußten darthun, daß sie turnirfähig ³⁵) waren. 18 Ritter „haben nicht genugsam beigebracht und ist ihnen aufgegeben, das zum nächsten Turnier zu thun" ³⁶); 4 wurden „ausgesetzt" d. h. abgewiesen. ³⁷)

---

³⁴) Die oben genannten vier Schiedsrichter theilten die Helme d. h. die sie besitzenden Ritter in ihre Abtheilungen.

³⁵) Wer turnierfähig war, siehe unten. Es waren: Heinr. vom Endt ist zugelassen, das er die Kron auf seinem Helm füren behalten mag, wie im das der römisch Kaiser gebessert hat, Leupold von Bernfels, Casp. Zorn von Bulach, Georg von Hohenrein, Hans Friedr. von Hertingshausen, Hans von Pessenhausen hat seine Ahnfrau bewiesen, wie ihm im nechsten Turnier zu Meintz aufgelegt worden ist, Contz von Rabenstein, Wolf von Dachenhausen, Ludwig von Ellrichshausen, Anselm von Eiberg, Hans Jud vom Stein, Arnold von Stolberg, Götz und Heinr. von Wülversdorf, einer von Raueneck, Veit vom Rabenstein, Diether Hummel von Staufenberg, Peter Echter, Georg Sack.

³⁶) Friedr. zum Rein, Hermann von Ubenheim, Daniel von Mülheim, Hans Schobt, einer von Bubenhoven, ein Gebsattel, Arnold von Blankenberg, ein Ehinger, Friedr. von Rübisheim, Heinr. von Seyn, Peter von Feielstein, Hermann Metzler, ein Lotterbeck, ein Stieber, Hans Heinr. von Baden, Wilh. von Reidenbuch, einer von Reuneck, Georg Boit von Saltzburg.

³⁷) Jacob vom Stein, einer von Büdigheim, einer von Rotenstein, ein Vogt von Reineck, genannt von Gmünden.

Hernach volgend die ordnung und Artikel des Thurniers:

Kund und wissen sei allen und jegklichen, von der Ritterschafft Thurnirs genossen, in was würde oder stands die seind, als die gesellschafft des Esels, uff den negst gegeben band des Thurnirs zu Würtzburg, eyn Thurnir gen Heydelberg fürgenommen hat, laut ires außschreibens, uff negst Suntag nach Bartholomei ann der herberg zu sein, des sich dieselb gesellschafft, uff die vorigen Thurnirsordnung zu Würtzburg und Meintz, mit rath etlicher von andern gesellschafften, inen uff ir bebte zugeschickt, sich eyner ordnung vereynbt und vertragen, und die gesetzt und gemacht, wie hernach volgt.

Wer getheylt wird und dem die Schranken offen sein sollen. Zum ersten, sol keyner getheylt oder im Thurnir zugelassen werden, er sei dann von sein vier annen, vater und mutter Edel wappenßgenoß und eerlich herkommen, und das es landkündig unnd offenbar sei, das er oder seine vorältern, seins stammes hinuor in den vier landen, eyner oder mer gethurnirt haben, und zu lassen seien oder ob es nit offenbar were nnd am tage lege, das er das mit zweyen oder dreien reblichen thurnirsgenossen, der namen und stammen getheylt werden und gethurnirt hetten, wissentlich beibringen möge, anderst sol er (weder) geteylt noch zugelassen werden.

Welcher auch nit getheylt und doch in die Schrancken zu thurnirn einbringen würde, derselbig sol sein Roß und Thurnirszeug verloren han und den freiheyten und stangenknechten gegeben werden auch weitter zu ewigen zeitten des Thurnirs beraubt sein, es sol auch niemandt derselben keynen annemen, den hinnein zu füren, wer das übersehen würde, der hett eynes Pfaltzgrauen gleyb gebrochen und stünd in seiner gnaden straff.

Von den Eblen Burgern. Es sol auch keyner, der in den Stetten geburgert ist, zum Thurnir zugelassen werden, er hab dann sein Burgerschafft zuvor zugesagt, und ob der selb nach gehaltnem Thurnir wider burger würde, der sol hinfüro zum Thurnir nymmermer zugelassen werden.

Diß hernach seind die Articel, darumb man eyn jeden im Thurnir straffen sol.

Zum ersten, der eynen wissentlichen meyneydt gethan oder falsch zeugknuß geben hat.

Item der eyner Velbgefengknuß meynenbig und trewloß würd oder worden ist, und sein handgelübt nit gehalten hat.

Item der sein eygen Brieff und Siegel mutwilligklich verachtet und nit gehalten hat.

Welcher eyn Velbflucht gethan hatt, darumb er nit zu eren oder antwurten darff oder wil kommen.

Welcher Frawen oder Junckfrawen, ir eer mit worten oder wercken benommen hat, und sich des berümpt oder solichs mit gewalt thut.

Alle offen wucherer und fürkauffer.

Item alle die sich in irem standt des Abels, mit straßenrauben, mörderei, und ander boßheyt verhandelt haben, also das sie sölichs mit eren nit verantwurten oder darumb fürkommen mögen oder bürffen, an was stücken eyn jegklicher schuld hat, darnach mag man eynem sein straff zu legen.

Alle die freuentlich Kirchenbrecher oder zerstörer der Kirche und Gotzheuser sind, auch der Kirchen das ir unbillich vorhalten.

Alle die wissentlich verkerer des heyligen Christenlichen glaubens seind, und ketzerei treiben, brauchen oder fürnemen.

Auch alle berümpt und offenbar Ehbrecher und die offenbar an der unee sitzen.

Alle die, so jemandt das sein nemen, oder beschebigung zuschieben, unbillich oder an vhebe nidergeworffen oder eyn gefangen hetten.

Alle die sich unerlich beweiben, auch auß dem Abel greifen.

Auch alle die von iren Eltern zum Thurnir geritten seindt und von inen nit besucht, sonder niber gelegt worden, und doch nun suchen wollen, ob die getheylt würden, möchten sie dannoch nichts besto minder gestrafft werden.

Alle die, so nit in der Ehe geborn seindt, sol man nit theilen noch zulassen.

Alle die vom Abel Kauffschleg oder Hendel treiben, als ander gemeyn Kaufleut (die nit vom Abel seind) thun und fürnemen.

Auch ist fürbaß geordnet,

Daß sich niemandts im Thurnir, mit keyner schweiffung einschließen oder befesten laßen soll, anderst dann inn freien Sattel, und sich schlechter Steigleder gebrauchen.

Auch das man die Thor an den Schrancken bestellen soll, keynen einzulaßen, der nit getheylt sey.

Es sol auch keyner seyn Helm in den theyl tragen, der nach inhalt der Artickel abgestelt ist, uff das er sich selb nit schmehe.

Ob eynem sein Roß angewonnen würde, ist er ein Fürst, Graue, Ritter oder Knecht, sol eyn jegklicher nach seinem stand lösung thun, als von alter herkommen und gewonheyt ist.

Es sol auch keyner keyn zügel über breier finger breyd, an zäumen füren, oder stehelin Stirn verdeckt noch offenbar, dazu am Sattel streysleder, auch an seinem Roß oder leib, keyn zeug haben, der schneid oder stech, das gefärlich zu brauchen, damit jemandt verletzt möcht werden.

Es sol auch keyner keyn waffen haben oder füren, beßgleichen knecht, anders dann ime zum Thurnir zugelaßen ist, Nemlich im rechten Thurnir die Kolben, im nachthurnir die Schwerdt, als hernach volgt.

Nach dem und obgemelt, warumb man eyn jeglichen der zum Thurnir reitten wil, und strafbar ist, strafen sol, das sol man also thun, die selben mit dem Kolben und keyner andern waffen suchen, doch unberhalb des Sattels, als das geseß windet, da er bloß und nit mit der platten gedeckt ist, sol man ime keynen schlag zufügen oder thun, und ob eynem der zu straffen fürgenommen, sein harnisch damit er bewapnet were, vom leib geschlagen würde, so sol man denselben (wo man inn alleyn schimpflich entphalen, und nit umb boßheyt straffen wil) an bloßen enden nit weitter suchen.

Welcher wider eer gethan hette, darumb er zu straffen förgenommen würde, dem mag man sein Roß abgewinnen, derselb sol auch mit dem Sattel uff die schranken gesetzt werden, und daruff bleiben sitzen, biß zu ende des Thurnirs.

Item man wil keyn schwerdt zulaßen, es sei dann brei oder vierdhalben finger breydt, und sonderlich an der spitzen, da es auch stumpf abgeschliffen sein sol, das es daran nit schneide oder stech, und sol keyner keyn ander schwerdt oder waffen in dem Thurnir füren ober brauchen, bann ime zum Thurnir zugelassen ist, von ben jhenen barzu georbnet zubesehen, welche man zulassen sol, unb eyns jeglichen schwerdt, sollen mit ben Cleinetten ober theylhelmen, uff bas Hauß zu bem theyl getragen werben, bie alsbann zu besehen unb zeychnen, unb welches nit gezeychnet ist, sol bei bes Thurnirs straff nit zugelassen werben.

Unb so man gethurnirt hat unb uff bläst, so mag eyn jeglicher sein schwerdt ziehen unb gegen sein Thurnirsgenossen versuchen, sein Cleinet [38]) abzuhaven, mit bem er sich vermag, unb bas selbig an niemanbts ba er bloß ist, mit Stechen ober haven brauchen, unb nit anberst.

Es sol auch keyner, so zu bem Thurnir reiten würbet, eynichen unwillen, so er mit eynem anbern hat, in bem Thurnir fürnemen, sonber alleyn zu Thurnirn umb bie Articel hie vorgeschrieben, benen nach zu hanbeln, unb nit anberst in keynerley weiß.

Welcher ber obgemelten stück eyns ober mer, ber man im Thurnir nit gebrauchen, noch keyner gegen ben anbern fürnemen sol, überfüre unb verbreche, bes selben Roß unb zeug sol verlorn, unb in ben theyl verfallen sein, auch von allen Fürsten, Grauen, Herrn, Rittern unb Eblen veracht unb von ihnen verschmecht werben.

Ob sich auch begäb, bas eyner geschlagen würbe, ber vermeynbt bas im unnrecht geschehe, ber mag ben ober bie jhenen bie in geschlagen hetten, fürnemen, für eynen ber viern im blat getragen, auß bem lannb berselb ober bieselben weren, barumb erkennen zu lassen, ber bann zwen ober vier unpartheylich zu im nemen sol, unb wie berselb von ben viern, mit bem so er zu im nympt, barumb iren entscheyb thun werben, babei soll es auch stracks bleiben, unb bem nachkommen, jeboch sollen biese zween Articel steen, uff verbesserung ber anbern auß ben vier lanben.

Item bie zu bem Thurnir reitten wöllen, sollen sich bieser orbnung halten.

Es sol eyn Fürst brei knecht haben, Eyn Graue ober Freiherr zwee, Eyn Ritter ober eyn Ebelknecht eynen.

---

[38]) Kleinob b. h. Abzeichen ber Familie, ober ber Gesellschaft.

Dieselben knecht sollen bei iren Herrn oder Junckherrn nit anders thun, bann welchen man schlahen wil, ben mögen sie mit seinem zaum leytten und sunst keyn hülff thun.

Es sollen auch dieselben knecht, keyner keyn andere, bann seinen Herren oder Junckherrn zeumen, oder eym annbere um sein zaum greiffen oder fallen noch hinweg leyten oder füren.

Dieselben knecht sollen auch von allen Thurnirn gefreit sein, das sie niemand weder mit Kolben noch Schwerbten schlag oder verletze, nach gefärlich barunder stoßen oder bringen sol.

Als nun alle sachen uff ben Mitwoch zum Thurnir geschickt waren, und man Thurnirn solt, da theylt man die Helm in zwee Thurnir, umb mänge willen, ba man vierhundert Sechßundfünffzig Helm zu theylen hat, also ward der erst Thurnir vormittag, und der ander nach mittag gehalten.

Im Ersten Thurnir vormittag reydt zum Thurnir ein Georg der Reich, Pfaltzgraun bei Reine, Hertzog in Nibern und Obern Bayern und sein oheym Ott Pfaltzgraue bei Rein, Hertzog in Bayern, mit nachuolgenden Grauen und Herren. [39])

Mit diesen Grauen und Herren, auch andern, die inen von der Ritterschaft zugetheylt wurden, biß uff zweyhundert zweeundzwantzig Helm, seind die beyd Fürsten in die Schrancken geritten und haben den ersten Thurnir angefangen vormittag und denen löblich vollendt.

Diese hernach geschrieben seind im ersten Thurnir vormittag **geschlagen** worden. [40])

---

[39]) Sebastian Graf zu Ortenberg, Wilh. Graf zu Kirchberg, Phil. zu Kirchberg, Conrad Herr zu Heydeck, Sigmund von Fronberg, Herr zum Hag, Balth. Graf zu Schwarzburg, Wolf Graf zu Oting, Sigm. Graf zu Lupfen, Hans Herr zum Degenberg.

[40]) Es sind: Engelhard von Berlaching ist auf die Schranken gesetzt worden, Mang von Hafpurg, Jacob Beger von Geispolzheim, Seitz von Thöring, einer von Guttenberg, einer vom Schwarzenstein, einer von Weilen, einer von Anblau, Caspar Zorn von Bulach, Popplein vom Stein, einer von Reitzenstein, einer von Hohenrein, einer von Windeck, ein Reich vom Stein, einer von Staufenberg.

Zum erſten Thurnir haben zwiſchen ben Seyln gehalten: 4 Herren. ⁴¹)

Zum annbern Thurnir nachmittag haben nachuolgenbe Vier zwiſchen ben Seylen gehalten. ⁴²)

Hernach volgt ber anber Thurnir ber nachmittag warbt gehalten.

Im anbern Thurnir nachmittag reybt zum Thurnir ein Herr Philips Pfaltzgraue bei Rein, Hertzog in Bayern, des heyl. Röm. Reichs Ertzbruchſeß und Churfürſt unb mit im Friederich Marggraue von Brandenburg u. ſ. w. Auch Albrecht Marggraue zu Baden mit 6 Grauen unb Herrn. ⁴³)

Mit diefen Grauen und Herrn, auch andern, bie inen von ber Ritterſchaft zugetheylt wurden, biß uff zweyhunbert Acht unb zwantzig Helm, ſeinbt bie brei Fürſten in bie Schranden geritten unb haben ben anbern Thurnir nachmittag angefangen unb ben nach Thurnirß freiheyt löblich vollenbt.

Die hernach geſchrieben ſeinb im anbern Thurnir nachmittag geſchlagen und empfangen worbcn. ⁴⁴)

Zu beyben Thurnirn, ſo vor unb nach zu Heybelberg verordnet wurden zu halten, hat man ob Sechßhundert man, in gantzem harniſch geſchidt, umb bie ſchranden zu ſten, ſo lang ber Thurnir weret, bieſelben zu befriben, unb ufzuſehen.

Es iſt auch verordnet, das an eyner jeben porten, ſolt eyn Reyſiger Zeug halten vor den Schranden, ob ſich eyn unwil begebc,

---

⁴¹) Die Eingänge zum Turnierplatz waren mit Seilen abgeſperrt, bie von benen, welche zwiſchen ben Seilen hielten, entzwei gehauen wurden, ſobalb bas Zeichen zum Turnier gegeben warb. Die 4 Herren waren: Mang Marſchall zu Hohenriechen, Reinh. von Schaumberg, Engelh. von Heidelberg, Bleikarb Lanbſchab.

⁴²) Berthram von Neſſelrob, Erkinger von Rotenſtein, König in ber Geſell= ſchaft bes Eſels, Wolfg. von Waldeck, Hans von Seckendorf.

⁴³) Phil. Graf zu Hanau, Kraft Graf zu Hohenlohe, Bernh. Graf zu Eber= ſtein, Joh. Graf zu Zollern, Heinr. Graf zu Vitſch, Heinr. Graf zu Lupfen.

⁴⁴) Conrab von Verlachingen, Ritter warb geſchlagen unb auf bie Schranken geſetzt, Burk. Beger, Hans Jub vom Stein, zwei von Liechtenſtein, einer von Paulsweiler, einer von Helmſtabt, Caris von Olting, ein Pfau von Rietberg, ein Wolfſtele, Hans von Dachenhauſen.

daßselb in alweg niber zu legen, in beyden Thurnirn vor und nach mittag.

Also wurden zu diesen zweien Thurnirn getheylt und zugelassen: Fünff Fürsten, Zwantzig Grauen, Vier Freiherrn, Sechtzig und neun Ritter, Dreihundert fünfftzig und acht Edele. Summa Summarum vierhundert Sechßundsechtzig Helm.

Zu diesem Thurnir haben uff die Durchleuchtig Fürstin mein Gnedige Fürstin, die Pfaltzgräuin gewardt. Erstlich irer gnaden frawenzymmer, nachmals irer gnaden Stifftel und Freundine. Zum britten irer gnaden Landsassine. Zum vierden alle die Edlen Frawen und Jungkfrawen, die ir Fürstenliche gnad mit iren diensten ceren wolten, wie nachuolgt: zusammen 117 Damen. [45)]

[45)] Erstlich meine gnäd. Fürstin die Pfalzgräfin mit ihrer Gnaden Frauenzimmer; je eine Gräfin zu Eberstein, Schenkin zu Erpach, Hofmeisterin, von Staufen, Schilwatz, Herett, von Dottenheim, von Schrotzberg, vom Wolffstein, von Hohenstein, vom Stein, Früinger. — Andere Fürstinnen, Gräfinnen, Freyinnen, Frauen und Jungfrauen, die auf meine gnäd. Frau gewartet haben: Herzog Otten Schwester, Graf Heinr. von Bitsch Gemahlin, Schenk Asmus von Erpach Gem., Götz von Aletzheim Gem., Götz von Seckendorfs Tochter, Engelh. von Neitpergs Hausfrau, Og. von Wenningers Hausfrau, Cont. von Huttens Tochter, Og. von Helmstadts Gem., Georg von Rechbergs Gem., Joh. von Hohensteins Gem., Og. von Rosenbergs Gem., Arnold von Rosenbergs Gem., eine von Miltz, eine von Dottenheim, eine von Blankenfels, eine Heybeckin, Kilian von Berlachins Gem., Friedr. Stauffens Gem., eine Landschadia, Elisabeth Helmstetterin, eine von Dottenheim, Damm von Handschuchsheims Gem., Jacob von Windecks Gem., Bernh. von Schaumburgs Gem., Neithard von Hornecks Tochter, Bernh. Kalbs Gem., Marg. von Stedten, Mart. von Helmstadts Tochter, Wilh. von Bemelsbergs Gem. und Tochter, Otten von Seckendorfs Gem., Hans von Sickingens Gem., Diether Landschads Gem., Ludw. von Sickingen Gem., Ursula seine Tochter, Marbt. von Sickingens Tochter, Michel von Rosenbergs Gem., Hans von Rotenhaus Gem., die Landgräfin von Leuchtenberg, die Jung von Hanau, Bernh. von Baden Gem., Phil. von Dalbergs Gem., Friedr. von Dalbergs Gem., Friedr. Bliecken Gem., Verchtold von Thurns Gem., eine Lochinger, eine von Rotenhan, eine Hündlin, eine Mautnerin, Erkinger von Rotensteins Gem., Phil. v. d. Leyen Gem., Diether Landschads Tochter, die von Hohenstein, genannt Güssin, Martha Helmstetterin, Wilh. von Thurns Gem., ihre Tochter Marg von Sickingen, Georg Gölers Gem., Endlein von Sickingen, Hans vom Hirschhorns Schwinger, Jacob Kranchen Gem.,

Uff donerstag nach Bartholomei hat mein gnebigster Herr Pfaltz=
graue die Fürsten, Herrn, frawen und Jungkfrawen, Ritter und
Edlen zu der morgen malzeit uff das Schloß zu Tisch geladen
und seind gesessen, wie hernach geschrieben steet.

Am ersten Tisch sassen: Philips Pfaltzgraue bei Reine, Albrecht
Marggraue zu Baden, der Deutschmeyster unser lieben frawen ordens,
Hans Grasen zu Wertheym.

Am andern Tisch sassen: Otto Hertzoge in Bayern, Georg
der Reich Hertzog in Bayern, Friederich Marggraue zu Brandenburg,
Jobst Graue zu Zollern, Johans Graue zu Nassau, Herr zu Beilsteyn.

Mer waren fünfftzig Tisch besetzt mit andern Grauen, Herrn,
Rittern, Edlen, der namen vorgeschrieben sind.

An meiner gnebigsten Frawen, der Pfaltzgräuine Tisch
sassen: Mein gnebigste Fraw Pfaltzgräuin, Ir Dochter die von Leuch=
tenberg, Hertzog Otten Schwester, die von Reineck, Eyn Gräuin
von Bitsch.

Nachmals seind fünff und zwantzig Tische, mit Gräuine, Frei=
frawen, Edelfrawen und Jungkfrawen besetzt worden, der namen man
alle vorgeschrieben findt.

Auch seindt ob Neuntzig dienst Jungkfrawen zu Tisch gesessen.

Zu solcher malzeit hat man ob des fürsten und fürstine Tisch,
zwentzig essen uffgetragen und fürgesetzt, darunder ein gut theyl ver=
gülter Essen waren.

---

seine Schwester die Füchsin, Johann vom Steins Gem., Thoman von Rüb Gem.,
eine Laubingerin, eine Lengfelderin, eine Pfauin, Hans von Helmstadts Gem. und
ihre Mutter, Joh. von Helmstadts Gem., Jacob von Helmstadts sel. Tochter und
ihre Mutter, Joh. von Helmstadts Schwester, Joh. von Eltz Gem., Reinh. von
Helmstadt Gem., Diether von Dalheims Gem., Sigm. von Renchingen Gem., Eber=
hard von Neiperg Gem., eine von Sternfels, Diether von Gemmingen Gem., Peter
Harantz Gem., Phil. von Seckendorf Gem. und Tochter, eine von Liebenstein, Magd.
Hessingerin, Bernh. von Gemmingen Schwinger, eine von Halfingen, Phil. von
Sachsenheim Gem., Carius von Wenningen Gem., Conr. von Frankenstein Gem.,
eine von Kronberg, eine Bettendörferin, Marg. von Sickingen, eine Spedtin, Er=
hard von Helmstadts Gem., Georg von Bachs Gem., Wilh. von Neiperg Gem.,
eine von Thüngen, eine von Waldenfels, eine von Sternfels, Otten von Gem=
mingens Gem., Bernhard von Gemmingens Gem., Hans von Wenningen Gem.,
Georg von Sternfels Gem., eine von Handschuchsheim.

Von Grauen, Herren, Rittern und Edlen waren vier und vierzig Tisch besetzt.

Es waren auch von Trümmetern, Pfeiffern und andern Spielleuten Acht Tisch besetzt.

Herr Johann Schenck Freiherr zu Erbach stund vor der Credenz.

Bei dieser Credenz wurden gesehen zwey und vierzig stuck an grossen Silberin Fläschen, Kannen, Scheurn und Köpffen und hundert stuck an Schaln und Bechern.

Alles Rennen und das gestech, so uff den Donnerstag nach mittag gehalten warb.

Philips Pfalzgraue bei Reine hat mit Graue Wolffgangen von Oting eyn gut Rennen gethan und seind beyde gefallen.

Siegmund Graue zu Lupffen hat mit Schencken von Seckendorf eyn gut Rennen gethan und seind beyde gefallen.

Herrn Georg von Velberg und Seiz von Thöring haben eyn gut Rennen gethan und seind beyde gefallen.

Graue Balthazar von Schwarzberg hat mit Eberharden von Brandenstein eyn gut Rennen gethan, seind beyde gefallen.

Wolffgang von Rarsperg und Conrad von Helmstadt haben wol gerent und seind beyde gefallen.

Wilhelm vom Wolffsteyn und Stephan von Schaumburg haben fast eyn gut Rennen gethan und seynd beyde gefallen.

Marggraue Friederich von Brandenburg und Graue Crafft von Hohenloe haben eyn gut Rennen gethan und ist der Marggraue alleyn gefallen.

Erasmus von Seiboltzdorff und Georg von Velberg seind ungerent von der ban gezogen.

Herr Ludwig von Beyern, Freiherr zu Scharpffeneck und Wolff von Buchaw haben eyn gut Stechen gethan und seind fast ritterlich gefallen.

Nach dem Rennen und Stechen, auch nach dem Abentmal, uff dem gemelten Donerstag zunacht, fing mann den Danz an, da waren zwo und breißig Kerzen oder Windtlichter verordnet, den Fürsten am Danz vorzutragen.

Den erſten Dantz gab mann dem Reichen Hertzog Georgen von Beyern mit ſeiner Schweſter der Pfaltzgräuin.

Den andern Dantz gab mann Pfaltzgraue Philipſen dem Chur=
fürſten, mit der Landgräuin vom Leuchtenberg, die Hertzog Otten ſchweſter dochter war.

Den dritten Dantz gab mann Hertzog Otten von Beyern, mit ſeiner ſchweſter der von Reineck.

Den vierten Dantz gab mann Marggraun Friederichen von Brandenburg mit Hertzog Otten ſchweſter, der von Hanaw.

Marggraue Albrecht von Baden hatt ſunſt eyn vertrag gehabt, mit eym frewlin von Erpach.

Hernach volgend ſtend die vier bänck, ſo den vier landen in gemeltem Thurnir gegeben wurden.

Den erſten banck bracht Erkingers Haußfraw von Rotenſteyn, Herr Wilhelmen von Rechberg, als eym Schwaben, der ließ ſeinen Thurnir gegen Stutgarten beruffen, uff Sontag nach ſanct Bartholo=
meuſtag, im Tauſent Vierhundert zwey und achtzigſten jar.

Den andern banck bracht Jacob von Helmſtadts Dochter Dammen von Palland, als eym Reinländer, der ließ ſeinen Thurnier gen Cöln am Rein beruffen, uff Süntag in der groſſen Faßnacht über eyn jar, im Tauſent Vierhundert drei und achtzigſten jar.

Den britten banck bracht Herr Engelbrechts Haußfraw von Neit=
perg, geborne fraw von Stöffel, Herrn Eraßmuſhen von Roſenberg als eym Francken, der ließ ſein Thurnir beruffen gen Nürnberg, uff Süntag nach Pfingſten über brei jar, im Tauſent vierhundert und vier und achtzigſten jar.

Den vierbten banck bracht Hanſen von Sickingens dochter Herrn Albrechten Stauffern, als eym Beyrn, der ließ ſein Thurnir beruffen gen Regenſpurg an die Thonaw, uff Süntag nach Pfingſten über vier jar, im Tauſend vierhundert fünff und achtzigſten jar.

Und nach außgegebenen bäncken bantzten vil Grauen, Freiherrn, Ritter und Edlen, mit den Frawen und Jungkfrawen, gar züchtigklich und in gutter ordnung, damit das löblich Ritterſpiel ſein end an bem ort auch erreychet.

Auch was verbotten uff diesem Thurnir, das niemandt vor ober nach dem Thurnir uff den tag solt Rennen ober Stechen, dann die Thurnirer, die gethurnirt hetten und anderst nit, dann in hohen zeugen, under irem Cleinet.

Was die Fürsten und Herren zu gemeltem Thurnir an Volck und Pferden gespeißt haben.

Mein gnedigster Herr der Pfaltzgraue hat an Grauen, Freiherren, Rittern und Edlen gespeißt und über houe gefüttert Acht hundert und zwantzig personen und Pferde.

Hertzog Ott von Beyern hat über houe gespeißt und gefüttert zweyhundert und fünffzig Pferde.

Hertzog Georg von Beyern hat uff gemeltem Thurnirhoue gespeißt und gefüttert Siebenhundert drei und zwantzig person und Pferd.

Markgraue Friderich von Brandenburg hat uff gemeltem Thurnirhoue gespeißt und gefütert ob Acht hundert und sechß person und Pferde.

Markgraue Albrecht von Baden hat uff gemeltem Thurnirhoue gespeißt und gefütert ob hundert person und Pferde.

Weitter seind ob Achthundert Pferden in Heydelberg zu gemeltem Thurnir die in keyns Herrn kost noch futerung gewesen, auch selbst nit gethurnirt haben.

Summa Summarum aller Pferd ist Dreitausent Vierhundert Neunundneuntzig.

Also ist menigklich wider heym zu hauß geritten und seind geschehden, als gut Herrn und freunde.

B.

Diese in Rüxners Turnierbuch gedruckte Beschreibung des Heidelberger Turniers erhielt in der neusten Zeit eine sehr werthvolle Vervollständigung und Illustration.

Herr Rath Mays zu Heidelberg nämlich hatte im Laufe des Monats August d. J. das Glück, durch die Vermittelung des berühmten Buchhändlers Nicolaus Trübner in London, eines gebornen

Heidelbergers, von einem Antiquar in London sich eine „**Thurnir-
buchordnung von Pirckhammer anno 1486**" zu erwerben.
Die von Herrn Rath Mays aufgewendeten Kosten, so bedeutend sie
für einen Privatmann sind, schwinden vor dem großen antiquarischen
und Kunstwerth dieses Buches. Wir machen von der Erlaubniß des
genannten jetzigen Eigenthümers gerne und mit Freuden Gebrauch
und lassen die Beschreibung des Turniers durch Pirckhammer, einem
Bedienſteten des Hans von Seckendorf, den er verherrlichen will,
hier wortgetreu folgen, indem wir die eingefügten wunderschönen
Zeichnungen gelegenheitlich erklären.

Das ist der Thurnier zu Heidelperg so der durchleuchtigſt fürſt
und Herr, Herr Philipp Pfalzrave bey Rhine, Churfürſt, Herzog in
Beiern, des hl. röm. Reichs Erztruchſeß ꝛc. anno 1482 uff Bartholo-
mäitag hat außschreiben und uerkunden laſſen. Do ſeind erſchienen
uiel fürſten, grauven, freyherrn, ritter, unnd eble knecht, und ſeind
geweßt bey die 600 helm, ohn die knecht buben und ander geſind.
Es ſeind auch erſchienen uiel eble frawen, wittibenen und Jung-
frawenen, daß war ain pracht ungleichen, unnd weret der thurnir
uom 24. tag des Augustmonats bis zum lezten, do fang das frey-
ſchieſſen an unnd weret auch acht täg.⁴⁶)

Unnd hat mein gnediger Herr, Herr Hans von Seckendorf die
beſten Rennen und Treffen gethan, wie ich Joſt Pirckhammer gemalt
unnd uerzeichnet hab.

Dem hoch und wohlgebornen Herrn, Herrn Hannſen vonn Seckendorf, Ritter, meinem gnebigſten gönner unnd herrn. Gnediger Herr!
Nit vermeinend, als wöllet ich durch meine ſchwache kunſt den ruhm
eines ſo menigliche ritters, wie Ewer Gnaden, uermehren, oder der
nachkommenſchafft auffbewahren, als uielmehr ich weiß, daß Ihr ain
ſo großer uerehrer beren uerſchiedenlichen künſte und wiſſenſchaften
alß ain frommer manlicher Degen ſeyd, als hab ich zur fürberung

---

⁴⁶) Am Rande ist dieſem Titel die jedenfalls ganz in neuer Zeit geſchriebene
Bemerkung beigefügt: „Nach Rützners Turnirbuch wäre dieſer Turnier ſchon 1481
gehalten worden, da aber ſowohl die Perſonen, als auch die andern Angaben mit
Pirkhammer gleich ſind, ſo iſt gewiß, daß Rützner eine falſche Jahreszahl geſetzt
hat, zumal auch Burgmeier in ſeinen Turnierwerken ſagt, daß 1482 fünf Fürſten
zu Heidelberg turnierten."

Ewer lust und kurtzweil letzt uergangen thurnier, in welchem Ewer gnaden die besten rennen unnd treffen gethon, gemallt, unnd was sonsten bey demselben uerhandelt wurd, getrewenlich uerzeichnet, unnd was sich uff der Heimfahrt zuetragen dazue gefueget. So Gott will, hoffe ich, daß Ewre Gnaden noch viele Beweisstücke ihrer kraft unnd ritterlichen gewandheit darthon mügen, wie Ihr es allzeit in manichem strauß auch zu ernst bewiesen habet. Unnd so ihr sollet abermalen wieder in händel unnd kampf uerwickelt, unnd hinnaingezogen werden, was in gegenwertigen verwirrten Zeiten wol müglich, so wolle Gott unnd ewer schutzpatron euch gnediglich schützen und für schaden bewahren, was ewer getrewer knecht aufrichtiglich wünschet unnd hoffet, mit dem gedanken, es müge ewer wolgefallen an dieser meiner geringen arbeit mein bester lohn seyn, unnd dieselbe ainen kleinen blatz inn eweter gnaden bibliotheca finden. Ewer gnaden unterthänigster Diener unnd bereitwilligster knecht Jost Pirckhammer, Maler. Alles mit Gott unnd nichts ohne ihn, bleibt mein gedanke und mein sinn. ⁴⁷)

Wie der Turnier ist ausgeschrieben worden.

Der durchlauchtigst Fürst und Herr, Herr Philipps Pfalzgrauve bey Rein, Churfürst unnd Herzog in Baiern, hat in seine gnaden stabt, Heidelberg uff Sontag den 24. tag des angustmonats, als sanct Bartholo-

---

⁴⁷) Neben der Ueberschrift links vom Leser befindet sich das Wappen Pirckhammers, ein schräg liegender Schild, dessen oberes Feld roth, das untere grün ist. Im ganzen Schilde ist ein Hammer. Schreib- und Ausdrucksweise wie Rechtschreibung des Titels und der Widmung thun augenscheinlich dar, daß dieser Theil des Textes nicht 1486 verfaßt ist, sondern etwa Ende des 16. oder Anfang des 17. Jahrhunderts. Der Widmung sind beigefügt drei prachtvolle Aquarelle: 1) „Mein gnädiger Herr, Herr Hans von Seckendorf" zu Pferd in Gala, jedoch ohne Rüstung; die Rüstungsgegenstände sind einzeln beigefügt; außerdem enthält dies Bild das Wappen des Ritters. 2) „meine gnädige Fraun, Frau Elisabetha Johanna aine geborne Freyin vonn Vorsell", auf einem gezierten Schimmel; neben ist ihr Familienwappen. 3) „Der durchleuchtigst Pfalzgrau Philipp Churfürst, Erztruchseß unnd Herzog"; ein Brustbild mit Purpurmantel und Hermelin; den Kopf bedeckt eine mit Hermelin verbrämte Purpurmütze; die rechte Hand hält den Reichsapfel, die Linke das Schwert. Unter dem Bilde steht der Wahlspruch des Churfürsten: „Herr nach deinem Sinn." Der Rahmen des Bildes besteht aus Rüstungsgegenständen, Trommeln, Pauken, Trompeten, Kanonen und Kugeln.

meitag einen thurnier laſſen ausſchreiben unnd im Reich uerkünden, daß männiglich ſo bemelten thurnier beſuchen wöllt, möcht uff negſt ſuntag zue Heidelberg ann der herberg erſcheinen, bo wölt man ufftragen, des mentigs beſchawen, uff den mitichen thurnieren, bänk ausgeben unnd was zue ſolchen eren gehört.

Wie die Ritter einzogen und ankommen ſeynd.

Uff den mitichen uor Bartholomä ſeynd ankommen Albrecht Margraue zu Baden, Heinrich Graue zue Hohenlohe, Bernhard graue zu Eberſtein mit 230 Helm. Darnach ſeind ankommen Herzog Georg von Bayern mit 62 Helm. Der durchleuchtigſt Fürſt Herzog Ott uon Bayern mit 23 Helm. Der durchleuchtigſt Fürſt Marggraue zue Brandenburg bracht mit 210 Helm und kamen bis uff den ſamstag noch uiel Fürſten unnd Herren nacher.⁴⁸)

Uff den Samstag iſt ankommen mein gnädiger Herr, Herr Hans von Seckendorf unnd hat mit dem durchleuchtigſten Marggrauen von Brandenburg aufftragen laſſen. Item der gnädige Herr Schencken von Seckendorf, der ließ ufftragen mit Herzog Georg vonn Bayern.⁴⁹)

Am ſechs unnd zwanzigſten tag des auguſtmonats iſt der thurnier verkündigt worden unnd ſeynd die thurniersfreyheiten unnd die ordnung durch den herolden in der Statt ausgerufen worden. Darnach ſeind die thurniervögte, die zwiſchen die ſaile unnd die Griesswertel erwehlet worden. Der durchlauchtigſte Pfalzgrau ließ auch an jedweber porten vor den ſchranken ain reyſigen zeug uffſtellen, wenn Streit were, die partheyen zue empfahn, unnd was ſonſten zue guter

---

⁴⁸) Dem „Ausſchreiben" und der „Ankunft" ſind beigegeben 2 Aquarelle auf 1 Seite: 1) Oben: wie ein Bote dem an einem grün bedeckten, mit Schreiben beſchäftigten Herrn von Seckendorf (im Schlafrock mit Pelz verbrämt) einen Brief überreicht. 2) Unten: der Einzug durch ein Thurmthor: voraus drei Trompeter zu Pferd, dann drei Ritter in Gala zu Pferd; den Schluß bilden geharniſchte Ritter mit Lanzen. Neben dem Thurm ragen über die Stadtmauer zwei Dachgiebel empor. Die Schrift des Textes iſt, wiewohl anders geartet, doch aus derſelben Zeit, wie das Obige.

⁴⁹) Letzterer Herr in Gala mit Turnierlanze zu Pferde, ſowie deſſen Wappen bildet die Beigabe zu dieſem Einzug.

ordnunge gehört. Zur selben Zeit ist Herr Hans Jacob vonn Bobmann Rennen unnd Gestochmeister geweßt. ⁵⁰)

Herr Conz von Erbach Ritter ist oberster Turniervogt geweßt. ⁵¹)

Wie der Thurnier ist eingetheilt worden.

Von wegen der Menge ist der thurnier inn zwee Theile getheilt worden nnnd thurnierete der aine theil morgens, der andere Abends. Auch mag ein iber nach seiner kurzweil sich mit scharfrennen teutschstechen oder sonsten belustigen bis zum Donnerstag, wo in hohen gezeugen gestochen wird, hernach geschlagen unnd die kleinöber abgehauen.

Bey diesem thurnier sind zue blatt getragen worden, der Marschalk von Pappenheim, der Herr vonn Walbeck, der Herr vonn Seckendorf, unnd Bertram vonn Neßelrode, alle Ritter. Die zwischen den sailen zu halten verordnet wurden, seind mir nit wissend worden. ⁵²)

Zue beiden Thurnieren seind ob die sechshundert burger im ganzen Harnisch geschickt worden, umb die Schranken zuston, so lang der Thurnier weret, dieselben zuefrieden und uffzusehen, auch in der Statt zue scharwachen und was sonst zuer ordnung ist. ⁵³)

---

⁵⁰) Beigegeben ist das Reiterbild des von Bobmann in völliger Rüstung, dessen rechte Hand eine Fahne mit den Farben schwarz und gelb hält, von welchen Farben auch die Helmfedern sind; auch das Familienwappen steht dabei. Der Text zu diesem Blatt ist offenbar auf eine ältere Schrift, die da und dort noch wahrnehmbar ist, wohl weil sie unleserlich geworden war, mit ganz schwarzer Tinte aufgetragen. Jene ältere Schrift kann wohl aus dem Ende des 15. Jahrhunderts herrühren.

⁵¹) Das Bild des von Erbach in voller Galarüstung zu Pferd mit Turnierlanze bildet die Beigabe.

⁵²) Der Text ist ziemlich neu, vielleicht erst aus dem Schluß des 18. Jahrhunderts. Beigegeben sind das Wappen der Pfalzgrafen bei Rhein, umgeben von den Wappen der vier oben genannten Herren. „Im hohen gezeugen stechen" heißt stechen mit Helmen, auf denen die Wappenthiere oder sonstige Familienabzeichen angebracht sind.

⁵³) Der Text ist wie der vorige. Beigegeben ist das Wappenschild der Stadt mit dem pfälzer Löwen mit je einem Bürger auf den Seiten in voller Rüstung; Unterschrift: „der Statt Heydelberg wappen"; unter dem Bild ist neu zugefügt: „und zween Burger im Harnisch." Dieses Bild ist wegen der Ausrüstung der Bürger, welche es darstellt, sehr interessant.

Uff ben Sontag nachmittag haben scharf gerennt der Graue von Gleichen Sigmund unnd Stephan vonn Schaumburg, do ist der Graue gefallen. Hernach hat Fridrich vonn Dalberg mit ainem vonn Stein gerennt unnd seind beb gefallen.

Druff hat mein gnebiger Herr, Herr Hans vonn Seckendorf mit Hans vonn Stein gerennt unnd brey ritt gethon unnd den ersten ritt vollbracht, wie hier umb uerzeichnet ist, den zwoten ritt hant die Herren beb gevehlt, im dritten seind die Darzen hinweggegangen.[54]

Hernach hat mein gnebiger Herr mit Balthas von Schwarzburg gerennt, unnd brey ritt gethon. Im ersten ritt seind die Herren beb besessen, im zwoten ritt hat der von Schwarzburg die Darzen verloren, im dritten ritt seind die Herrn beb gefallen, wie hieumb uerzeichnet ist.[55]

Hernach haben noch uiel Herrn thurnieret, darunter der durchleuchtigst Pfalzgraue selbsten, auch mein gnebiger Herr hat noch brey rennen gethon, unnd fast obgesieget. Druf ist der Abendtanz gehalten worden, worauf sich ain ider in seine herberg begabe.

Uff ben montag wurd ain umritt in der Statt gehalten, unnd sah man uiel prächtiger Decken unnd Ristungen, unnd das frauenzimmer prunkete in kostenlichen schauben, uff prächtigen rossen.

Item uff den Zinstag ist ain Scharffrennen im Armetin gehalten worden und haben gerennt der durchleuchtig Pfalzgrauv Philipps unnd Herzog Georg unnd seind beb gefallen.

Hernach haben Hans von Drat unnd Heinz vonn Schaumburg ain gut rennen gethon, unnd seind beb sitzen blieben.

Item mein gnebiger Herr unnd Wolff von Barsperg. Unnd hat der von Barsperg gewankt, mein gnebiger Herr aber ist sitzen blieben.

Item hat mein gnädiger Herr mit einem von Berlachingen gerennt unnd hat der von Berlachingen die bügel uerloren, meinem

---

[54] Das beigegebene Bild zeigt, wie Seckendorf den von Stein abwirft und wie diesen sein Diener auffängt. Darzen sind die Schildel, welche noch über den Brustharnischen angeschnallt wurden. Die Lanzen hatten bei diesen Rennen vorne scharfe Spieße, welche durch jene Schilde brangen und sie wegriffen.

[55] Beide Herren liegen mit ihren zerbrochenen Lanzen am Boden neben ihren Pferden Der Text zu beiden Bildern ist neuer.

gnebigen Herren aber ist die stang gebrochen, wie hieumb uerzeichnet ist. [56])

Uff den nachmittag ist teutschstechen geweßt unnd hat mein gnebiger Herr 5 ritt gethan. Den ersten ritt hatt mein gnädiger Herr mit Wilhelm von Gebsattel gethon und seind die Stangen brochen. Den zwoten Ritt mit Erhard Gebsattel unb seind die Stangen brochen, ben britten unnd uierten ritt mit Jörgen vonn Roßperg unnd seind die Stangen prochen, den fünften unnd letzten ritt Mattheis vonn Giebelstatt, unnd ist der von Giebelstatt gefallen, mein gnediger Herr aber sitzen blieben, wie hieumb uerzeichnet ist. [57])

Uff den mittichen ward Schaw unnd Helmthailung unnd ist ain groß fewerwerck uff die nacht abebrennt worden. Auch wurd die statt uon der burgerschaft fast schön beleuchtet, unnd was ain groß fröhwlichkeit unter dem pöfel, das weret bis in die spat nacht, do hetten die schaarwachen uiel hendel unnd rawfen zu weren, auch gab es uiel blutige Köpf.

Item. Als der tag wollt anbrechen wurd uon den constable ain ganze stund lang aus den Stucken geschossen, daß die fenster erzitterten, auch wurden uon hundert Rohrschitzen fünf salven uff dem Schloße abebrennt, unnd zogen dieselben unter tommen unnd pfeiffenschall durch die Statt, worauf sie sich zur linken seiten uor den schrancken uffstelleten. Zuer rechten seiten stunden ob die dreihundert burger im ganzen harnisch mit fahnen unnd hetten ihr haubtleut und leutnämbt Pirett mit weiß unnd plawen federn. [58])

---

[56]) Enthält das Bild dieses Rennens. Als Anmerkung ist am Rande des Textes ganz in neuer Zeit beigefügt: „Im Anhang findet man die verschiedenen Arten von Stechen deutlich gezeichnet, wodurch man erst den rechten Begriff von der Art und Weise der Alten zu turnieren bekommt. Rüxner in seinem 36. Turnier spricht sich nicht aus, oder beschreibt eigentlich die Turniere nicht, er zählt uns blos eine Menge Namen von Adelichen für, ohne weiteres von ihren Thaten zu schreiben."

[57]) Die Zeichnung enthält die Darstellung dieses letztern Rennens Am Rande des Textes steht die ebenfalls in neuer Zeit beigefügte Bemerkung: „Wahrscheinlich ist das Teutschstechen die älteste Art von Turniersbewaffnung gewesen, und früher die allein übliche Art zu thurnieren in Deutschland und den Nachbarländern."

[58]) Barette mit weißen und blauen Federn. Beigegeben ist die Darstellung der Schau- und Helmtheilung: Vor einer Schranke steht ein Schiedsrichter, dem ein

Am 28zigsten tag des Augustmonets 1482 haben 5 fürsten zue Heidelberg im hohen Zeugen thurnieret, mitt sambt andern Graun, freyherrn, Rittern, unnd eblen knechten, unnd seind gewest 520 helm, darunter Pfalzgrauv Philipp Churfürst, Herzog Jörg vonn Baiern Landshut, Herzog Jörg von Baiern Simmern, Margrauve Friderich vonn Brandenburg unnd Marggrauv Ludwig vonn Baden. Unnd seind ob die brey stund geritten des vormittags und brey stund nachmittags.

Des vormittags haben unter andern gerennt der Pfalzgrauv Phillipp unnd Grauv Wolf von Oetting, unnd seind beb gefallen. Grauv Sigmund von Lupfen mit meinem gnedigen Herrn, unnd seind beb besessen.

Druf Marggrauv Fribrich vonn Brandenburg mit Grauv Krafft von Hohenlohe unnd ist der Marggrauv gefallen.

Hernach haben gerennt Herzog Ludwig von Baiern unnd der Freiherr vonn Scharfenect unnd seind beb gefallen.

Nachdem uiel stangen brochen waren, unnd die kolben zu schlagen, song man an die Klinöter abezuhauen, dieß weret ob ainer stunden, do hat mein gnediger Herr sein Klinot bis zu end gedeckt.

Hernach seind die bänk ann die vier lande ausgetheilt worden, do erhielten die, so mit dem Marggrauven von Brandenburg ufftragen lassen, den zwoten band.†)

Druff ist der abendtanz gehalten worden, unnd hat mein gnediger Herr zwen Reigen mit der durchleuchtigsten Pfalzgräuin gethon.⁵⁹)

Ritter seinen Helm zur Schau übergibt; hinter der Schranke stehen brei Damen, welche die Helme auf verschiedenen Bänken auffstellen.

† Der Dank bestand in einem „Kränzlein, zuweilen mit einem angehängten Kleinod oder Häftlein." Rürner. 18.

⁵⁹) Das beigefügte Bild ist sehr von Bedeutung. Es stellt das Ritterspiel dar: innerhalb der Schranken reiten im Vordergrund zwei Ritter im gewöhnlichen Turnier gegeneinander, die Lanze des Einen ist gebrochen. Im Hintergrunde versuchen 6 Ritter sich mit Kolben die Kleinobien abzuhauen; außerhalb der Schranken befinden sich 4 berittene Musiker, 3 Trompeter und 1 Pauker; auf der Seite Bürger als Zuschauer, die ein Helebarbist von der Schranke zurückbrängt. Der Hintergrund des Bildes zeigt drei Häuser, an denen zwei Baltone sich befinden, bie von zuschauenden Herren und Damen angefüllt sind: ein überaus bunt belebtes Bild.

Bey diesem thurnier hat mein gnediger Herr mit Pauel von Menkwitsch Händel bekommen, bo haben sie sich uff den freytag inn aller früh uff der rennpahn geschlagen, wie hieumb uerzeichnet ist.⁶⁰) Nachdem sie vier gäng mit ainander gethan, ohn ainer den andern zue schädigen, geboten ihn des Pfalzgrauen trabanten friede, bo haben sie sich dohin uertragen, sich gen Hall zu stellen nach jahresfrist, unnd ist dieser handel später durch den Burgrauen von Nürnperg unnd den Grauen von Würtenneberg beigelegt worden, auch ist nicht lang nacher der von Menkwitsch gestorben.

In diesem thurnier ward geschlagen unnd uff die schranken gesezt Conrad von Berlichengen, Hans von Stein, zween von Liebenstein, ainer vonn Paulsweiler, ainer vonn Helmstatt.

Item. Uff den nachmittag ist auf die schranken gesetzt worden Carius von Ottinger, ain Pfaw von Ritperg, Sigbert vonn Wolfskele, unnd Hans Dachenhauser zu Dachenhausen.⁶¹)

Uf den freytag ward über das Diel gestochen, bo haben ob die dreihundert theil genomen, unnd waren all mit kostenlichen federn uff den helmen gezieret. Auch die gäule brangeten mit uiel farbenen prächtigen decklnen. Nachdem die Articulspief uerlesen, bliesen die Trompter uff unnd die Ritter stelleten sich jeglicher ann seinen platz. Do hat zuerst gerennet Grauw Sigmund vonn Lupfen mit Schicken vonn Seckendorf, unnd seind die stangen prochen. Hernacher hat mein gnediger Herr, Herr Hans vonn Seckendorf mit Wilhelm vonn Brandenstein brey ritt gethan, bo ist beim dritten ritt der vonn Brandenstein gefallen, mein gnediger Herr aber ist sitzen blieben.

Darauf hat mein gnediger Herr mit ainem vonn Egloffstein gerennt, unnd seind die stangen prochen, haben noch zwen ritt gethon, unnd seind nit gefallen.

---

⁶⁰) Die zwei Herrn sind auf dem Bild, mit Harnisch und Helm versehen, mit Dreinhauen vermittelst zwei Hänblern rüstig beschäftigt. Das Ganze erinnert lebhaft an ein Studentenduell in vollem „Paukwichs"; jedoch fehlen Secundanten und Unpartheiischer.

⁶¹) Eine bildliche Darstellung vom Schrankensetzen und Schlagen ist beigefügt. Ein Ritter sitzt auf den Schranken des Turnierplatzes; zwei Diener ziehen ihm die Rüstung aus, deren einzelne Stücke mit dem Schwerte auf dem Boden zerstreut liegen. Im Hintergrund sind zwei berittene Diener mit Stöcken.

Item that mein gnebiger Herr brey ritt mit Dietern Sturmfeder, bo hat mein gnebiger Herr ben erſten Ritt geſchrenckt, ber Sturmfeber aber gefehlt, ben zwoten ritt haben die Herren beb troffen unnd ſeind die Stangen prochen, im britten ritt aber ſeinb ſie beb gefallen, wie hieumb uerzeichnet iſt. ⁶²)

Uff ben nach mittag hielten noch uiele Herren ain geſchift Scheibenrennen im Bainharniſch unnd thet mein gnebiger Herr ſieben ritt. Den erſten mit Niclas Nothaften, bo ſeind die ſtangen prochen. Den zwoten mit aim vonn Bibra, unnd hat der vonn Bibra die ſcheiben gefehlt, meim gnebigen Herrn aber iſt die ſtang prochen. Den britten ritt mit Fritzen vonn Finningen, bo ſeind beb gefallen, wie hieumb uerzeichnet iſt. ⁶³) Den uierten unnd fünfften mit Niclas von Sinting unnd ſeind die ſtangen prochen. Den ſechſten ritt mit Heinz von Bobmann und ſeind die ſtangen prochen. Den ſiebeten mit Hans vonn Dachenhauſen unnd haben beb geſeelt. ⁶⁴)

Hiemit endigt ſich der ganz Thurnier, unnd gieng das Scheibenſchießen mit rohren unnd ambröſten an, auch wurd auff die Nacht ain faſt ſchön fewerwerck gegeben. Darnach was Pancket unnd abendtanz. ⁶⁵)

Uf ben erſten tag des Septembris, als ain ſontag, zohen nachmittags die Rohrſchitzen mit ſpielleut uff die ſchießſtatt, unnd warb die ganz woch geſchoſſen. Es haben auch viel Herrn ſo bey bem Thurnier ſeind geweſt mit geſchoſſen. Abſonderlich mein gnebiger

---

⁶²) Zwei Bilder zeigen die Dielenſchranken, die das Roß ganz und ben Reiter bis an die obere Bruſt ſchützen. Das erſte Bild ſtellt ben zweiten, bas andere ben britten Ritt dar. — Der Text iſt neu, aber über einem ältern aufgetragen.

⁶³) Dies Bild ſtellt dar 1) wie beiden Rittern die Stangen gebrochen ſind. 2) Wie Beide gefallen ſind. Auf der Bruſt jedes Ritters befindet ſich eine runde Scheibe, welche getroffen werden mußte.

⁶⁴) Am Rand des Textes ſteht die ganz neuerbings hinzugefügte Bemerkung: „Die Bobmann ſind heutiges Tages meiſtentheils im Babiſchen begütert. Auch ſtehen einige in Würtenbergiſchen Dienſten. So ſteht gegenwärtig einer beim 8. Infanterieregiment als Leutenant."

⁶⁵) Von der gleichen Hand wie sub Anmerk. 5 iſt beigefügt: „Dieſem nach verſtanden die alten ſchon mit dem Pulver Dumheiten zu treiben."

Herr, als ain gar großer liebhaber des bixenschießens, thät uiel
guete schüz. Aber ain schneiber von Engelheimb gewann das Haupt. ⁶⁶)
Das sinnb 100 gulden geweft, das wolleten die von Heibelberg im
nit ausfolgen; bo nam sich mein gnebiger Herr sein an, woruff sie
sich bekwemeten unnb der schneiber zue sein recht komen ift. Des
was ain knecht des vonn Roßperg übel zufrieben, der machte beßhalb
ain anschlag uff unß, der ihm aber übel bekam, wie ich hieumb ver-
zeichnen will. Mein gnebiger Herr aber thät das zwote best be-
komen. Das was aine kuhe, die überließ er dem Engelheimer
schneiber mit bem bebing, baß er uff ihr aus der statt ritt, was er
auch zue gar großer luft des volks vollbrungen. ⁶⁷) Do nu alles guet
abgeloffen, uerabschiebeten wir unß von Heibelberg unnb zohen am
achten tag des monets Septembris ber heimat zue.

Wie wir im Obenwalt von etlich schnaphenen seynb überfallen worden.

Es begabe sich aber, bo wir durch ben Obenwalt zogen, baß
mein gnebiger Herr seinen helm unnb rennspieß mir gabe, unnb ain
piret ⁶⁸) uffsezzete, auch ain stück vorausritt, bo warb er aines
Reuters ansichtig ber mit blosem schwert uff in zukame, ehe ich ihme
ben helm unnb spieß reichen konnt. Auch wischeten etliche schnapphäne aus bem busche uff mich unnb Gottharten vonn Eyb, ben schild-
knappen herzue, bo rennete ich ainem, der mit der hellebart nach mir
schlug ben speer burch ben leib, unnb Gotthart schlug ainen mit bem
schwert ben hellebatenschaft entzwei unnb gab im ainen hieb über
bie schulter, mein gnebiger Herr aber hat balb sein schwert vom
leber unnb stieß es bem Reuter unnter bem helm ins gesicht, baß
er ohnmächtig vom gaule fallen thät. ⁶⁹)

---

⁶⁶) Der Hauptpreis.

⁶⁷) Das Bild hat 3 Theile: der obere stellt einen Schützenzug nach der Schieß-
stätte bar; der mittlere ein Scheibenschießen; der untere ben auf der Kuh reitenben
Schneiber, die Scheere in der Linken, die Büchse auf bem Rücken; Bürger, Weiber
und Kinder äußern ihre Freube.

⁶⁸) Barett.

⁶⁹) Diese ganze Scene im Walde stellt bas beigegebene Bild dar.

Was sich weiter zuetragen.

Do die andere schnapphäne ersahen, daß ir Hauptmann erligen thät, flohen sie all, wir aber zohen ihm den harnisch aus unnd namen sein roß an unß Do mein gnediger Herr sahe, daß er noch lebete, unnd in ime des Roßpergers knecht erkante, der in Heidelberg dem schneider die 100 gulden wöllet streitig machen, befahl er unß ine zue binden unnd gefangen anzunehmen. Es begab sich aber, daß ain bawer des wegs uff ainem esel doher ritt. Der uerklagete den uerwundten knecht gar sehr, unnd sprach, gestrenger Herr, das ist des Roßpergs knecht unnd geselle, den man den gleißen Clas heißt, der macht schon lang die herstras unsicher unnd schint die bawren unnd armen leut, so hat er uor sechs wochen mir ainen sack mit spelz abgenommen, den ich gen Bischofsheim bringen sollt unnd dort gilten.[70]) Druff sprach der gnedig Herr: dafür soll ihm sein straff werden, ich will ihn in Würzburg dem halßgericht überantworten, das soll in straffen wie recht ist.

Dessen wöllet dem bawren nit gefallen, sondern sprach: gebet mir, uff das ich mich an ihme baß rechen mag unnd ihme sein recht anthue zu nutz unnd freud des ganzen Reueers. Do sprach der gnedig Herr, so nim in hin unnd thue, wie du gesaget hast. Do nahm er ainen strick uon seinem Esell, schürzete aine schlaufen unnd warf sie dem gleißen Clas umb den Hals, sprechend zue ihm, bet ain Vater unßer Gottes Gericht hat dich erreicht, der aber sprach nichts, sondern bekreuzete sich unnd ergab sich in sein schicksal. Der bawer aber zoh in an ain baum, warf den strick über ainen ast unnd erhenckte in.

Druff holete er auch den erstochenen landsknecht herzue unnd henckete ihn daneben. Demnach dies geschehen zog er sein messer aus der Schaibe schnit drey kreuz in den baum unnd steckte sein Messer dazue, druf stieg er uff seinen esel unnd ritt ohne ain weiteres wort davon, wir aber sahen ainander stumm an unnd bekreuzeten unß, denn wir merkten wol, daß der bawer ain wissender des heimlichen Gerichts seye, doch zohen wir denne kerlen die Stiefel aus unnd durchsuchten ihre schubsäck, wo wir aber auser ain silberen

---

[70]) gilten d. h. als Gilt abliefern.

Rosenkranz nichts gefunden. Druf eileten wir hinweck um us dem walb zu kommen eh die Nacht einbrach. Do wir ain lebig roß unnd harnisch hetten, also warb mein gnebiger Herr, Herr Hans von Seckendorf, in Sinsheim ain knecht an, den harnisch aber gab er mir, also waren wir nu unser uier wohl gewapnet reutere unnd gelangeten sonder gefehrde wieder in die heimat, nachdem wir fünf wochen von boheim weck seind geweft, Unnd was mein gnebiger Herr wol zufrieden mit dieser fahrt, was maßen sie durch die errungen beut gedeckt warb.

Das Roß was ain schöner fur unnd zahlete alle kosten, denn in der satteltaschen fanden sich 100 mainzer gulben unnd ain gulben ketten, die uerehret mein gnebiger Herr seinem liebsten gemahel. So warb denn die ganze fahrt glück- unnd freudenlich beschlossen. [71])

Als Anhang ist dieser Beschreibung des Heidelberger Turniers beigegeben eine Reihe von Federzeichnungen, welche die Turniersrüstungen darstellen, unter dem Titel:

Das ist das gezeugen und gewaffen der löblichen turnier und ritterspiel, wie es seit Hainrichs I. zeiten bis diesen tag brauch ist und hats verzeichnet Lenhard Janutzer.

Uff haisen des gnebigen Herrn, Herrn Hans von Seckendorf hats copirt unnd in riß gebessert — Jost Pirckhammer Maler unnd Architectus.

Dieser Anhang hat 6 Papierblätter, und 8 Pergamentblätter; sie enthalten:

1) Das erste: „Ain sattel zum Scharpfrennen; zum hohen zeugen; zum Dielenstechen; zum Scheibenstechen. Das Bruststück für ain gaul; das kammstück."

---

[71]) Diese ganze Erzählung ist auf einer ältern verblichenen Schrift von neuer Hand aufgetragen. Doch ist deutlich wahrzunehmen, daß die verblichene Schrift dasselbe enthält wie die neue. Die verblichene Schrift aber stammt aus dem Ende des 15. Jahrhunderts. — Angeschlossen ist ein Bild: die Begrüßung des heimgekehrten Herren durch seine Gemahlin.

2) Das zweite: „Das ist ain rennbiß zum Scharpfrennen unnd teutschstechen; das biß ist zum stechen im hohen Zeugen auch anderen thurnier. Ain stirnblat für ain gaul. Ain Stegraiff" (Steigbügel).

3) Das britte: „Das seind die Helm: zum scharpfrennen, zum scheibenstechen, teutschstechen unnd welschrennen, zue feld, zum hohen zeugen. Die Schilb oder Darzen zum Scharfrennen, zum teutschstechen. Knieschilb zum Scharfrennen, zum Welschrennen. Armschilb zum welschen und teutschrennen rechts und links."

4) „Das ist das fuestthurnier, mit spießprechen über die schranken und schlagen mit dem Schwerdt."

5) „Das ist das Scharpfrennen im Armetin, es prechen die stangen oder sie mügen fallen. Ist gar besorglich."

6) „Das ist das gemein Scharpfrennen. Sie mögen fallen oder die Darzen gant hinweck."

7) „Das löblich gemein teutschstechen, sie mügen fallen oder es prechen die Stangen."

8) „Das ist das felbthurnier, oder teutschstechen im Armetin. Dieß ist ain gar besorglich Stechen."

9) „Das geschift Scheibenstechen im bainharnisch, ist ain gar besorglich stechen und wird meist zur Ernst gebraucht."

10) „Das Dielenstechen, auch welschrennen genannt, wird viel zue gesellenstechen braucht."

11) „Das stechen im hohen zeugen, mit spießprechen kolbenschlagen und kleinober abhawen. Das ist heint zue tag der gebrawlichst thurnier."

12) „Der polisch ober moskawitisch thurnier, mit tact werfen, darnach mit säbeln ainander angreiffen."

13) „Das ist das kübelrennen im bauschwammes uff ungesattelt gäulen."

14) „Das ist der new thurnier, wie ihn der glorreich Held Maximilian erfunden."

Aus dieser letzten Bemerkung läßt sich wohl am Richtigsten die Entstehungszeit und Art der vorliegenden werthvollen Schrift entnehmen. Ist nämlich „der glorreich Held Maximilian" der erste deutsche Kaiser dieses Namens, der den Titel eines „glorreichen Helden" wohl verdient und ist der von ihm herrührende Turnier der

„neuerfundene", so liegt auf der Hand, daß die Zeichnungen, welche die Turniersrüstungen darstellen, also der ganze „Anhang" spätestens kurz nach dem Tode dieses Kaisers (1519) gemacht worden sind. Dieses stimmt mit unserm früheren Urtheil überein, daß das eigentliche Turnierbuch zu Ende des 15. Jahrhunderts abgefaßt, die verblichene Schrift aber später aufgefrischt und in der gleichen Zeit auch an den Bildern da und dort eine Verbesserung vorgenommen worden ist. Es liegt sonach kein Grund vor, die Ueberschrift, welche die Abfassung des Buchs auf 1486 festsetzt, als unrichtig anzuzweifeln. Jedoch dürfte so viel feststehen, daß die Blätter, welche auf ihrem Hintergrund jene älteste Schrift tragen, die ursprünglichen sind und wahrscheinlich zuerst das ganze Buch ausgemacht haben; auf die andern Blätter wurde der Text erst später nachgetragen, während die dazu gehörigen Bilder schon lang vorhanden waren. Die Meinung eines englischen Katalogs, als ob das Ganze nur die Copie eines noch irgendwo verborgen liegenden Originals sei, fällt somit hin. Wer freilich der Jost Pirckhamer, der sich „Maler und Architect" nennt und in den Diensten des Hans von Seckendorf stand, sei; ebenso wer Leonhard Janutzer sei, der den Anhang verfaßt hat, muß vorerst dahingestellt bleiben.

Druckfehler.

Seite 6 Zeile 15 von Oben lies: Gerüht vor'm Schloßberg, statt G. „vom" Schl.
„ 12 Anmerkung lies: Oberrheins statt „Alterthums".
„ 18 Zeile 4 von Oben lies: Wilhelm statt „Philipp".
„ 39 „ 8 „ Unten lies: Dazu sollerdochnichtverbundensein.
„ 40 „ 14 „ Oben lies: Zucht statt „Zeit".
„ 70 „ 6 „ Unten lies: pascuis statt „pascius".
„ 72 „ 11 „ „ „ hobas statt „habas".
„ 74 „ 2 „ Oben lies: 22 statt „21".
„ 77 „ 2 „ Unten lies: welchen statt „welchem".
„ 80 „ 5 „ „ „ mochten statt „möchten".
„ 86 „ 3 „ „ „ in der Anmerkung schalte hinter unsres Oheims das Wort Siegel ein.
„ 103 „ 10 „ „ „ müssen statt „muß".
„ 112 „ 10 „ Oben lies: ihrer statt „ihre".
„ 114 „ 13 „ „ „ von Schwendi statt „am Schw."
„ 120 „ 17 „ „ „ streiche Thiel.
„ 121 „ 16 „ „ „ feinem statt „feistem".
„ 121 „ 19 „ „ „ den statt „der" zweimal.
„ 122 „ 8 „ „ „ Philomelae statt „Philomelae".
„ 126 „ 14 „ „ schalte nach gefunden das Wort „von" ein.
„ 128 „ 17 „ „ lies: große statt „größte".
„ 140 „ 18 „ „ „ patiuntur statt „patiantur".
„ 140 „ 22 „ „ „ admonitionum statt „admonitionem".
„ 141 „ 4 „ „ „ Kornmarkt statt „Kormart".
„ 150 „ 11 „ „ „ Geschichten statt „Geschäften".
„ 153 „ 16 „ „ „ verliehenen statt „verliehene".
„ 158 „ 11 „ „ „ in statt „im".
„ 163 „ 14 „ „ „ Bierer statt „Bierern".
„ 164 „ 22 „ „ „ Kassen statt „Klassen".
„ 166 „ 21 „ „ streiche das Wort bis.
„ 168 „ 11 „ „ in der Anmerkung lies die Stellen statt „die Stelle.
„ 171 „ 6 „ „ lies Rathsstellen statt „Rathsstelle".
„ 173 „ 1 „ „ streiche sich.
„ 184 „ 8 und 12 von Unten lies Vorlauf statt „Verkauf".